Heinz Ludwig Arnold (Hg.)
Vom Verlust der Scham und dem allmählichen
Verschwinden der Demokratie

W0187614

Heinz Ludwig Arnold (Hg.)

Vom Verlust der Scham und dem allmählichen Verschwinden der Demokratie

Carl Amery · Heinz Ludwig Arnold
Lothar Baier · Klaus Bölling · Jochen Bölsche
Friedrich Christian Delius · Manfred Delling
Freimut Duve · Hermann Glaser · Günter Grass
Helga Grebing · Hans Werner Kilz · Jörn Kraft
Dieter Lattmann · Sven Papcke · Harry Pross
Peter Rühmkorf · Dagmar Schlapeit-Beck
Jürgen Seifert · Inge Sollwedel · Klaus Staeck
Rudolf von Thadden · Heinrich Vormweg

Steidl

Bitte fordern Sie unser kostenloses Gesamtverzeichnis an!

1. Auflage März 1988
© Copyright: Steidl Verlag, Göttingen 1988

Umschlaggestaltung: Klaus Staeck/Gerhard Steidl
Gesamtherstellung: Steidl, Druckerei und Verlag,
Düstere Str. 4, 3400 Göttingen
ISBN 3-88243-091-5

Inhalt

Vorbemerkung

Der Titel dieses Buchs benennt keinen Zustand, sondern einen Entwicklungsprozeß und eine seiner Voraussetzungen. Es ist entstanden aus aktuellen Anlässen, möchte aber bei ihnen nicht verharren, sondern fragt nach ihren Ursachen und Wirkungen. Das Motto, das ihm vorsteht, beschreibt auch den Standort seines Herausgebers und die Absichten, die er mit diesem Buch verfolgt: Aufklärung in einem alten, nicht überholten Sinn.

Ein wesentliches Charakteristikum des demokratischen Staates ist die lebendige politische Kultur seiner Gesellschaft. Je vielfältiger sie sich äußert, je argumentativer ihre Kontroversen verlaufen, je mehr das kritische Gegenüber ernst genommen wird, je offener unser Erkenntniswille und je stärker unsere historische Erinnerungsfähigkeit und ethische Bewußtheit sind – um so wirkungsvoller und kräftiger ist der demokratische Konsens, der demokratische Staat.

Deshalb ist der Titel dieses Buches auch ein Warnschild: vor der bequemen Gewöhnung, vor Vergeßlichkeit und Gleichgültigkeit. Demokratie ist nicht billig zu haben, aber leicht zu verspielen: durch die dumpfe Hinnahme von immer ein bißchen weniger Freiheit.

Heinz Ludwig Arnold

Wenn es eine der Hauptaufgaben der Politik ist, die gesellschaftlichen Organisationsformen den sich verändernden realen Verhältnissen durch geeignete Reformen anzupassen, braucht man Grundsätze, die diese Veränderungen sinnvoll erscheinen lassen. Man sollte als politisch Handelnder geklärte Vorstellungen darüber zu entwickeln versuchen, wie Menschen miteinander umgehen sollten, in welchem Maß es die Aufgabe der Politik ist, zum Beispiel die Lebenschancen des Einzelnen zu verbessern und naturgegebene Ungleichheiten unter den Menschen wenigstens zu mildern. (...)

Als das Paradigma einer ethischen Auffassung, die Verallgemeinerungsfähigkeit von Verhaltensmaximen zur Norm erhebt, darf, zumal in unserem Lande, Kants Lehre vom kategorischen Imperativ gelten. Solche Maximen zu wählen, die als Grundlage einer allgemeinen Gesetzgebung taugen, heißt vernünftig handeln, und dies heißt wiederum, daß wir bei der Auswahl unserer Maximen von den Besonderheiten unserer individuellen empirischen Existenz absehen müssen. Es ist vernünftig, die Wahrheit zu sagen, weil erfolgreiches Lügen nur in einer Gesellschaft möglich ist, in der Lügen nicht die allgemeine Verhaltensnorm ist. Seine Versprechen einzuhalten ist vernünftig, weil in einer Gesellschaft, in der Versprechen im allgemeinen nicht eingehalten werden, Versprechen nicht mehr akzeptiert werden würden. Der moralisch unrichtig Handelnde möchte aus einer moralischen Verhaltensdisziplin, die in der Gesellschaft üblich ist, der er angehört, für seine eigenen Zwecke Vorteil ziehen, zugleich aber sich von dieser Verhaltensdisziplin entlasten, deren allgemeine Einhaltung den Erfolg seines Verhaltens erst garantiert.

So die Argumentation bei den von Kant sogenannten »unnachlaßlichen Pflichten«. Bei den »Tugendpflichten«, wie etwa dem Gebot, seinen Mitmenschen zu helfen, wenn sie in Not geraten sind, ist eine analoge Betrachtung am Platz: Niemand kann wünschen, in einer Welt zu leben, in der Notleidende im Stich gelassen werden; denn die Möglichkeit des Leidens gehört zur empirischen Existenz des Menschen schlechthin. Wer selbst Hilfe erwartet, aber keine zu leisten bereit ist, handelt eo ipso unvernünftig; aber auch, wer im Vertrauen darauf, daß es ihm beständig gut gehen wird, Hilfe für den notleidenden Nächsten als Verhaltensmaxime ablehnt, handelt doch insofern unvernünftig, als er die Wahl von Verhaltensregeln von dem bloß zufäl-

ligen Faktum seiner eigenen günstigen Lebensumstände abhängig macht. Es besteht unter den Theoretikern der Moral heute weitgehende Übereinstimmung darüber, daß eine solche Universalisierbarkeitsklausel ein wichtiger Bestandteil jedes leistungsfähigen moralischen Kodex sein muß.

(. . .) Ich möchte hier anmerken, daß sich bei solchen Überlegungen auch das Problem stellt, wie weit die wohlhabenden Industriegesellschaften moralisch berechtigt sind, davon abzusehen, daß ein großer Teil der Weltbevölkerung außerhalb dieser Gesellschaften noch längst nicht den Minimalzustand erreicht hat, dessen Vorliegen innerhalb dieser Gesellschaften allgemein akzeptiert ist als Voraussetzung jeder darüber hinausgehenden Präferenzenerfüllung. Man kann erwarten, daß diese kollektive Teilnahmslosigkeit oder sogar Rücksichtslosigkeit in absehbarer Zukunft den dann lebenden Erdbewohnern ebenso merkwürdig vorkommen wird, wie wir uns heute über die Gleichgültigkeit wundern, mit der auch moralisch sensible Griechen und Römer die Lage der Sklaven, und das Bürgertum in Europa zu Beginn der industriellen Revolution die Lage der Industriearbeiter wie ein unvermeidbares Schicksal hingenommen haben, das freilich immer nur die anderen traf.

Mit der Ausdehnung des Bezugsrahmens der Interessenabwägung über die Grenzen einer Gesellschaft hinaus kommen offensichtlich erhebliche Komplikationen ins Bild, die sich noch vervielfachen, wenn wir eine Erweiterung auf zukünftige Generationen hinnehmen. Auch hier müssen wir Einschränkungen der Interessenbefriedigung der jetzt Lebenden im Sinne einer Berücksichtigung der objektiven Interessen unserer Kinder und Enkel plausibel machen. Angesichts der Unsicherheit langfristiger Entwicklungsvoraussagen wird man hier nur sehr allgemeine Regeln gewinnen können und sich wohl auf die Sicherstellung der primären Bedürfnisse beschränken, die ja auch für die jetzt Lebenden absolute Priorität haben. Verhaltensweisen, die mit hoher Wahrscheinlichkeit zur Folge haben müßten, daß notwendige Existenzvoraussetzungen zukünftiger Generationen angetastet oder sogar zerstört werden, müßten nach dieser Auffassung als schlechterdings unerlaubt gelten.

Günther Patzig

Heinz Ludwig Arnold

Vom Verlust der Scham und dem allmählichen Verschwinden der Demokratie

Noch haben wir sie. In ihrer schönsten Verfassung steht sie auf dem geduldigen Papier: im Grundgesetz der Bundesrepublik Deutschland. Doch in der nun schon 39jährigen Wirklichkeit dieser Republik gibt sie kein so glanzvolles Bild mehr ab: eher etwas ramponiert, verbogen, auch geflickt. Denn zwischen Verfassung und Verfassungswirklichkeit handeln Menschen und machen Politik und gestalten das Bild von Gesellschaft und Staat.

Das sieht dann aus wie der ziemlich rauhe Verkehr auf unseren Straßen. Jeder, der sie benutzt, will so schnell und so gut wie möglich ans Ziel; die Ziele sind verschieden, die Fahrzeuge gehaltsklassenbedingt, Fahrweisen und Temperamente der Fahrer individuell geprägt. Das Verhalten im Verkehr regelt die Straßenverkehrsordnung.

Nicht alle beachten sie, mehr oder weniger schwere Unfälle sind die Folge. Gegenseitige Schuldzuweisungen und Schuldausflüchte sind dabei an der Tagesordnung. Fahrerflucht ist ein zunehmendes Delikt. Die Verkehrspolizei hätte alle Hände voll zu tun, wird aber der Verkehrslage doch nicht immer Herr; übrigens leistet sie mehr und mehr Geleitschutz bei Demonstrationen. Und die Gerichte? Die müssen immer neuere den Verkehr regelnde Gesetze lesen, um der sich wandelnden Lage auf unseren Straßen gerecht zu werden.

Und wie fährt die Prominenz?

Geißler überholt mal links, mal rechts, um besonders schnell voranzukommen, und wem das nicht paßt, dem zeigt er gern den Vogel. Vogel hält sich penibel an die Richtgeschwindigkeit und ärgert sich verhalten über die Raser. Rau liebt Nebenstraßen. Lafontaine fährt hin und wieder zu dicht auf. Die Grünen gehen sowieso zu Fuß oder fahren Rad. Genscher zieht, nach seinem schweren Unfall Ende 1982, wieder mit 180 Sachen unbeirrt seine Spur. Kohl schläft im Fond und kümmert sich nicht um den Verkehr. Stoltenberg rechnet beim Fahren mit dem Taschenrechner den Benzinverbrauch aus und merkt auch nichts.

Wenn aber herauskommt, daß einer, wie Barschel zum Beispiel, an den Bremsen anderer Wagen herummanipuliert hat und eine Massenkarambolage deshalb die freie Fahrt behindert, bezichtigen die einen die Insassen des manipulierten Wagens mangelnder Aufmerksamkeit, verweigern die anderen Unfallhilfe und wollen gleichwohl am Schrott noch etwas verdienen, freilich ohne sich dabei fotografieren zu lassen, hält einer Grundsatzreden über die Gefahren im Straßenverkehr, mosert ein anderer, der Fahrer sei doch nur durch den Spiegel geblendet worden, fordert Führerscheinentzug und Fahrverbot; Kohl wacht auf und murmelt etwas von Gewitterregen und Aquaplaning, alle schreien immer mehr durcheinander, das Publikum versammelt sich in immer größeren konzentrischen Kreisen um die Unfallstelle, man hört Sätze wie »Kann ja jedem mal passieren«, »Die anderen sind auch keine Engel«, Wörter wie »typisch«, »Scheißverkehr«, die Medien verstärken das Geschrei ins Unermeßliche, für die einen ist das Opfer der Täter, dann wieder der Täter das Opfer, für die anderen bleibt der Täter der Täter, Ehrenworte und eidesstattliche Erklärungen werden herumgereicht, die Kommentatoren überschlagen sich mal in die eine, mal in die andere Richtung – und plötzlich Ruhe, der Täter ist bei der Fahrerflucht ums Leben gekommen, und alle müssen halbmast flaggen. Franz Josef Strauß, der die Straßenverkehrsordnung sowieso nicht schätzt, beobachtet das Ganze von oben aus dem Flugzeug und kommt zu dem blau-weisen Schluß: Wenn solchen wie Barschel der Führerschein entzogen würde, wären die Straßen in der Bundesrepublik wieder so autofrei wie einst.

*

Wer über politische Kultur redet, meint damit meist nur das Verhalten der Staats*diener,* also der vom Staats*souverän,* dem Volk, durch Wahlen beauftragten, auf Zeit ins Amt geschickten Politiker. Und über politische Kultur wird immer dann nur gestritten, wenn sich die Staatsdiener als untreue Sachwalter erweisen, wenn sie sich als Staats*herren* aufführen, demokratische Prinzipien verletzen und so die an*vertraute* Macht, das in sie gesetzte Vertrauen mißbrauchen. Wird aber politische Kultur nicht auch wesentlich geprägt vom Souverän, vom Volk? Und fühlt sich das Volk überhaupt als Souverän? Die historische Zeit, in der sich die Deutschen zu selbstbewußten demokratischen Bürgern ausbil den konnten, ist nicht eben lang: keine vierzig Jahre, sieht man ab von den vierzehn Jahren Weimarer Republik, die so kläglich und schrecklich scheiterten.

Der bedeutende amerikanische Historiker Gordon A. Craig, der seit 1962 viele Jahre an der Berliner Freien Universität, auch in den bewegten späten sechziger Jahren noch, gelehrt hat, schrieb in seinem 1982 erschienenen Buch »The Germans«: »Man kann durchaus von einer fortschreitenden Bürokratisierung Deutschlands... sprechen... und von einem damit zusammenhängenden Anwachsen von obrigkeitsgläubigen Gewohnheiten unter der Bevölkerung der deutschen Staaten, die ausländischen Beobachtern übertrieben schienen. Diese mögen alte Wurzeln haben – es war ein Papst des Mittelalters, der Deutschland die *terra obedientiae* nannte –, aber es steht außer Zweifel, daß sie durch die traumatischen Auswirkungen des Krieges gefördert wurden. Die tägliche Gegenwart des Todes, die ständige Angst... machte die Überlebenden bereit, sich jeder Autorität zu unterwerfen, die stark genug schien, eine Wiederkehr solcher Schrecken zu verhindern. Unkritisch und mit einer atavistischen Furcht vor den möglichen Folgen jeder Auflösung der bestehenden sozialen Beziehungen nahmen sie die aufgeblähten Ansprüche ihrer Fürsten hin, und mit der Zeit erschien dieses Hinnehmen normal und erlangte das Gewicht der Tradition.« Das Wort »Fürsten« deutet an, daß, was aktuell auch zweimal fürs 20. Jahrhundert gelten könnte, auf die Zeit nach dem Dreißigjährigen Krieg und das 17. und 18. Jahrhundert gemünzt ist. Craig fährt fort: »Noch im 19. Jahrhundert, als sowohl die Schrecknisse des Dreißigjährigen Krieges wie die Drangsal unter Napoleon Bonaparte in jüngster Zeit beruhigend weit zurücklagen, wurde denen, die für eine größere Beteiligung des Volkes an der Regierung eintraten, entgegengehalten, die soziale Ordnung hänge vom unverrückbaren Gehorsam gegenüber der bestehenden Obrigkeit ab. Dieses Argument war fester Bestandteil der Schulbücher, aber es fand sich nicht nur in solch offiziellem Material, sondern es war überall gegenwärtig. Die Familienzeitschrift *Daheim* zum Beispiel predigte mit unverminderter Inbrunst bis zum Ende des Jahrhunderts Treue zu Thron und Altar, und sowohl die Literatur der gebildeten Schichten wie der

Lesestoff der Massen war von der gleichen Autoritätsgläubigkeit durchdrungen. So enthielt Victor von Falks Roman aus der Berliner Unterwelt, *Der Scharfrichter von Berlin,* der in kurzen Fortsetzungen veröffentlicht und in Hunderttausenden von Exemplaren verkauft wurde, trotz seines auf Sensation abgestellten Tons kleine Ermahnungen zum Gehorsam. (›Ich führe das aus, was die Richter beschlossen haben und mein Kaiser gutgeheißen; das ist gewiß keine Schande, die Befehle solcher Männer zu vollziehen.‹)«

Damit beschreibt Craig die Gesellschaftsverhältnisse in einem noch nicht demokratisch verfaßten Deutschland. Doch zieht man den historischen Rahmen davon ab, bleiben Prägebilder von deutscher Mentalität, die beklemmend aktuell sind.

*

Verletzungen der politischen Kultur werden, verständlicherweise, am ehesten an ihren Repräsentanten bemerkt. Dafür sorgen schon die Medien, in denen sie sich so gern zeigen. Freilich begegnen die Medien den Inhabern der Staatsmacht eher zaghaft, wenn nicht gar übereinstimmungsfreudig; vorauseilender Gehorsam charakterisiert nicht nur Bürokraten. Dieses Verhalten der meisten Medienvertreter hat vor allem zwei Gründe: den Wunsch, und sei er auch nur illusionär, an der Macht teilzuhaben; und den Wunsch, beim Publikum anzukommen, wobei unterstellt wird, Kritik an den Mächtigen komme beim Volk (immer noch) nicht an, nicht Widerspruch, sondern Übereinstimmung mit der Obrigkeit sei vorrangiger Bürgerwille. Damit setzen auch die meisten Medien auf das Mißverhältnis der Deutschen zum Pluralismus (denn was hierzulande als Medienpluralismus ausgegeben wird, ist lediglich die Freiheit der Wahl zwischen drei bis neun Filmen und einigen ähnlich gebauten Shows am Abend; kulturelle und politische Magazine sind rar, stehen sich »auswiegend« gegenüber, wenn sie nicht schon, bis in die einzelnen Reportagen hinein, »ausgewogen« produziert werden), und sie setzen auf die Sehnsucht der Deutschen nach außengeleiteter Sinnvorgabe und politischer Autorität.

Freilich waren die aufklärerischen Impulse der deutschen Medien schon immer wenig ausgeprägt (sehen wir von den frühen Dritten Programmen der Rundfunkanstalten einmal ab, die nur wenig, und abnehmende, Massenwirkung hatten). Dennoch nimmt der Zugriff der Parteien auf die Entscheidungsgremien der Medien noch zu, das Wenige an Kritik in einigen politischen Sendungen ist ihnen noch zuviel.

Will aber der Medienkonsument überhaupt aufklärerische Impulse, politische Klärung, wirklichen Pluralismus? Die Einschaltquoten sagen ja doch eigentlich das Gegenteil – dabei vergißt man eben immer, daß ja die Sender alles daran setzen, die Einschaltquoten hochzutreiben, und mit ihnen gleichzeitig ihre inzwischen auch von kommerziellen Interessen gesteuerte planierende Programmpolitik betreiben; sie lassen ja kaum Wahlmöglichkeiten, weil sie dem Zuschauer die selbstgefertigte Meinung über den Publikumsgeschmack als Geschmack des Publikums unterjubeln: Sie verkaufen es schlicht mit der ihm unterstellten Dummheit für dumm. Doch das Publikum ist durchaus ambivalent: mal für die blödelnde Unterhaltung, mal für den Western, mal für Schnulzen-Serien und sicherlich häufiger, als es damit bedient wird, für konfliktträchtige, aufklärende, nicht so einfach nur zu konsumierende Sendungen. Man müßte nur den Mut dazu haben, sie gegen die Interessen der politischen Macht zu entwickeln, und würde dann erkennen, wo die Interessen des Publikums *auch* liegen. Doch davor sind ja leider die politisch unterwanderten Rundfunkräte, denen einst eine ganz andere, gegenteilige Funktion übertragen wurde, als sie sie jetzt ausüben.

Die Medien (sicherlich nicht nur in der Bundesrepublik) kommen mit ihrer Programmpolitik ganz allgemein der gewiß vorhandenen bequemeren Konsumentenhaltung des Publikums entgegen, statt sie *auch* (immer nur: *auch!*) zu unterlaufen. Nur so ist zu erklären, daß die Zuschauer der Schadensabwicklung eines zwar schlimmen, aber vergleichsweise doch provinziellen Polit-Skandals, weil sie nach der Dramaturgie einer Krimi-Serie à la Durbridge verläuft, in Massen von Nachrichtensendung zu Nachrichtensendung entgegenfieberten, während der auf die Barschel/CDU-Affäre folgende Transnuklear-Krimi, der ja viel weiter und tiefer reichende Konsequenzen für alle hat, sehr bald nur noch auf mattes Interesse stieß. Auch ein, mit Verlaub, »Straßenfeger« wie Tschernobyl, dessen Realitätsgehalt ja nun wirklich Leib und Leben aller betraf, ist schon längst wieder im Archiv unserer Köpfe abgelegt, deren bemerkenswerteste Fähigkeit ja nicht die des Erinnerns ist, sondern die des Vergessens. Denn wie sollten wir, ohne diese Fähigkeit des Vergessens, überleben angesichts des Mülls, den uns die Medien täglich ins Haus kippen, angesichts der unzähligen Schrecknisse, die uns täglich aus aller Welt übermittelt werden und die Kraft unserer moralischen Anteilnahme erschöpfen, ja abstumpfen?

Das Erinnernswerte bewahren, die bequeme Vergeßlichkeit unterlaufen, wirkliche und wichtige Fragen formulieren und zulassen, ja provozieren – also der Lebendigkeit und den vielfältigen Bedürfnissen unserer Köpfe dienen: das wäre der rechtverstandene Auftrag der Medien in einer demokratischen Gesellschaft.

*

Der Mensch ist, mindestens, ambivalent: Er braucht die bewahrende Ordnung und bedarf doch der Unruhe des Fragens; beide sollten einander fruchtbar ergänzen. Nun neigt, je nach Bildung, Temperament, Erfahrung und so weiter, der eine mehr zum Fragen, der andere eher zur Hinnahme des Bestehenden. In einem demokratischen Staat müssen beide einander ertragen, Beziehungen zueinander entwickeln, in dialektischer Spannung miteinander leben und im Dialog eine lebenswerte Gemeinschaft entwickeln: ohne Ausgrenzung, ohne prinzipielles Mißtrauen, ohne Diffamierung, in gegenseitigem Respekt. Ein Idealbild, gewiß: von einer menschenwürdigen Zivilisation mit einer lebendigen politischen Kultur.

Doch die meisten erfreuen sich zwar des privaten Wohlergehens und streben danach, stoßen aber das Beunruhigende, Unbequeme gern ab, oft, weil sie es nicht durchschauen, weil es schon seiner Undurchschaubarkeit wegen beunruhigend ist. Sie sind auf Erklärungen angewiesen; die liefert und mit ihnen operiert, so oder so, die Politik. Undurchschaubarkeit aber fördert unausgewiesene Macht, angemaßte Autorität und behindert demokratische Entscheidungsprozesse, die Offenheit fordern.

Weil wir dazu neigen, das Beunruhigende zu verdrängen, statt uns damit auseinanderzusetzen, vergrößern wir die Undurchschaubarkeit. Wir erfreuen uns etwa beim Spaziergang an wohlbestellten Feldern und vergessen, wieviel Mühe und Entbehrung jene auf sich nehmen, die Landwirtschaft betreiben. Wir kaufen fein vorgeschnittene Steaks beim Metzger und haben die Fabriken, aus denen sie kommen, großangelegte Tötungssysteme meist an den Rändern unserer Städte, aus unserem Leben, das sie sichern, ausgeblendet.

Das mögen harmlosere Beispiele sein. Doch was ist mit den vielen Menschen unserer Gesellschaft, die wir aus unserem Bewußtsein verdrängt haben, weil sie in psychiatrischen Anstalten, Behindertenheimen, Altersheimen, ja auch in den Gefängnissen leben (oder leben sie nicht auch dort, *weil* wir sie aus unserem gesellschaftlichen Leben und Bewußtsein verdrängen *wollen*)? Was ist mit den fast zehn Prozent Arbeitslosen, den »Sozialhilfe-Empfängern«, den Asyl-Suchenden (die wir mit dem unwürdigen Wort »abschieben« und der hinter ihm verborgenen, oft tödlichen Gefahr bedrohen)? Wäre es nicht angemessener, täglich *für sie* halbmast zu flaggen, als nur einmal so würdelos, unter Diktat, für den noch mit seinem Tode fälschenden Selbstmörder von Genf? Wir leben von unzähligen Verdrängungen und vielen falschen Symbolen.

Und wir leben, noch, das materiell beste Leben unter den meisten Völkern dieses Planeten und verdrängen ständig, daß wir es auf Kosten vieler anderer Menschen und durch einen erheblichen Raubbau an der Natur, somit auch auf Kosten kommender Generationen führen. Inzwischen nehmen wir das alles freilich etwas deutlicher wahr als noch vor zehn Jahren.

So erkennen wir immer mehr, wie sehr zum Beispiel die Chemie, die vor mehr als hundert Jahren unser Leben revolutionierte – weil sie in der Medizin, in der Landwirtschaft, bei industriellen Verfahren und in vielen anderen Lebensbereichen uns relativ preiswert Erleichterungen verschafft hat –, gleichzeitig unser Leben unsicherer gemacht hat und Konsequenzen zeitigte, die wir erst jetzt nach und nach erkennen und in erheblichem Maße zu spüren bekommen. Dies nehmen wir, nach Seveso, Bophal, Sandoz, inzwischen immerhin wahr – und handeln doch, entgegen unseren Lebensinteressen, weiter so, als wäre nichts geschehen (von kleinen Reparaturen abgesehen). Wir gehen die als gefährlich, ja als verderblich *erkannten* Wege dennoch weiter, weil sie die bequemeren, die gewohnten Wege sind und wir sie für unser tägliches Leben noch nicht als gefährlich und verderblich *erfahren* haben. Wie Kinder müssen wir uns offensichtlich erst selbst verbrannt haben, um an die Gefahr des Feuers zu glauben.

Aber es gibt Lernprozesse, die enden letal, und Erfahrungen, die man nur einmal machen kann: etwa die, ob ein Atomkrieg zu gewinnen ist (dennoch gibt es Menschen, die ernsthaft darüber nachdenken). Die Aufrüstung mit Atomwaffen als *Ab-*

*schreckung*sinstrumenten ist doch wohl nur dann tauglich und glaubwürdig, wenn *jeder* Einsatz von Atomwaffen als menschheitsgefährdend erkannt ist. Schon aber wird, kaum daß die Mittelstreckensysteme (eben mal drei Prozent des gesamten Atomwaffenpotentials, das vorhanden ist) abgebaut werden sollen, in der NATO über eine *notwendige* Modernisierung der atomaren Kurzstreckensysteme geredet; eine Entscheidung darüber wurde immerhin auf später verschoben. Der Vertrag über die Beseitigung der Mittelstreckensysteme (INF), besser als gar nichts, nimmt sich vor solchen Plänen wie ein hohles Symbol aus, errichtet zur Beruhigung einer weiterhin vom vielfachen »overkill« bedrohten Menschheit.

Auch die traditionell camouflierend so umschriebene »friedliche Nutzung der Kernenergie« führt nach allem, was wir wissen und wissen können, in eine Einbahnstraße *und* Sackgasse der menschlichen Geschichte und, wie schon vor über zehn Jahren Robert Jungk gewarnt hat, ans Ende des demokratischen Staates. In der Diskussion über die Gefahren der Atomenergie sind alle Argumente genannt, und ihre Entwicklung zeigt, daß die Argumente *gegen* die Produktion von Atomstrom und für einen möglichst schnellen Ausstieg aus dieser angeblich so sauberen und billigen Technologie jene *dafür* inzwischen weit an Gewicht und Überzeugungskraft übertreffen, ja eigentlich von keinem vernünftig und verantwortungsbewußt in die Zukunft Planenden abgewiesen werden können.

Wer, wie die Vertreter der Atomindustrie (und sogar ihre Betriebsräte), dennoch immer wieder argumentiert, individuelle Gefährdungen wie bei Auto- und Ski-Unfällen oder bei Flugzeugabstürzen würden von der Gesellschaft akzeptiert, gegen das »geringe Restrisiko« in der Atomtechnik hingegen werde öffentlich protestiert, der verkennt, daß jeder, der sich ins Flugzeug setzt, Ski fährt oder individuell am Straßenverkehr teilnimmt, dies auf Grund eigener Entscheidung und in Kenntnis der Risiken tut. Ein GAU allerdings trifft Menschen (und zwar viel mehr und auf viel gefährlichere und fortwirkende Weise), die sich keineswegs individuell und bewußt durch eigene Entscheidung diesem *einen* Verfahren der Energieproduktion ausgesetzt haben. Auch das stereotyp beschworene Argument, der Ausstieg aus der Kernenergie-Erzeugung beseitige 300 000 Arbeitsplätze, kann doch wohl ernsthaft nicht greifen, ja wirkt überaus zynisch; es wäre allenfalls dann zu erwägen, wenn durch jenes »geringe

Restrisiko« nur jene gefährdet wären, die sich individuell für so gefährliche Arbeitsplätze entschieden haben – aber das ist ja nun mal nicht der Fall.

Und selbst wenn man absieht von den langfristigen und noch immer nicht befriedigend gelösten Problemen der »Entsor-

Robert Jungk: . . . *Es ist unzumutbar und fast unmöglich, daß die Menschen ständig die ganze ungeheuerliche Größe der Gefahr präsent haben. Das kann man einfach nicht ertragen. Daß wir das immer wieder beiseite schieben und vergessen wollen, ist durchaus menschlich. Ist ein Teil unserer Menschlichkeit. Nicht nur die Demokratie ist unvereinbar mit diesen neuen hochriskanten Techniken, sondern der Mensch selbst. Nicht nur die biologischen Wirkungen der Strahlung sind schädlich, sondern auch die Ausstrahlungen dieser gefährlichen Technologien auf die Seelen. Niemand kann heutzutage seines Lebens mehr richtig froh werden, weil man eigentlich immerzu etwas Schreckliches erwarten muß. Die seelische Beeinträchtigung im Schatten kommender Katastrophen scheint mir noch unmittelbarer, noch unvermeidlicher zu sein als die biologischen Schäden, die wir durch radioaktive Strahlung riskieren.*

Der Durchmarsch in die Depression?

Jungk: *In die begründete kollektive Depression, die immer unheilbarer wird und leider immer berechtigter, solange die Devise heißt: Weiter so!*

Ist es dann doch richtig, wenn die Kritiker der Kritiker sagen: Ihr wollt nicht nur das Risiko mindern, die Unfall- und Strahlungsgefahr bekämpfen, sondern ihr wollt eine andere Gesellschaft?

Jungk: *Wir wollen noch mehr: nicht nur eine andere Gesellschaft, sondern ein maßvolles verantwortlicheres Denken und Handeln. Mit diesen Ansprüchen, die man ihm jetzt einredet, macht der Mensch nicht nur die Welt kaputt, damit kann er nicht leben, damit wird er unglücklich und krank, damit geht er zugrunde.*

Im Atomstaat . . .

Jungk: *Ja, aber der Atomstaat ist nur eine der vielen Möglichkeiten. Damit geht es auch in den gen-technologischen Zuchtstaat. Und in den Computerstaat. Das gehört doch alles zusammen. Das ist die eine mögliche Richtung: Man macht weiter wie bisher und versucht, die Unsicherheitsfaktoren immer mehr zu kontrollieren. Die hauptsächlichen Unsicherheitsfaktoren, die Menschen, muß man dann berechenbar machen, muß sie zwingen, berechenbar zu werden. Die Alternative: Man sieht ein, wir wollen Menschen bleiben mit unseren unvorhersehbaren Schwächen und unvorhersehbaren Stärken, die noch auf ganz anderen Gebieten liegen als denen der Naturbeherrschung und -ausbeutung.*

Robert Jungk im Gespräch mit Mathias Greffrath

gung«, die, würden sie durch »Endlagerung« gelöst, den nächsten 800(!) Generationen eine unabsehbare Gefährdung aufbürdeten, von der wir uns gegenwärtig noch gar keine Vorstellung machen *können,* abgesehen also von solchem für die künftige Menschheit verantwortungslosen Handeln aus Gründen eines kurzfristigen und bloß scheinbaren Gewinns, bedrohen gerade auch die unmittelbaren Probleme der Atomindustrie entweder unsere Sicherheit oder, falls diese wirklich und rundum gewährleistet werden könnte, die demokratischen Prinzipien unserer Gesellschaft und Verfassung. Robert Jungks 1977 formulierte Warnung vor dem totalen Atomstaat, dessen *notwendige* Sicherungs- und Überwachungssysteme die freie Gesellschaft nicht nur extrem beschränken, sondern beseitigen würden, wurde vom desolaten Verhalten der Atomindustrie selbst eindrucksvoll mit unabweisbarem Faktenmaterial belegt. Lohnt denn aber das Geschäft mit der weder sauberen noch billigen Atomenergie die Gefährdung unserer gerade erst gewonnenen freiheitlich demokratischen Grundordnung? Eine doch wohl nur noch rhetorische Frage – aber sie wird so von den derzeitigen Regierungsparteien nicht ernsthaft gestellt; für derlei Relationen gibt es da wenig Sinn. Noch im März 1988, nach dem Transnuklearskandal, spricht der hessische Ministerpräsident Wallmann, seinerzeit Umweltminister, öffentlich von der »demagogischen Kampagne der Grünen gegen die Hanauer Betriebe«. Fragt sich nur, welche *Machtfragen* sich mit solch klettenhafter Anhänglichkeit regierender Christdemokraten an die Atomindustrie tatsächlich verbinden: Was haben die »Herrschenden« eigentlich davon, daß sie so uneinsichtig mit unserer und kommender Generationen Freiheit, und vielleicht Leben, umgehen, obgleich 70 Prozent der »Beherrschten« den Ausstieg aus der Produktion von Atomstrom wünschen.

Dies sind, gewiß, nicht nur nationale Fragen. Wissenschaft und Technik haben der Menschheit Probleme geschaffen, die durchaus ihrem eigenen ambivalenten Wesen entsprechen: Chemie, Kernspaltung, Genforschung, um nur diese drei großen Problemfelder gegenwärtiger Wissenschaft zu nennen, haben Techniken im Gefolge, an denen die prinzipielle Ambivalenz von »gut« und »schlecht«, die dem Wesen der Technik eignet, auf besonders bedrückende Weise deutlich wird. Sieht man einmal ab von den chemischen und den Kernwaffen (deren gefährlicher Charakter ja gewollt ist), so weiß man inzwischen doch zur

Genüge, daß auch die zum Nutzen der Menschen entwickelten chemischen und Kernspaltungs-Prozesse Folgen haben, die die Menschen extrem gefährden und die nur von denen, die damit gewinnträchtige Geschäfte machen, als *Neben*folgen verniedlicht werden; man kann bereits ahnen, mit welchen Horrorstücken die Gentechnologie noch aufwarten wird.

Man hat also die Fakten – doch man operiert nur an Symptomen herum oder versteht sich auf symbolische Akte und rechnet auf die Vergeßlichkeit der Bürger. Ein Paradox reift zur Perversion: Die Konservativen haben Angst, daß die Deutschen aussterben, fördern das Kinderkriegen – und lassen, wenn nicht mutwillig, so doch äußerst fahrlässig zu, daß unser Leben und das kommender Generationen immer gefährdeter und vielleicht schon bald nicht einmal mehr lebenswert ist. Daß die symbolische Weltenuhr nicht erst auf kurz vor zwölf, sondern schon auf viertel nach drei stehe, ist nicht nur eine düstere Erfindung des Schriftstellers Wolfgang Hildesheimer. Es gibt genügend ernsthafte Wissenschaftler, deren Erkenntnisse mit Hildesheimers Befürchtung übereinstimmen. Sie aber sind nicht gefragt von einer Regierung, die jeden gestaltenden politischen Impuls vermissen läßt und statt dessen im Gunstgewerbe feister Selbstdarstellung sich erschöpft. Doch es will mir nicht in den Kopf, daß ihre selektive Wahrnehmung nur von Sachzwängen bewirkt wird. Die Frage, ob die hier vorgetragenen Probleme unserem stets fröhlichen Kanzler wenigstens einige schlaflose Nächte machen, ist freilich so müßig wie jene andere: Glaubt der Papst wirklich?

*

Wir leben ja alle mit der Praxis der selektiven Wahrnehmung und verdrängen gern, was unser Leben stört, behalten, was uns freut, nützt und bequem ist. Diese Prozesse geschehen meist unbewußt und werden oft gesteuert von weit zurückliegenden disponierenden Prägungen, die, je nach den Zeitströmungen, unterdrückt werden oder hervordrängen. Unsere zivilisatorische Entwicklung produzierte Verbote und Gebote, der aufklärerische Prozeß machte sie uns als vernünftige oder unvernünftige, nützliche oder schädliche und so weiter bewußt. Auf Grund solcher Erkenntnisse, in ihrer mehr oder weniger wirkenden Auseinandersetzung mit den ins Unbewußte abgesunkenen Erfahrungs- und Erziehungsdispositionen, leben und handeln wir:

erkenntnis- und vernunftgeleitet oder unserer Mentalität nachgebend. Sicher ist es bequemer, unserer Mentalität mit ihren vorurteilshaften Prägungen zu folgen als den komplizierter erworbenen vernünftigen Erkenntnissen.

Häufig liefert auch die sogenannte »öffentliche Meinung« die Dispositionen dafür, ob wir unseren eingewurzelten Vorurteilen oder dem als vernünftig Erkannten entsprechend handeln und uns verhalten. Deshalb versucht ja die Politik, die öffentliche Meinung zu okkupieren und so Einfluß auf die Wähler zu gewinnen. Aber auch ohne die bewußte Okkupation der Medien hat die praktizierte Politik großen Anteil an der Prägung der öffentlichen Meinung. Handlungen und Haltungen der Politiker wirken, vervielfältigt durch die Medien, auf fast selbstverständliche Weise musterbildend, vor-bildlich, meinungsprägend, beispielgebend; im Guten wie im Schlechten.

Deshalb ist die demokratische Qualität von Politikern vor allem auch daran zu messen, wie sie ihre meinungsbildenden Möglichkeiten nutzen: ob sie unsere rationalen Erkenntnisfähigkeiten ansprechen oder unsere dumpfen Vorurteilsprägungen wecken, ob sie uns als individuell fühlende und kritisch denkende Staatsbürger behandeln oder aber als lästige, ihren politischen Interessen einzuverleibende Untertanen.

Wie wir selbst uns von ihnen behandeln lassen, darin freilich liegt auch unsere eigene demokratische Qualität – und die ist nicht eben preiswert zu haben. Sie fordert uns als aktive, nicht bloß hinnehmend passive Bürger.

*

»Grundlage der Scham ist«, laut Brockhaus, »das Bewußtsein, durch bestimmte Handlungen oder Äußerungen sozialen Erwartungen nicht entsprochen beziehungsweise gegen wichtige Normen oder Wertvorstellungen dieses Bereichs verstoßen zu haben.« Das ist eine knappe, doch hinreichende und einleuchtende Definition, die auf sozialethischen und nicht zuletzt christlichen Grundlagen ruht.

Dieses Buch nun spricht in seinem Titel »Vom Verlust der Scham« und meint damit vor allem: in der Politik, die sich ja ebenfalls auf sozialethische Prinzipien beruft und, im besonderen Falle der *Christlich* Demokratischen/Sozialen Union, sogar die christlichen Grundsätze herausstellt. Dazu *nur* drei markante Beispiele: Konrad Adenauer, der erste Kanzler unserer Republik, denunzierte in seinen Wahlkämpfen der fünfziger Jahre einen möglichen Wahlerfolg der Sozialdemokraten als »Untergang Deutschlands«; er insinuierte, die SPD sei moskauhörig; er spielte 1961 auf Willy Brandts uneheliche Geburt an, um den Gegenkandidaten in der Öffentlichkeit, auf deren niedrige Vorurteilshaltung er zielte, bewußt herabzusetzen. Franz Josef Strauß, in derselben Wahl, denunzierte Brandt mit der Frage: »Wir haben das Recht, Herrn Brandt zu fragen: Was haben Sie zwölf Jahre lang im Ausland getan? Was wir in Deutschland getan haben, wissen wir!«– was insofern besonders infam und schamlos war, als damit Brandts lebensrettende Flucht vor den Nazis und sein Widerstand gegen sie negativ wertend ausgespielt wurden gegen das als offensichtlich positiv mitzudenkende Mitlaufen und Mitmachen derer, die im »Dritten Reich« geblieben waren und nun als Wähler mobilisiert wurden, indem Strauß auf ihr angeblich »gesundes Volksempfinden« spekulierte. Wundert es angesichts solcher öffentlichen Schamlosigkeiten, die, nicht nur um Geißlers Attacken, fast beliebig vermehrt werden können, noch, daß Barschel seiner Sekretärin, »da sie doch an Gott glaube«, mit dem Satz: »Ja, wollen Sie denn, daß die Sozialdemokraten an die Macht kommen?« eine falsche eidesstattliche Erklärung abpreßte? Es sind Beispiele ausgerechnet aus jener Partei, die sich mit dem Epitheton »christlich« schmückt, und sie folgen genau dem oben von Craig beschriebenen Mentalitätsprogramm. Es hat aus dieser Partei, sehr spät, Entschuldigungen dafür gegeben. Man wird sehen, was sie wert sind.

Festzuhalten bleibt, daß solche politische Praxis schamlos und demokratiefeindlich ist. Sie fördert nicht das unterscheidende, für den ständigen demokratischen Prozeß so grundlegende kritische Bewußtsein und Verhalten des vielberufenen Souveräns einer demokratischen Gesellschaft, sondern beutet seine menschliche Schwäche aus, indem sie öffentlich auf seine dumpfe Vorurteilshaltung setzt und auf die »unterstützende Gleichgültigkeit der Massen gegenüber den designierten Feinden« (Detlev Claussen).

Politische Führung, die mit solchen Mitteln operiert, vertraut nicht auf die politische Überzeugungskraft und auf die nachvollziehbaren Argumente ihrer Politik, die in Wahlen bestätigt wird (oder nicht); sie hat Angst um den Verlust ihrer bloßen Macht, nutzt deshalb alle Mittel, sie sich zu bewahren. Mit dem Verlust der Scham und der wachsenden Bereitschaft, sich schamloser Mittel zum Erhalt der Macht zu bedienen, wird der Glaube an die Wirksamkeit demokratischer Regeln abgebaut, das Bewußtsein von der Gültigkeit demokratischer Grundsätze und das Vertrauen in die ihnen entsprechenden Verfahren geschwächt und verspielt. So verschwindet erst allmählich und dann immer schneller die Demokratie.

*

Das Volk wählt die, die ihm dienen sollen; deshalb verdiene es auch die, die es wählt.

Craig, noch einmal, nun über die Bundesrepublik Deutschland: »Was den Staat betraf, jenes geheimnisvolle Wesen, das traditionell dazu gedient hatte, Alleinanspruch nach innen und abenteuerliche Politik nach außen zu rechtfertigen, so war er entmythologisiert und entpersönlicht worden und wurde, wie Lewis Edinger feststellte, von den meisten Deutschen nicht so sehr als Ausdruck des Volkswillens betrachtet, sondern eher als eine ›riesige unpersönliche Körperschaft mit ihren Managern (Regierung), Aufsichtsrat (Parlament) und Administrationsstab (Staatsdienst)‹. Die Verbindung zwischen dem Individuum und dieser Art von Staat war eher pragmatischer als romantischer Natur. In dem durch das Grundgesetz bestimmten Vertragsverhältnis wußte der einzelne Bürger inzwischen, daß er für die den Regierenden übertragene Macht greifbare Ergebnisse erwarten konnte.«

Das greifbarste Ergebnis war der wiedergewonnene wirtschaftliche Wohlstand. Er bedurfte der politischen Gestaltung eigentlich nicht, sondern konnte sich gleichsam frei entfalten durch die, seinerzeit immerhin gegen erhebliche Widerstände durchgesetzte, Erhardsche Politik des »laissez faire«, im kapitalistischen Konkurrenzspiel des freien Markts; das »Wirtschaftswunder« boomte allerdings erst so richtig in Folge des Korea-Kriegs. Die sozialstaatliche Sicherung entsprach der Tradition des Kaiserreichs und wurde zum Teil ausgebaut. Wesentliche innenpolitische Leistungen waren: die Integration der Millionen Vertriebenen, die Reform zur dynamischen Rente, die Kriegsopferversorgung, die Heimkehrerentschädigung, der Lastenausgleich.

Doch darf man bei alledem nicht vergessen, daß gleichzeitig mit der Einsetzung der demokratischen Institutionen des neuen Staates auch der große Friede mit den Tätern des »Dritten Reichs« und Dienern seiner verbrecherischen Institutionen und Politik geschlossen wurde. Ralph Giordano nannte dies mit Recht das »größte Wiedereingliederungswerk für Täter des ›Dritten Reichs‹« und erkennt in der ausgebliebenen rechtlichen

Wir haben uns ja vom Nationalsozialismus nicht aus eigener Kraft befreien können – das nahmen uns die Siegermächte nach Kriegsende zunächst einmal ab. Später aber, als wir schrittweise »souverän« wurden, geriet die sogenannte Entnazifizierung zu einem formalisierten und bürokratisierten Verfahren, und mit der Gründung der Bundesrepublik Deutschland wurde auch dieses trübe Kapitel der ersten Nachkriegszeit mehr oder weniger sang- und klanglos beendet. Gab es doch viel zu viele große und kleine, harmlose und weniger harmlose ehemalige Nazis, von denen nicht wenige wieder in demokratischen Parteien auftauchten.

Im ersten Deutschen Bundestag waren von 410 Mitgliedern 57 ehemalige Mitglieder der NSDAP oder von nicht unbedeutenden NS-Organisationen. Kein Wunder, daß alle Ansätze zur Wiedergutmachung an Verfolgten des NS-Regimes sehr viel mühsamer und glückloser über die parlamentarische Bühne gingen als alle anderen sozialen Nachkriegsgesetze. Ein ganz besonders unrühmliches Beispiel hierfür ist die Abstimmung über den von Adenauer initiierten Wiedergutmachungsvertrag mit dem Staat Israel, 1952, der ohne die einstimmige Unterstützung der in der Opposition stehenden SPD bei den Regierungsparteien niemals eine Mehrheit gefunden hätte.

In der Gesamtbevölkerung sah es nicht besser, eher schlechter aus. Hier waren die Chancen für eine gewissenhafte Auseinandersetzung mit dem Nationalsozialismus und der Aufarbeitung des Geschehenen sehr gering. Noch 1958 hielten 57 Prozent der befragten Bundesbürger die Ziele der Nazis für eine »gute Idee«, wenn auch schlecht ausgeführt, nur 25 Prozent für »keine gute Idee«.

Hildegard Hamm-Brücher

Auseinandersetzung mit den Verbrechern (und ihrer Verurteilung) einen »Geburtsfehler der Bundesrepublik Deutschland« – hier hat es, mit den Nürnberger Kriegsverbrecherprozessen und der fragwürdigen Entnazifizierung durch die Alliierten, eine Art stellvertretender Symbolhandlungen gegeben, die eine faktische und durchgreifende Bestrafung der meisten Nazi-Verbrecher schließlich ersetzt haben. Im Gegenteil, Justiz und Verwaltung nahmen bald vor allem jene wieder in Amt und Würden auf, die in ihren Berufen bereits auf *Erfahrungen* verweisen konnten (und die haben sie ja wohl nur im Dienste der Nationalsozialisten sammeln können).

Daß Adenauer Hans Globke, der auf Bitte der katholischen Kirche einen umfangreichen Kommentar zu den Nürnberger Rasse-Gesetzen von 1935 verfaßt hat, schon im Oktober 1949 ins neu geschaffene Bundeskanzleramt holte, das Globke zu einem effektiven Regierungsinstrument ausbaute und von 1953 bis zu Adenauers Rücktritt 1963 als Staatssekretär leitete, markiert diese Integration der straffrei gebliebenen Täter des »Dritten Reichs« in die demokratischen Institutionen der Bundesrepublik deutlich. (Übrigens verfuhren öffentlich-rechtliche Medien und Presse ganz ähnlich – welche Institutionen eigentlich nicht?)

Adenauer brauchte effektive *staatliche Institutionen,* um Politik auf seine autokratische Art zu treiben; um die demokratische Ausbildung oder Entwicklung der *Gesellschaft* hat er sich nie gekümmert. Das *demokratische »Geschäft des Regierens«,* wie es, nach Willy Brandt, später Helmut Schmidt beschrieben und praktiziert hat, war Adenauer zuwider (er hatte es auch nicht gelernt). Nicht ohne Grund war Adenauers CDU bis Ende der sechziger Jahre weniger eine demokratisch effektiv strukturierte Partei als ein »Kanzlerwahlverein«; demokratische Willensbildungsprozesse von der Basis zur Spitze waren ihr ziemlich fremd; Widerstände hatte Adenauer deshalb, solange er der CDU die Macht im Staate sicherte, nicht zu befürchten.

Auch seine Außenpolitik forderte kaum eine Widerstände überwindende »Gestaltung«: Die Einbindung in die westlichen Bündnissysteme lag nahe und wurde forciert vor dem Schreckbild einer stalinistischen Sowjetunion und einer deren Gesellschafts- und Staatsprinzipien folgenden DDR; sie gelang um so leichter, als sie errichtet wurde auf der Basis eines Antikommunismus, dessen Lektionen sich die Deutschen so gründlich beigebracht hatten, daß sozialistische Wirtschaftsprogramme (von der Verfassung nicht ausgeschlossen) und sogar kritische Haltungen gegenüber dem autokratischen Regierungsstil Adenauers in den 50er Jahren ohne jede Nachdenklichkeit und bar demokratischer Formen in der Auseinandersetzung öffentlich denunziert werden konnten.

Die deutsch-französische Aussöhnung ebenso wie die deutsch-israelische Verständigung (gegen Widerstände jener, die die Wiedergutmachungs-Forderungen fürchteten) waren große politische Inszenierungen: Adenauer und de Gaulle, Adenauer und Ben Gurion – das waren schon eindrucksvolle obrigkeitliche Symbolhandlungen, hinter denen allerdings die reale Völker*verständigung,* bis in die Sprache hinein, weit zurückgeblieben ist (was jene freilich nicht entwertet). Für wie wirkungsvoll sie noch heute gehalten werden, belegt der Hang des selbsternannten »Enkels Adenauers« zum politischen Symbolismus; der allerdings gerät nurmehr peinlich: zum Beispiel Mitterrands und Kohls Händchenhalten in Verdun mit dem nicht eben für seine Demokratiefreundlichkeit bekannten Ernst Jünger im Hintergrund; oder der Bitburger Symbolskandal, der mit einem Besuch Reagans und Kohls auf der Konzentrationslagerstätte von Bergen-Belsen, wiederum bloß symbolisch, »ausgewogen« werden sollte – besonders peinlich deshalb, weil, während die Politiker Bergen–Belsen besuchten, Juden, die in diesem KZ gelitten haben, durch Polizei vom Gelände Bergen-Belsens vertrieben wurden: Sie wollten gegen die menschliche, politische und historische Schamlosigkeit dieser beiden *verbundenen* Veranstaltungen demonstrieren.

Adenauers politischer Stil prägte die politischen Bewußtseinsformen und Verhaltensweisen der Deutschen in der jungen Bundesrepublik. Er war, so Craig, »unerschütterlich, nüchtern, patriarchalisch« und »überzeugte sie (die Deutschen) davon, daß die Autorität, nach der sie sich sehnten, in einer demokratischen Regierung unter seiner Führung gefunden werden konnte, und sie haben in diesem Vertrauen bis zu seinem Rücktritt nie ernsthaft geschwankt«. Wohl auch deshalb, weil Adenauers Politik und Politik-Stil Maßstäbe setzten, die das demokratische Bewußtsein in der bundesrepublikanischen Gesellschaft, die demokratische Kraft des Staates also, nicht gefördert, sondern in ihrer noch notwendigen Ausbildung eher behindert haben.

Der Zug der Adenauerschen Politik jedenfalls kam zum Stillstand, als die historisch und von den Alliierten gestellten Weichen abgefahren waren. »Am Ende der Ära Adenauer schien die Republik ... auf festen Grundlagen zu stehen. Wenn es einen beunruhigenden Aspekt gab, so war es die wachsende Konformität im Innern und die starre und ziemlich festgefahrene Außenpolitik.« (Craig)

Ludwig Erhard, der erfolgreiche Wirtschaftsminister des »laissez faire«, war nicht der Kanzler, weder die festgefahrene politische Infrastruktur fortzuentwickeln noch gar sie umzugestalten.

Er bekam nicht einmal mehr die entstehende wirtschaftliche Rezession in den Griff – statt dessen flüchtete auch er zu einem, freilich matten, politischen Symbolismus: gab Maßhalte-Appelle aus, warb für die »formierte Gesellschaft« (statt eine offenere demokratische Gesellschaft zu fördern) und reagierte auf Kritik (zum Beispiel der Intellektuellen) mit Beschimpfungen – auch die allerdings nur eine blasse Reaktion gemessen an Strauß' und Adenauers Versuch, 1962 den regierungskritischen »Spiegel« zu erledigen. Immer noch suchte man unter den herrschenden Politikern jene vergeblich, deren politisches Handeln und Reden mustergültig hätten sein können für eine allgemeine Ausbildung demokratischer Umgangsformen und republikanischen Bewußtseins – im Staate ging es noch so autoritär zu wie in den meisten Familien. Theodor Heuss als bundespräsidiales Aushängeschild eines moderaten Konservatismus verdeckte diese Tatsachen ebensowenig wie heute ein aufgeklärter konservativer Richard von Weizsäcker.

Als dritten Kanzler leistete sich die Republik ein ehemals und lange Zeit eingeschriebenes Mitglied der Nazi-Partei, Kiesinger; und als Vize-Kanzler den vor dessen alter Partei geflohenen und von dessen neuer Partei diffamierten Emigranten Willy Brandt. Mit dieser Konstellation an der Spitze wirkte die Große Koalition von 1966 bis 1969 wie ein schmerzhaftes Abbild der deutschen Gesellschaftsgeschichte und hatte sogar Aspekte einer längst überfälligen historischen Versöhnung. Der damit zu verbindende Symbolismus jedoch fand, wohl weil es dafür tiefer reichender Bewußtseinsklärungen bedurft hätte, keine Interpreten. Es war damals, durchaus legitim, zuviel Taktik um Machterhalt und Machtgewinnung im Spiel, so daß die moralischen Aspekte dieser Konstellation vom politischen Pragmatismus zugedeckt wurden.

Die Große Koalition lieferte vom repräsentativen parlamentarischen System Zerrbilder: eine veritable Horror-Picture-Show. Auch sie hat das demokratische Bewußtsein der Bevölkerung nicht gerade entwickelt, obgleich sie in der Durchsetzung innenpolitischer Vorhaben (Notstandsgesetzgebung, wirtschaftlicher Aufschwung) effektiv war. Freilich förderte sie auch den Protest von links (ApO) und rechts (NPD).

Als danach Willy Brandt 1969 seine Kanzlerschaft mit den Worten »Mehr Demokratie wagen« begann, zeigte sich, wie gering die Aspekte der gesellschaftlichen Versöhnung zwischen den von feindlichen Fronten heimgekehrten »Brüdern« Kiesinger und Brandt in der Großen Koalition gewesen waren; sichtbar wurde, wie sehr CDU und CSU die verlorene demokratische Wahl faktisch als Verlust des von ihnen 1949 bis 1966 beherrschten Staates Bundesrepublik Deutschland, *ihres* Staates, ansahen: Kiesinger rief dazu auf, die FDP, den neuen Partner der SPD, aus allen Landtagen »herauszukatapultieren« (Ähnliches vernahm man freilich auch 1982 aus der SPD); die in ihrer neuen Rolle ungewohnte Opposition »warb«, vermutlich mit hohen Summen, Abgeordnete der FDP ab; die Kanzlerschaft Brandts, einem Mißtrauensvotum ausgesetzt, nachdem genügend Abgeordnete der sozialliberalen Koalition abgeworben waren, wurde wohl nur mit dem »Rückkauf« eines CDU-Abgeordneten gerettet. Der eigentlich normale demokratische Wechsel einer Regierung, von einer Partei zur anderen, der in der Bundesrepublik bis dahin noch nie geprobt worden war, vollzog sich, vor allem bei der machtgewohnten Opposition, in für die politische Kultur einer Demokratie erschreckenden Bildern.

Zwar wurde die Kanzlerschaft Brandts – und damit die von ihm durchgesetzte und längst fällige Ostpolitik – in der Wahl von 1972 glänzend bestätigt, doch wurde diese gegen viele Widerstände *gestaltende* Außenpolitik begleitet nicht vom demokratischen Wettbewerb der Opposition, sondern von unerbittlichen Machtkämpfen, die nicht nur der politischen Kultur und Moral Hohn sprachen, sondern in Teilen auch den nationalen Interessen zuwiderliefen.

Brandt hat für die Bundesrepublik eine Politik gestaltet, und Helmut Schmidt hat diese Politik fortgesetzt, die, anders als Adenauers Bindung an ein starkes Amerika, *gegen* tief wurzelnde Vorurteilsprägungen und Ängste durchzusetzen war. Diese mentalen Grundströmungen, den Deutschen, nicht nur nach Craig, anscheinend geradezu endemisch eingeschrieben, wurden von der Opposition mobilisiert: Vom »Ausverkauf deutscher Interessen« und vom »Vaterlandsverräter Brandt« (mit dem mörderischen Reim »Brandt an die Wand« im Gefolge) ging die Rede, und es schien, als sei es der Opposition nur recht, wenn ihre Obstruktionspolitik im Volk solche widerwärtigen Reaktionen provozierte; später hat ja Heiner Geißler selbst nachgeliefert, die SPD spiele die Rolle einer »fünften Kolonne« Moskaus (und er hat seinen Ausfall noch damit gerechtfertigt, er sei nicht auf eine Person, sondern auf eine Partei gemünzt).

Leider hat es die CDU/CSU während ihrer 13jährigen Oppositionszeit nicht verstanden, Lehren aus der Geschichte zu ziehen. Sie hat, als Opposition, nicht ihr Politikbild reformiert, sondern nur ihren Parteiapparat.

*

Die Wirkung von Willy Brandts Reform-Maxime »Mehr Demokratie wagen« währte nicht lange. Nach 1974 bestimmte das Macht-Wort »Sachzwang« die politischen Debatten.

Vor allem aber die neue Erfahrung einer bundesrepublikanischen Variante des europäischen (wenn nicht internationalen) Terrorismus produzierte eine gesellschaftliche Verunsicherung, die von den Gegnern der sozialliberalen Koalition dazu genutzt wurde, ihr nahestehende (und andere) kritische Intellektuelle als Sympathisanten des Terrorismus zu diffamieren und das gesamte demokratische Reformprogramm als Ursache eines »terroristischen Sumpfs« zu denunzieren – die Springer-Presse tat sich dabei besonders hervor. Auf die gesellschaftliche Verunsicherung reagierte der Staat mit einem grandiosen Ausbau seiner staatsschützenden Organe, um diesen »Sumpf auszutrocknen«: Das Bundeskriminalamt wuchs zu einer monströsen Überwachungsbehörde, sein Präsident Herold träumte den Campanella-Traum von einem Computer-System, das fähig wäre, alle Verbrechen bereits im Ansatz zu erkennen und im voraus zu verhindern, wenn man es nur mit allen erreichbaren Daten »soziopathischen« Verhaltens der Bürger speise. Das Wort »Netzfahndung« charakterisierte eine »Politik der inneren Sicherheit«, die das Kürzel FDGO zum Prägestock und die EDV zu einer bundesweiten Verdächtigungsmünze machte.

Damals wurden Stimmungen präludiert und Instrumente geschaffen, auf denen seit Ende 1982 der Bundesinnenminister Zimmermann immer perfekter zu spielen sich übt, assistiert von vielen Länder-Innenministern und einer grauen, im »vorauseilenden Gehorsam« erfahrenen Bürokratie. Die Texte zu der Musik, nach der alle tanzen sollen, liefert Zimmermann selbst. Zum Beispiel am 11. Februar 1988 vor der Polizeiführungsakademie Hiltrup: »Tiefgreifende Generationskonflikte, die Ablehnung jeglicher überkommener Autorität von den Eltern über die Lehrer bis zu Kirche und Staat generell, das Verlangen nach nahezu unbegrenzter individueller Freiheit und Selbstbestimmung, die Überbetonung des Konflikts, des Kampfes gegenüber Kompromiß, Toleranz und Konsensus, dies alles führte bei vielen jungen Menschen zu schwerwiegenden Verwerfungen im Weltbild.« Zimmermann, dieser Verteidiger von »Kompromiß, Toleranz und Konsensus«, folgerte, daß – »ohne daß dies allerdings empirisch belegbar wäre« – dieses »verworfene« Weltbild eine Quelle des Verbrechens sei.

Nun hätten ja, wie ein Beamter des baden-württembergischen Innenministeriums am 8. Janaur 1988 mitteilte, die Erfahrungen gezeigt, daß »alle Terroristen mit Kleinigkeiten angefangen« haben (gab's da bei Zimmermann nicht auch einmal eine kleine gerichtsnotorische Gedächtnisschwäche?). Der Beamte reagierte mit dieser Offenbarung seines weitreichend staatstragenden Weltbildes auf die unglaubliche Tatsache, daß Gegner der Volkszählung von 1987 in der Datei für Terroristen gespeichert worden sind – und zwar, wie sich weiter herausstellte, nicht nur in Baden-Württemberg, sondern auch in anderen, auch sozialdemokratisch regierten Bundesländern. Dazu erklärte am 12. Februar 1988 der Hamburger Datenschutzbeauftragte: ». . . die Speicherung von Bagatelldelikten« in der Datei für Staatsfeinde und Terroristen, APIS, sei »typisch«, aber immerhin werde ein Teil dieser Speicherungen auch wieder gelöscht; und zwar, so der zitierte Beamte aus Baden-Württemberg, »alle nicht relevanten Daten«. Da wüßte man nun doch ganz gern, was relevant ist, und für wen.

Angesichts der »Weltbild«-Vorstellungen des Verfassungs- und Polizeiministers Friedrich Zimmermann, die den von Craig beschriebenen Verhältnissen einer vordemokratischen Gesellschaft so sehr entsprechen, dürfte das Netz, mit dem da nach »relevanten Daten« gefischt wird, ziemlich engmaschig sein. Ganz deutlich wurde am 18. Januar 1988 Berlins Innensenator Kewenig: »Weil die Durchsetzungsfähigkeit des Staates beeinträchtigt wurde, bleiben die Daten der Volkszählungsgegner im Polizeicomputer.«

Dieses Beharren auf einer durch die Besitzer der Macht sanktionierten Omnipotenz des Staates ist, milde gesagt, zynisch. Es bestimmt und charakterisiert ein ordnungspolitisches Denken, das die Gesellschaft dem Staat nach- und unterordnet und nicht den Staat als Funktion der Gesellschaft begreift – ein solcher Staat erstarrt autoritär und folgt im günstigsten Falle noch formal demokratischen Prinzipien; alles Menschliche ist ihm fremd, der selbstsichere Staatsbürger macht ihn unsicher, er neigt dazu, demokratische Regungen, die seinen versteinerten Normen naturgemäß nicht mehr entsprechen, bereits im Ansatz zu ersticken.

In einem solchen Staat verschwindet allmählich die Demokratie. Schweigen wir also nie von der Schamlosigkeit seiner Besitzer.

Die Leiden der Vorfahren sind bei vielen noch lebendig

Zahlreiche jüdische Mitbürger in West-Berlin verweigern Beteiligung an Volkszählung / An Nürnberger Rassengesetze erinnert

BERLIN, 30. November. In West-Berlin verweigern zahlreiche jüdische Mitbürger unter Hinweis auf die Leiden ihrer Vorfahren weiterhin beharrlich jede Beteiligung an der Volkszählung. Allein der Rechtsanwalt Klaus Eschen bearbeitet rund ein Dutzend Fälle, bei denen Menschen, die im deutschen Faschismus unter die Nürnberger Rassengesetze gefallen wären und wegen der Konsequenzen aus der vor 45 Jahren von Hitlers Reichsregierung verfügten »statistischen Erfassung aller Juden in Berlin«, auch heute jegliche Beteiligung an Zählungen ablehnen.

Die Stadtregierung im Schöneberger Rathaus, die nach eigenen Angaben Verfahren gegen Volkszählungsboykotteure »vorrangig« verfolgt, ist den Juden in Einzelfällen bisher insofern entgegengekommen, daß sie zum Verzicht wenigstens auf die Ausfüllung der Rubrik »Religionszugehörigkeit« durchaus bereit war. Dies wird jedoch von den Betroffenen mit der Begründung abgelehnt, damit würden sie schon wieder in Deutschland einer »Sonderbehandlung« unterworfen.

»Ich bitte Sie, sich vorzustellen«, so ein Doktorand der Philosophie an die zuständigen Stellen des West-Berliner Verwaltungsamtes, »was eine solche Ausnahmegenehmigung für die Nachkommen vergaster Juden für Folgen hätte, wenn dies öffentlich würde . . . Es geht darum, daß ich überhaupt nicht imstande bin, einen Fragebogen auszufüllen, in dem nach sehr individuellen Daten gefragt wird und zu dem es bisher keinen endgültigen Beweis gibt, daß er nicht entschlüsselbar oder mißbrauchbar ist.«

Auch eine jüdische Wissenschaftlerin an der Freien Universität hat neben anderen mittlerweile in einer öffentlichen Erklärung den staatlichen Zwangsgeldmaßnahmen widersprochen: »Ich denke bei der Erfassung erstens an meine Großeltern mütterlicherseits, die zuerst gezählt, dann deportiert und danach an einem bis heute noch unbekannten Ort (vermutlich das Getto in Riga) umgebracht wurden. Ich denke an mei-

nen Großvater, der der akkuraten Maschinerie deutscher Gründlichkeit schon fast entkommen war, als die saubere Listenführung der National-sozialisten, die für jede ihrer Maßnahmen ordentliche Gesetze, Anwei-sungen und Vollmachten hatten, es kurz vor dem rettenden Schiff doch noch ermöglichte, ihn einzufangen und zu erschießen. Ich denke an den Onkel, der nach Mauthausen geschafft wurde und wie alle seine Lei-densgenossen eine Nummer eingebrannt bekam, weil alles seine Ord-nung haben mußte.«

Die Wissenschaftlerin, die auf einen formalen Widerspruch gegen das gegen sie verfügte Zwangsgeld bewußt verzichtet hat, erklärt ferner: »Es ist noch nicht sehr lange her, da bekam ich einen anonymen Brief ins Haus. In dem wurde mir eine Liquidierung angekündigt, und ich kam zu dieser Ehre offenbar nur, weil ich einen jüdischen Namen habe, wie auch der Staatsschutz, der mir nicht weiterhelfen konnte, meint. Ich erfuhr bei dieser Gelegenheit, daß es solche Drohungen gegen Juden wieder häufiger gibt, und verfolge sowohl die Anschläge – etwa gegen einen jüdischen Arzt – wie die antisemitischen Äußerungen deutscher und österreichischer Bürgermeister mit großer Aufmerksamkeit. Wer garantiert mir eigentlich, daß nicht schon im Volkszählungsamt ein Antisemit sitzt?«

Die meisten der Zwangsgeldverfahren wegen der aus diesen und ähn-lichen Gründen verweigerten Beteiligung an der Volkszählung 1987 sind noch nicht rechtskräftig. In erster Instanz freilich hat das Verwaltungs-gericht in West-Berlin alle diese Verweigerungen ausnahmslos verwor-fen. Standardbegründung des Gerichts »angesichts des öffentlichen Interesses an der Volkszählung«: »Die Frage nach der Zugehörigkeit zur jüdischen Religionsgemeinschaft mag als menschlich problematisch empfunden werden, ist jedoch verfassungsrechtlich nicht zu beanstan-den. Dasselbe gilt für die Zwangsgeldandrohung.«

Otto Jörg Weis

Günther Patzig

Ökologische Ethik – innerhalb der Grenzen bloßer Vernunft

(. . .) *Entstanden sind moralische Normensysteme offenbar in kleinen Gruppen einander persönlich bekannter Menschen. Unter diesen Umständen der Frühzeit war das Verhalten jedes einzelnen für alle Mitglieder der Gruppe von großer, ja potentiell existentieller Bedeutung. Ständige Kontakte ließen auch die Sanktionen für nicht normgerechtes Verhalten ebenso wahrscheinlich wie fühlbar werden – was der Durchsetzung von Normen naturgemäß förderlich ist. Wir können in der Geschichte noch verfolgen, wie mühsam die Ausdehnung der Sippen- und Clan-Solidarität auf größere menschliche Verbände war, zum Beispiel in der griechischen Polis, von der ja noch* Aristoteles *meinte, sie sollte nur so groß sein, daß alle Bürger miteinander persönlich bekannt sein können. Die Ausweitung der Solidarität auf alle Griechen (Hellenen gegen Barbaren) wurde zwar oft gefordert, versagte aber in allen Krisenfällen. Erst seit zirka 300 v. Chr. wurde von den Philosophen der »Stoa« mit Vernunftgründen ein ethischer »Kosmopolitismus« vertreten, eine Ethik also, die für alle gilt. Das Argument ist ja auch kaum widerlegbar, daß, wenn es denn Vernunftforderungen hinsichtlich unseres Verhaltens gegenüber anderen Menschen gibt, diese Forderungen gegenüber »allem, was Menschenantlitz trägt«, gelten müssen. Wir sind heute um so mehr geneigt, den* Stoikern *in ihrer Auffassung zu folgen, als die Verwobenheit der menschlichen Schicksale auf der Erde in den letzten Jahrzehnten exponentiell zugenommen hat, was die modische Redeweise vom »Raumschiff Erde« anschaulich ausdrückt. Freilich gibt es auch Vernunftgründe, die eine Konzentration unserer moralischen Verpflichtungen, insbesondere unserer Hilfspflichten, auf den Bereich der uns Näherstehenden empfehlen können: Unsere Kräfte sind begrenzt, ebenso unsere Fähigkeiten zu emotionaler Bindung.*

Aber auch über den Kreis der heute lebenden Menschen hinaus reicht unsere moralische Verantwortung. Das Vernunftprinzip selbst macht uns klar, daß wir, die wir selbst nicht wünschen können, auf einer durch Raubbau verödeten, dazu vergifteten Müllhalde zu leben, ebendeshalb auch verpflichtet sind, unseren Nachkommen, soweit es an uns liegt, eine solche extreme Situation zu ersparen. Ein rücksichtsloser Egoismus der Generationen ist daher ebenso vernunftwidrig wie ein solcher der Gruppen. Auch vergangenen Generationen gegenüber haben wir, übrigens, einleuchtende moralische Verpflichtungen. Wir sind den vor uns lebenden Generationen gegenüber verpflichtet, die kulturelle Substanz, die sie uns überlassen haben und aus der wir Vorteile ziehen, wenn möglich angereichert unseren Nachkommen zu übergeben. Die europäischen Nationen haben, so betrachtet, in den beiden Weltkriegen erhebliche moralische Schuld schon dadurch auf sich geladen, daß sie bei der Austragung ihrer Konflikte in rücksichtsloser Weise Werke und Werte zerstörten, an denen Menschen durch Jahrhunderte gearbeitet haben. In der Erweiterung der moralischen Verantwortung über den Kreis der heute lebenden Menschen hinaus liegt die Wurzel der rational begründbaren Verpflichtung, die wir in den Fragen des Rohstoffabbaus, der Umweltbelastung und des biologischen Artenschutzes gegenüber unseren Nachkommen haben.

(...) Unsere entwickelten Industriegesellschaften verbrauchen in rapide steigendem Ausmaß Güter und Rohstoffe, die sich nicht wieder herstellen lassen. Fossile Brennstoffe und andere Rohstoffe für unsere chemische Industrie sind die hier wichtigsten Beispiele. Lange Zeit wurde mit dem häufigen Hinweis darauf, daß die Neuentdeckung von Reservelagerstätten das Ausmaß der Förderung zum Beispiel beim Erdöl um ein Vielfaches übertreffe, ein Beruhigungseffekt erzielt. Dabei wurde aber die Tatsache in den Hintergrund gedrängt, daß diese Ressourcen auf jeden Fall nach dem Ablauf einer endlichen Zeitspanne und dann für immer erschöpft sein müssen. Daraus ergibt sich die Verpflichtung zu sparsamem Umgang mit solchen Rohstoffquellen, um unseren Nachkommen wenigstens eine gewisse Übergangszeit zu sichern, in der sie sich auf die schließlich unvermeidliche Erschöpfung der Rohstoffquellen einstellen können, ohne dabei in katastrophale Krisen zu geraten. Immerhin dürften wir ja auch mit der wissenschaftlichen und technischen Kompetenz der späteren Generationen in gewissem Umfange rechnen; und nichts kann uns verpflichten, auf die Erfüllung existentieller Bedürfnisse unserer eigenen Generation aus Rücksicht auf gleichrangige Bedürfnisse kommender Generationen schlechterdings zu verzichten. Die Erschließung anderer Energieformen, wie besonders der Atomenergie, könnte in diesem Zusammenhang ein vielversprechender Ausweg sein. Aber es ist uns bekannt, daß wir damit die zukünftigen Erdbewohner mit einstweilen noch nicht voll kalkulierbaren Risiken belasten müssen, und sie jedenfalls zwingen, für die Sicherheit der Lagerung radioaktiver Abfallstoffe durch Tausende von Jahren hin geeignete Vorsorge zu treffen. (...) Vorteile und Risiken können nur dann fair gegeneinander abgewogen werden, wenn die Risiken vor allem jene treffen, die die Vorteile haben werden, für die sie die Risiken in Kauf zu nehmen bereit sind. Dies gilt etwa für die Risiken des Straßenverkehrs. Andererseits halte ich die Weiterentwicklung der Kernenergietechnik für erlaubt und sogar für geboten, wenn es tatsächlich so sein sollte, daß schon in absehbarer Zeit die Sicherung befriedigender Lebensbedingungen für eine noch wachsende Menschheit nicht ohne solche zusätzli-

chen Energiequellen möglich ist. Über die Beantwortung der Frage, ob es so ist, sind sich die Fachleute nicht einig; eine rational argumentierende Moral kann aber keine eindeutigen Anweisungen geben, wo die Voraussetzung einer kompetenten Abwägung konkurrierender Güter und Gefahren nicht gegeben ist.

(. . .) Andererseits scheint es mir nun aber wiederum auch sicher, daß die bloße Aufrechterhaltung des inzwischen in Westeuropa erreichten Lebensstandards und technischen Komforts oder des erwünschten wirtschaftlichen Wachstums und die damit ursächlich zusammenhängende mögliche Verringerung der Zahl der Arbeitslosen zwar sehr relevante Gründe sind, aber diese Gründe doch nicht jene Durchschlagskraft besitzen, die uns berechtigte, über die Gegenargumente aus dem einstweilen nicht voll kalkulierbaren Risiko und der unzumutbaren Hypothek auf Leben und Gestaltungsspielraum künftiger Generationen bedenkenlos *hinwegzugehen.*

Bis hierher führt uns eine bloße Vernunftmoral. Ich möchte noch einmal zusammenfassen, was sich als Grundkonzept einer ökologischen Ethik aus ihr entwickeln ließ: Wir sind moralisch verpflichtet, den künftigen Bewohnern der Erde diese in einem Zustand zu hinterlassen, der ihnen ein Leben ermöglicht, wie wir es selbst für lebenswert halten würden. Wir sind nicht verpflichtet, dafür zu sorgen, daß es überhaupt zukünftige Generationen gibt. Auch die Erhaltung der biologischen Arten ist außer mit dem wohlverstandenen Eigeninteresse der jetzt lebenden Menschen nur durch die Verpflichtung gegenüber späteren Generationen von Menschen zu begründen, ihnen eine nicht verarmte und verödete, sondern genetisch und als Erlebnisquelle unverändert reiche natürliche Umwelt zu bewahren. Ein Eigenrecht alles Existierenden als solchen, erhalten zu bleiben, läßt sich rational nicht begründen. Daß wir auch dem einzelnen Tier gegenüber zu einer schonenden, humanen Behandlung moralisch verpflichtet sind, folgt aus einer rational begründbaren Erweiterung des ursprünglichen Geltungsbereichs moralischer Normen. Wir sind moralisch berechtigt, die Interessen der Menschen den Interessen der nicht-menschlichen Lebewesen vorzuordnen, nicht aber, die Interessen der Tiere als unerheblich zu vernachlässigen. So kann auch kein rationales Argument uns dazu verpflichten, unsere eigenen existentiellen Bedürfnisse gegenüber denen künftiger Generationen zurückzustellen; aber die existentiellen Interessen der nach uns lebenden Generationen haben offensichtlich einen Vorrang vor weniger dringenden Interessen, die wir jetzt befriedigen könnten.

Dieter Lattmann

Unsere real existierende Demokratie
Aus dem Tagebuch eines Kommentators

München, 18. Oktober 1987

Wechsel ist das Kennzeichen der Demokratie. Ohne einlösbare Möglichkeit des Machtwechsels der Parteien kommt sie abhanden. Das Parlament droht zu erstarren. Die Regierung tut, als besäße sie das Monopol. Spätestens nach drei, vier Wahlperioden besteht immer und überall die Gefahr, daß sich die Gewaltenteilung zwischen der gesetzgebenden Versammlung der Abgeordneten und der Ministerialbürokratie nicht mehr erkennen läßt. Wo der Machtwechsel von den Inhabern der bisherigen Mehrheit als etwas zu Fürchtendes dargestellt wird, das für die Bevölkerung nur böse enden könne, rückt Demokratie in die Ferne wie vor ihrer Erfindung.

So gesehen wäre es an der Zeit gewesen, daß sich nach den jüngsten Landtagswahlen in Hamburg und Bremen umgekehrte Koalitionen gebildet hätten. So gesehen war der Wechsel in Hessen nach überlanger Regierungszeit der Sozialdemokraten nichts als ein demokratischer Vorgang. Voraussetzung solch unerschrockener Konsequenz wäre allerdings, daß auch in Baden-Württemberg und Bayern, Rheinland-Pfalz und Schleswig-Holstein ein Machtwechsel selbstverständlich zu denken wäre. Das ist der Hintergrund, vor dem sich zuträgt, was seit Wochen in Kiel mit Wirkung auf Bonn geschieht.

Immer wieder haben Sprecher aller traditionellen Parteien behauptet, grundsätzlich müsse unter den parlamentarischen Kräften jede mit jeder koalitionsfähig bleiben. In Schleswig-Holstein gibt es eine neue Landtagsmehrheit von 41 zu 33 Stimmen, wenn sich die FDP und der Mandatsträger der dänischen Minderheit zur Koalition mit der stärksten Fraktion, den Sozialdemokraten, entschließen. Im Weg steht dieser Lösung, die keine Neuwahlen erfordert, die einseitige Bindung der Liberalen an die Union als Aussage im Wahlkampf. Wenn das Patt sich aber anders nicht auflösen läßt, dürfte sie nicht unumstößlich sein und war es auch früher in vergleichbaren Fällen nicht. Eine Partei, die in Bonn 13 Jahre mit den Sozialdemokraten regiert hat, kann nicht auf Dauer ernsthaft behaupten, das sei in Kiel unmöglich.

Statt dessen ein Toter, der ehemalige Ministerpräsident. Nachdem der Untersuchungsausschuß allzu deutliche Widersprüche zwischen den eidesstattlichen Erklärungen und der bezeugten Realität ermittelt hat, ließ seine Fraktion ihn einmütig fallen – auch die FDP tat das. Uwe Barschel hat nicht weitergewußt. Das ist am Punkt des Abgrunds menschlich das Verständlichste. Trotzdem besteht keine Notwendigkeit, daß dieser Tod die sachliche Klärung – soweit sie überhaupt gelingen kann – aufhalten müsse. Zuviel steht für unsere real existierende Demokratie auf der Waage. Angesichts der Kieler Vorgänge können einem Begriffe wie politische Kultur, Moral oder Glaubwürdigkeit nur vergehen. Nie war die Kluft zwischen dem Berufsethos der Politiker und der Wirklichkeit in der Bundesrepublik so tief wie jetzt. Aber nicht erst seit gestern sind die Wahlkämpfe und nur zu oft auch der parlamentarische Stil aus den Fugen geraten.

Die Aufrufe in der Debatte zur Lage der Nation, nun müßten alle mit sich zu Rate gehen, wirken sprachlos vor lauter Worten. Die Rücktrittsforderung an Björn Engholm bedient sich der Methode, daß der Verfolgte die Schuld auf sich nehmen, der Ausspionierte seine angebliche Heimtücke eingestehen solle. Was immer die Untersuchung noch zutage fördern wird, eines ist erwiesen: Die Zeit der Shakespeare-Dramen ist noch nicht vorüber. Für Machtinteressen wird weiterhin intrigiert, verleumdet, erpreßt und Gewalt angewendet. Wer eigentlich will, dies vor Augen, unter den heute Jungen noch Politiker werden?

Die Bonner Machtverhältnisse werden voraussichtlich in Schleswig-Holstein Neuwahlen erzwingen. Ob sie in absehbarer Zeit in einem Klima stattfinden können, das demokratische Offenheit wiederherstellt, ist anzuzweifeln. Genau das ist aber geboten. Die Kieler Situation spiegelt einen psychologischen Prozeß kaum noch miteinander zu vereinbarender Kräfte. Er offenbart eine Spaltung des öffentlichen Bewußtseins in zwei annähernd gleich starke Lager mit gegensätzlichen Reaktionen derer, die ihnen zugehören. Äußerst knappe Wahlergebnisse sind die Folge, die vielerorts zu beobachten ist. In Niedersachsen regiert Albrecht mit einer Stimme Mehrheit, in Hessen Wallmann ebenso. Wahlen lassen sich nicht unausgesetzt wiederholen. Nichts ist in dieser Lage notwendiger als eine außerordentliche Anstrengung, die an den Ursprung des Denkens zurückkehrt, aus dem die Zeitzeugen unsere Republik nach dem Krieg gegründet haben. Dieses Denken braucht eine Entsprechung in der Gegenwart. Politik braucht wieder eine geistige Dimension. *Nur* durch materielle Leistungen können die Menschen nicht mit der Gesellschaft übereinstimmen, in der sie leben. Schon gar nicht entsteht daraus für junge Erwachsene jene Identität mit der Demokratie, die Politiker aller Parteien als Ziel beteuern. Einige Namhafte unter ihnen müssen aufhören, dieses Ziel gleichzeitig zu beschädigen, indem sie ihre Gegner in der Sache öffentlich wie Feinde behandeln. Von der Verantwortung der Gewählten vor den Wählern kann sonst nicht die Rede sein.

Düsseldorf, 23. Oktober 1987

Geißler hat wieder zugeschlagen. Vor den CDU-Sozialausschüssen hat er in Hamburg behauptet: Die Kieler Unionsgremien hätten sich in keiner Weise an der »Vorverurteilung« Uwe Barschels beteiligt. Wer jetzt Neuwahlen fordere, habe etwas zu verbergen. Die CDU sei für Neuwahlen, aber nicht unter dem Eindruck von Verdächtigungen. Björn Engholm forderte er erneut zum Rücktritt auf.

Geißlers Methode besteht darin, daß sie die Realität ins Gegenteil verkehrt. In der Scheinwirklichkeit, die er behauptet, richtet der CDU-Generalsekretär sich ein wie in einem Panzer, aus dessen Halskrause er lachend herausschaut.

Obwohl die Methode nachweislich absurd ist, hat sich ihr öffentlicher Verblüffungseffekt noch nicht verbraucht. Das liegt nicht zuletzt daran, daß viele Bundesbürger konservativen Politikern immer noch ein Vertrauen entgegenbringen, das sie anderen vorenthalten. Sie können sich trotz aller Erfahrungen nicht vorstellen, wie kalkuliert die Methode ist. Dabei gibt es immer neue Beispiele, die das offenlegen müßten, wenn Offenheit der Hintergründe in unserer real existierenden Demokratie die Regel wäre.

In der Debatte über die Regierungserklärung zu einer NATO-Tagung sagte Geißler am 15. Juni 1983 im Bundestag: »Der Pazifismus der dreißiger Jahre, der sich in seiner gesinnungsethischen Begründung nur wenig von dem unterscheidet, was wir in der Begründung des heutigen Pazifismus zur Kenntnis zu nehmen haben, dieser Pazifismus der dreißiger Jahre hat Auschwitz erst möglich gemacht.« – Schuld hat demnach nicht der Rassenhaß des Faschismus, nicht das massenpsychologisch eingehämmerte Wahnbild von einem Weltfeind Nummer eins. Schuld haben auch nicht sämtliche konservativen, christlichen, liberalen und deutschnationalen Reichstagsabgeordneten, die gemeinsam mit den Nazis Adolf Hitler am 23. März 1933 ermächtigten. Schuld haben allein die Opfer, die wegen ihrer politischen Weitsicht verfolgten und ermordeten Pazifisten.

Als SPD und SED im August 1987 ihre Thesen für das gemeinsame Überleben der Deutschen in neuer weltgeschichtlicher Situation vorlegten, konterte Geißler sofort. Auch diesmal stellte er den Sinn der Initiative um 180 Grad verdreht dar, indem er der Sozialdemokratie vorwarf, sie »verwische den fundamentalen Unterschied zwischen Freiheit und Diktatur«. So schwarzweiß ist die Vereinfachung, die willentlich nichts differenziert.

Die Methode Geißlers stellt nicht nur die Tatsachen auf den Kopf, sondern sie macht im Gegner auch planmäßig den Feind aus. Argumente Andersdenkender wird sie solange niederwalzen, bis entschiedene Gegenwehr sie aufhält. Gebraucht wird die Gegenkraft nüchterner Aufklärung. Sie muß das Hauptmotiv der Methode bis auf den Grund analysieren. Sie muß in den Mehrheitsmedien dafür auch Worte finden, die überzeugen. Denn hinter der Methode Geißler steckt intelligente Angst. Die Angst schlägt um in Demagogie. Es handelt sich im Kern um nichts anderes als um den Umkehrschluß aus Furcht vor dem Verlust des Feindbilds. Was will diese Politik an die plötzlich leere Stelle setzen, wenn außenpolitische wie innenpolitische Feindbilder tatsächlich aufgelöst werden? Die Methode Geißler ist die Konsequenz aus der Befürchtung, die in vier Worten lautet: Ohne Feindbild keine Mehrheit.

Köln, 1./2. November 1987

Auf einmal bekam ich zu spüren, was es heißt, in einem Massenmedium den Konsens der Beteiligten zu verlassen. Und das live! Mitternachtsdiskussion der ARD aus Köln, von 22.45 bis 0.40 Uhr. Thema: »Die Moral der Mächtigen. Keine Umkehr nach der Affäre Barschel/Pfeiffer?« Gesprächsleitung: Rolf Schmidt-Holtz und Hansjürgen Rosenbauer. Eingeladen waren Ernst Benda, Kurt Biedenkopf und Otto Schily, Mariele Schulze-Berndt, Carola Stern und ich. Eine denkende Runde. Niemand tat so, als habe er ein Rezept. Einer hörte dem anderen zu. Der Konsens bestand darin, daß es sich um einen Skandal handelte:

Die Kieler Korruption und Machtverkettung als eine Ausnahme, die auch in dieser Nacht noch Millionen Zuschauer schockierte. Das politisch Ungeheuerliche war dieses eine Mal geschehen. Die Forderung nach der Moral der Politik stand im Scheinwerferlicht.

Ich fragte dagegen: Was haben Politik und Moral miteinander zu tun? Sie gehen fast immer getrennte Wege. Worte wie politische Kultur, Moral, Glaubwürdigkeit, schlug ich vor, sollten für längere Zeit für Politik nicht mehr beansprucht werden – bis durch das Handeln verantwortlicher Politiker der Sinn solcher Wörter öffentlich nachgewiesen wäre. Ebenso lange sollten politische Sprecher von der eigenen Partei reden und nicht, wie üblich, über ihre Gegner herfallen. Die Wahlkämpfe seit 1953 im Gedächtnis (den wütenden Antikommunismus, die SPD nach Adenauer als »Untergang Deutschlands«, das Komplott des »Mordverdachts« gegen Willy Brandt 1972, »Freiheit oder Sozialismus«), sah ich den Skandal als Regel. Da riß der Konsens. Ich wurde weiter direkt angesprochen, meldete mich auch, um zu antworten, aber etwa vierzig Minuten lang erhielt ich nicht mehr das Wort. Später gemeindete man mich wieder ein.

Unzufrieden mit meiner Wehrlosigkeit, stellte ich fest: Ich bin nicht mehr der Politiker, der das Wort an sich reißt. Früher fiel mir das zu leicht.

München, 6. Dezember 1987

Vorbei sind die Zeiten, in denen Finanzminister Stoltenberg oder Generalsekretär Geißler noch »Vorverurteilung« rufen konnten. Die Differenz zwischen Sein und Schein wurde in diesen Tagen mit einem hohen Maß an Gültigkeit vom Kieler Untersuchungsausschuß aufgedeckt. Eine Niederlage erlitt nachträglich nicht die Demokratie. Vielmehr wurde ein politisches Prinzip entlarvt, das Machterhalt vor Parlamentarismus setzt und Skrupellosigkeit an die Stelle der Demokratie. An Uwe Barschels Schuldeingeständnis durch Selbstmord kann kein Vernünftiger mehr zweifeln. Wer das Gegenteil für möglich hält, braucht sich nur vorzustellen, in welcher Situation sich die CDU heute befände, wenn ihr Spitzenkandidat der Wahl vom 13. September 1987 noch lebte.

Dieser Untersuchungsausschuß hat andere Arbeit geleistet als das Bonner U-Boot-Unternehmen, das mit Mehrheitsentscheidungen die Aufklärung bisher immer nur wegtauchen ließ. In Kiel gab es keine Mehrheit. Es gab den Zwang zu gemeinsamer Aufklärung, sollte die Idee der parlamentarischen Republik nicht unaufhaltsam Schaden nehmen. Das Kartell aus regierender Mehrheit, Ministerialverwaltung und Staatsanwaltschaft zur Diffamierung der Opposition wurde bloßgelegt. Es waren vor allem jüngere Unionsabgeordnete, die sich dem Bemühen und dem Anspruch der Sozialdemokraten auf Klarstellung und Entschuldigung nicht verweigert haben. Die Parteien haben sich auf die Neuwahl am 8. Mai geeinigt. Es ist der 43. Jahrestag der Befreiung aus Krieg und Staatsverbrechen. Dann haben die Bürger dringender als zuvor das Wort.

Aachen, 23. Januar 1988

Auf der Regionaltagung der Christlichen Friedenskonferenz habe ich das politische Hauptreferat zu halten. Ich spreche zum Kongreßthema »Umdenken – Abrüsten – Überleben« und gebe einen Ausblick zum konziliaren Prozeß. Wieder steht die Glaubwürdigkeit von Machtentscheidungen auf der Waage. Unter anderem sage ich dies: Das erste bedeutende Abrüstungsabkommen über Massenvernichtungswaffen liegt vor uns – nicht hinter uns. Die Verwirklichung steht aus. Drei Jahre soll sie dauern, wenn nichts dazwischenkommt. Es ist immer wieder erstaunlich, wie selbst erfahrene Publizisten die Vereinbarung schon ankündigen, als sei es die Ausführung. Die Waffen sind gezählt. Wir wissen, wie wenige verschwinden und wie viele bleiben. Während das Fernsehen die Unterzeichnung des Vertrages durch Generalsekretär Gorbatschow und Präsident Reagan am 8. Dezember 1987 im »Brennpunkt« kommentierte, tauchte zur

Beruhigung der Bewußtseins-Pensionäre am unteren Bildrand immer wieder die Zeile auf: »Dallas beginnt um 22.05 Uhr«.

Kein Zweifel, daß dieser Vertrag für viele Millionen Menschen Hoffnung bedeutet. Er hat die Friedensbewegung insgesamt und besonders ihre wissenschaftlichen Initiativen in der den aufgeschlossenen Politikern zuarbeitenden Sachkompetenz ermutigt. Aber schon kurz nach dem historischen Datum wurden einander widersprechende Auslegungen des Abkommens über atomare Mittelstreckenraketen laut. Vor allem rührt sich im Westen Unzufriedenheit, daß es überhaupt dazu kam. Mehr noch der vielstimmige Unwille, auf dem für das Umdenken verheißungsvollen Weg fortzufahren. Nicht nur das. Die ganze Zeit tut man so, als könnten die britischen und französischen Atomwaffen nicht allein Europa, vielleicht die Welt vernichten. Sie werden nicht mitgerechnet. Franzosen wie Engländer kündigen durch ihre Regierungen immer nur mehr an: neue Systeme, mehr nukleare Zerstörungsgewalt. Und nicht erst aus Hanau erfahren wir, daß die bewaffnete Energie, die mit dem Atomkern auch das Bewußtsein der Menschen spaltet, sich auf der Erde weiter verbreitet. Wenn das nicht aufzuhalten ist, ist ein Ende für die Lebenden abzusehen ...

– Verteidigungsminister Wörner behauptete am Vorabend des Gipfeltreffens Reagan – Gorbatschow in der ZDF-Sendung »Bonn direkt« und wiederholte seitdem oft: »Wir (die NATO) sind nicht angriffsfähig – er (Gorbatschow) ist es.«

– Der Statthalter der USA in Bonn, Botschafter Burt, hat in einem Artikel in der Süddeutschen Zeitung vom 14. Januar 1988 erklärt: »Auf der linken Seite des politischen Spektrums behaupten Vertreter der Sozialisten in Nordeuropa jetzt, der (Abrüstungs-)Vertrag sei das Produkt einer gemäßigten Linie der Sowjetunion und des unnachgiebigen Drängens der Friedensbewegungen. Aber nichts wäre skandalöser und käme Orwellschen Visionen politisch näher als die Bemühungen der Friedensbewegungen, in letzter Minute zumindest einen Teil des Verdienstes an dem Vertrag für sich zu beanspruchen.« In seiner Botschaft fährt Burt fort: »Das eigentliche Verdienst ... gebührt Ronald Reagan und seinen Verbündeten – Margaret Thatcher, Helmut Kohl, Bettino Craxi, Wilfried Martens und Ruud Lubbers – jenen politisch Verantwortlichen, die sich den Sowjets und den Befürwortern der einseiti-

43

gen Abrüstung während des schwierigen ›Jahres der Raketen 1983‹ gemeinsam entgegenstellten.«
- Gleichzeitig hat der NATO–Oberbefehlshaber in Europa, US-General Galvin, die Einführung einer neuen atomaren Kurzstreckenwaffe mit einer Reichweite bis 500 Kilometer gefordert. Er hoffe, daß diese Boden-Boden-Rakete mit längerer Reichweite bald zur Verfügung stehe.

Fast täglich erreichen uns solche Meldungen. Der Widerspruch zur Beteuerung, man wolle abrüsten, wird zur Schizophrenie des politischen Alltags.

Es bleibt bei uns schwierig zu beurteilen, wie weit der neue Geist der Politik, der seit drei Jahren von Moskau ausgeht, tatsächlich reicht. Euphorie ist auch dort unangebracht. Aber in der Auseinandersetzung zwischen Geist und Macht gibt es in der gegenwärtigen Welt kein deutlicheres Zeichen, das Hoffnung weckt. »Neues Denken« in der Sowjetunion ist etwas anderes als die gebührenfreie Ausleihe des Begriffs bei uns. Angewandt auf die Bonner Politik ist der Ausdruck unbrauchbar geworden, nachdem die Technokraten des alten Denkens ihn opportunistisch aufgesetzt haben wie eine zeitgemäße Zierde. »Neues Denken« auf den Lippen von Genscher & Co? Da rascheln nur ausgewechselte Wörter, ohne daß Inhalte von Grund auf verändert werden. Politiker, generell, soll man danach beurteilen, was sie tun, nicht danach, was sie sagen. Bei unseren vereinigten Obrigkeiten kann ich kein neues Denken erkennen. Realer sind neue wirtschaftliche Interessen an der Sowjetunion, an Polen und der Deutschen Demokratischen Republik. Insgesamt aber besteht die Haltung der Bundesrepublik in der politischen Amtsführung wie eines Großteils der Medien aus einem Widerspruch, der nicht aufgeklärt wird: Der verbal immer beteuerten Zustimmung zum weiterreichenden Abrüstungsprozeß fehlt die geistig-moralische Grundlage. Sie kann einzig aus dem gleichzeitigen Verzicht auf das Feindbild hervorgehen.

Das setzt politische Analyse voraus. Denn der Verzicht auf das Feindbild macht den Besitzern des Vorurteils Angst. Darin ähneln die vielen den Mächtigen, aber aus unterschiedlichem Grund. Wahrscheinlich haben Adenauer und Heuss, Schumacher oder Dehler persönlich nie an die totale Bedrohung aus dem Osten geglaubt. Sie kannten die immense ökonomische, industrielle und militärische Überlegenheit der USA nach 1945.

Ich kann mir auch schwer vorstellen, daß Strauß oder Dregger, schon gar nicht Genscher oder Helmut Schmidt, jemals in sich die Vorstellung einer Bedrohung mit dem Namen Sowjetunion haben so groß werden lassen, daß sie davon beherrscht wurden. Aber sie kennen bis ins letzte die innenpolitische Funktion außenpolitischer Feindbilder. Die Vorstellung eines unberechenbaren Feinds, der das Fremde verkörpert und angeblich das Vertraute und allen persönlichen Besitz in unserem Land vernichten will – dieses Feindbild schweißt die Furchtsamen zusammen und läßt sie Rettung durch die Ideologie der Stärke erhoffen. Niemand verstand sich in der Geschichte der westdeutschen Bundesrepublik genauer darauf als die sich christlich nennenden Konservativen.

Feindbilder entstehen in einem tiefenpsychologischen Massenprozeß, sie werden zum Instrument amtierender Macht. Darum fallen Politiker wie Kohl und Strauß vor innenpolitischen Machtentscheidungen, vor allem vor Wahlen, immer wieder auf die Feindbilddoktrin zurück. Diesem demagogischen Vorgang entspricht in einem Klima der Entpolitisierung die Angstbereitschaft der unaufgeklärten Mehrheit, in der generationenalte Verwurzelungen des östlichen und des kommunistischen Feindbilds tief im Gefühl wirken.

Dies rational und im Bewußtsein der Mehrzahl wirksam aufzuklären, erfordert bei uns einen neuen Geist der Republik; eine politische Verantwortung, die aus dem Aufarbeiten der Vergangenheit Stück um Stück gelebte Demokratie aufbaut.

München, 7. Februar 1988

Heute vor fünfundfünfzig Jahren, am 7. Februar 1933, hat Carl von Ossietzky in einem todesmutigen Artikel in seiner »Weltbühne« die kapitalistische Grundlage der Nazi-Diktatur entlarvt. Das geschah eine Woche nach der Machtübernahme Hitlers in einem mehrheitlich durch Deutschnationale, Militär und Wirtschaft gestützten Kabinett.

»Sie, Herr Reichskanzler«, schrieb Ossietzky, » ... sind der Führer einer Partei, die durch rücksichtslose antikapitalistische Propaganda in die Höhe gekommen ist. Jetzt, wo Sie oben angelangt sind, gibt es das nicht mehr. Jetzt haben Sie den Restbestand des deutschen Kapitalismus zu konsolidieren, den Großgrundbesitz zu retten, die Ansätze von Gemeinwirtschaft wieder rückgängig zu machen. Jetzt stehen Sie auf der anderen Seite der

45

Barrikade...«Furchtlos und genau nannte Ossietzky Hitler und seine Partei: »Retter des Kapitalismus«. Nicht zuletzt das kostete ihn das Leben.

Der Antisozialismus und das kommunistische Feindbild hätten sich in der Bundesrepublik niemals so ausbreiten können, wie es geschah, wenn die Sozialdemokraten darauf bestanden hätten, daß es nie National*sozialismus* in Deutschland gab, sondern daß es Nationalkapitalismus war. Nicht von ungefähr hatten sich die Nazis für ihre »Bewegung«, die von München ausging, das Attribut »sozialistisch« zugelegt. Es sollte eine große Wählerzahl unter den Arbeitern täuschen und tat das auch. Kaum an der Macht, zerschlug der Faschismus die Parteien der Arbeiterbewegung mit ihren Gewerkschaften, lieferte dem Militär Soldaten und der Wirtschaft gehorsame Arbeitskräfte. Wenn diese Kenntnis Schule machte, gäbe es ein anderes Bewußtsein von Kontinuität. Unsere heutigen Politiker der Einseitigkeit täten sich schwerer, als Vertreter der real existierenden Demokratie gegenüber Ländern des real existierenden Sozialismus aufzutreten, als setze der Westen mit seinem System auf der Welt den einzigen Maßstab.

Als Ossietzky am 23. November 1931 vom Leipziger Reichsgericht wegen angeblichen Landesverrats zu eineinhalb Jahren Gefängnis verurteilt wurde, sagte er noch am selben Tag in einem Interview mit dem Berliner »8-Uhr-Abendblatt«: »Noch leben wir im Zustand verbürgter Meinungsfreiheit, in dem das Militär den zivilen Behörden unterworfen ist. Deshalb werde ich weiter dafür einstehen, daß der Geist der deutschen Republik nicht durch mißverstandene Staatsraison verfälscht wird.«

Er verteidigte die Idee der Republik, bis er nicht mehr konnte. In diesen Tagen berichten Westmedien ausführlich über Bürgerrechtler, die in der DDR auftreten. Bürgerrechtler, die bei uns in Wackersdorf, Mutlangen oder Hanau den Schutz der Grundrechte und des Überlebens fordern, werden als Blockierer angeblich wegen »verwerflicher Gewalt« straffällig, auch sie werden durch das staatliche Gewaltmonopol auseinandergetrieben. In diesen Tagen wird deutlich, wie sehr Ossietzky im fünfzigsten Jahr seines Todes eine neue deutsch-deutsche Aktualität erlangt. Die Geschichte wiederholt sich nicht wörtlich, aber immer besteht die Gefahr, daß wir das veränderte Gesicht wiederkehrender Bedrohung nicht früh genug erkennen.

Freimut Duve

Die preußische Korrektheit oder: Bananen wachsen bei uns nicht

Bleibt diese Genfer Badewanne nun das gestanzte Symbolbild unserer Selbstreinigung? Unser neues Seelenbild im Briefmarkenformat? Seht, da liegt er, der alles in den Schmutz gezogen hatte, was uns anderen so heilig, so unantastbar war? War es nun genug? Ist es nun gut?

Sind wir korrupter als andere Völker, oder sauberer? Sind unsere Zeitungen moralischer als die anderen, der »Spiegel« härter als der »Canard Echaîné«, der »Stern« schneller als der »Observer«, die »taz« ehrlicher als die »Republica«?

Im Vergleich sehen wir nicht schlechter aus. Das Ausland hat die Barschel-Affäre mit Zweifel und eher schmunzelnd zur Kenntnis genommen. Auch das Theatralische, das Inszenierte an der Sache scheint keine deutsche Besonderheit. Tote Politiker, Mord und Selbstmord in Frankreich oder Italien – immer scheint die Nähe zum Film, zum Regisseur offenkundig. Wir werden uns also ohne Vergleiche mit dieser Sache befassen müssen.

I. Sind wir preußisch korrekt?

Blick zurück. Wir Deutschen des 20. Jahrhunderts tragen gegen all unsere Katastrophen ein Bild von beamtlich preußischer Korrektheit in unseren Köpfen, mit dem wir glauben, uns schützen zu können gegen den Sumpf. Da ist die Insel der preußischen Korrektheit, auf der das Beamtentum fest angesiedelt ist, auch die feinen Blätter, die berühmten Journalisten, die ehrbaren Kaufleute, die Anständigen, die da in den Talkshows zur neuen deutschen Elite herangeformt werden.

Irgendwie darf dieser preußische Beamte natürlich – wir sind ja weltläufig – auch mal die Augen zudrücken; aber das Preußentum macht uns keiner nach. Das mag ja stimmen, ich bin kein Preußenexperte.

Von diesem Korrektheitswahn lebt auch immer noch das Nachdenken über den Nazistaat. Bei allem, was Unrecht war: »Korrekt waren sie, bis zum Zählen der Brillen in Auschwitz.«

Wie falsch! Die Nazimacht organisierte die rascheste und gelungenste Massenprivatisierung des Staates, die die moderne Geschichte kennt. Der preußische Staat und die Länder der Weimarer Republik sind nicht von den Nazis übernommen, sondern sind von den Nazis geraubt und privatisiert worden unter massiver Mithilfe des Beamtenstandes. Die Preußisch-Korrekten hatten massenweise akzeptiert, daß der Staat unter das private Wappen einer kriminellen Vereinigung geraten konnte: ein verhaktes Kreuz. Die Mischung von privatem Gangstertum und staatlichen Insignien machte die Faszination der Naziherrschaft aus. Daß ein 100-Millionen-Volk akzeptierte, die Begrüßung »Guten Tag« auszutauschen gegen »Heil Hitler«, und daß dieser Gruß Teil der beamtenrechtlichen Verpflichtung werden konnte, der indirekt noch durch ein Bundesgerichtsurteil nach 1945 Bestand hatte, zeigt, wie verschoben die Maßstäbe bei uns Deutschen sind. Das ließ Volkskultur mit sich machen. Die Privatarmeen der SA und SS, die Gestapo wurden in wenigen Wochen mächtiger als die traditionelle staatliche Gewalt. Dies wurde von der Mehrheit der Deutschen als positiver Aufbruch begriffen. Nein, wir hatten kein gutes Verhältnis zum preußischen Beamtenstaat. Hitler hat einen Staat privatisiert, in dem Korrektheit, Kleiderordnung, ja auch die angebliche Rechtschaffenheit vor allem Fassade selbststilisierter Mythen waren.

Das Nazireich war weit mehr Bananenrepublik als jene Staaten, in denen Bananen wachsen: Vermögensraub, Erpressung durch private Firmenchefs, die ihre Konkurrenz um Milliardenwerte erleichterten und sie den Gewaltschergen überließen: Die Geschichte dieses größten Raubzugs der Moderne, die Geschichte der »Arisierung« ist noch nicht geschrieben. Der Nazistaat erlaubte Verhältnisse der äußersten Korruption. Während die Jungen idealistisch begeistert und fanatisiert als Arbeitsjugend im ganzen Reich vermeintliche Aufbauarbeit verrichteten, gab es auf jeder Ebene auch die persönliche Bereicherung. Die »Arisierung« der Berufe bescherte Tausenden von Akademikern den Sprung nach vorn, die »Arisierung« der Vermögen machte Konkurrenten und Prokuristen reich.

Nach 1945 mußte jeder sehen, wo er blieb. Wir brauchten endlich jenen Schuß Bauernschläue, den wir stets der Levante, den Franzosen oder Tschechen angedichtet haben. Adenauer war vielleicht ein genialer Gründungspolitiker, Schläue kennzeichnete ihn mehr als das Bild von der teutonischen Rechtschaffenheit, die sich eher ins Unglück brächte als Prinzipien zu verletzen. Die Entnazifizierungsgroteske tat ihr übriges, den Vorsprung der Schlauen vor den Rechtschaffenen zu sichern. »Nur nicht erwischen lassen« ist doch eher das kulturelle Fundament, auf dem unser Staat aufgebaut wurde, als die preußischen Tugenden.

Gegen diesen Sumpf haben natürlich nicht erst und nicht allein die Kriegs- und Nachkriegskinder der APO-Generation aufbegehrt, sondern seit Beginn der Republik auch viele Heimkehrer, junge, an Leib und Seele verletzte Soldaten und Emigranten. Es ist alles in allem ein im europäischen Maßstab funktionierender und ordentlicher Staat entstanden.

Ich bin überzeugt, daß Korruption unter Politikern weit weniger verbreitet ist, als die Volksmeinung es will, aber korruptive Erscheinungen, halb geduldet, halb getadelt, wuchern in vielen Bereichen unseres öffentlichen Lebens.

II. Der Mißbrauch der Legalität gegen den Geist der Demokratie

»Nur nicht erwischen lassen«, das heißt auch: der zynische Mißbrauch der perfekt abgesicherten Legalität gegen die demokratische Legitimität. Beispiel aus dem Jahre 1976: Als Bauern in Brokdorf gegen das Kernkraftwerk protestieren, erlauben sie jungen Demonstranten, Zelte auf ihren Wiesen aufzustellen. Die Polizei gab die Anweisung, die Zelte sofort wieder abzubauen, da im Landschaftsschutzgebiet der Wilster Marsch »Zelten« auch auf Privatgrund ohne Sondergenehmigung nicht erlaubt sei. Schlau argumentiert. 300 Meter weiter türmten sich die Befestigungen für das geplante Kernkraftwerk. Dort hatte man eine Ausnahmegenehmigung bekommen. Schlau, rechtsstaatlich einwandfrei, legalistisch. Dieser zynische Mißbrauch des Rechtsstaates gegen das Rechtschaffenheitsgefühl der Bürger ist eine der tieferen Quellen für den allgemeinen Sumpf. Was legalistisch abgesichert ist, kann ebenso den Geist der Demokratie und die Zustimmung zu unserem Verfassungsstaat beschädigen, ja zerstören, wie der Rechts- oder Verfassungsbruch selbst. Wir begegnen ihm Tag für Tag, besonders da, wo Vertreter des Staates »höhere Werte« zitieren. Wenn Scheinheiligkeit Platz greift, muß der Rechtsstaat häufig dafür herhalten, den Bürgern demokratischen Geist auszutreiben. Die traurige Geschichte der Berufsverbote, ersonnen und durchgeführt in einem Staat, der mit Hunderttausenden ehemaliger Mitglieder einer terroristischen und kriminellen Vereinigung aufgebaut worden war, ist ein weiteres Beispiel.

Noch hat die Barschel-Affäre wenig bereinigt. Der Berliner Innensenator ediert im Februar 1988 einen Verfassungsschutzbericht so, daß daraus eine ganz offenkundig auf den Wahlkampf im Jahre 1989 zielende Kampfschrift gegen die Opposition wird und eine Westenwäsche für die eigenen Christdemokraten. Die Hälfte des Berichts befaßt sich mit Näherungsversuchen der Westberliner SED. Schlau und plump, aber schon wieder auf Kieler Rutschgelände. Noch vor dem neuen Kieler Wahlgang probt der Exrektor der Kieler Universität und jetzige Berliner Innensenator eine neue Barschelei. Dabei ist er unverfroren genug, die Kritik an seinem Bericht für den Vorwurf zu nutzen, die SPD beschädige mit ihrer Kritik die »politische Kultur«.

Scheinheilig und scheinbar blauäugig verteidigt der Innenminister von Hannover, zugleich Chef der regierenden Christdemokratischen Partei, das Anwerben von Journalisten für Zuträgerarbeit für den Verfassungsschutz. Was den Geist unserer Verfassung angeht, ein klarer Fall von Verfassungsbruch. Perversion der Lehren aus Weimar: Verfassungsschutzämter verkommen zu halb privaten Schlaumeierclubs.

Die Familie spitzelt mit

BONN, 11. Juni (Reuter). Das Bundesverteidigungsministerium in Bonn hat bestätigt, daß Angehörige des Militärischen Abschirmdienstes (MAD) bei Beobachtungsaufträgen auch von Familienangehörigen begleitet werden. Dies geschehe in »einigen wenigen Fällen«, wobei die Begleitung den Zweck habe, Verdachtspersonen möglichst unauffällig beobachten zu können, teilte das Ministerium mit. Es vertrat zugleich die Meinung, rechtlich sei diese Praxis unbedenklich. Unzutreffend sei, daß Familienmitglieder von MAD-Angehörigen eigenständig zu Beobachtungsaufgaben eingesetzt würden.

Natürlich war, Jahre zuvor, den Hamburger Sozialdemokraten legal erschienen, was sie als Senatserlaß gegen die Einstellung von Kommunisten in den öffentlichen Dienst formuliert hatten. Leichtfertig haben sie damit eine Jahre andauernde innenpolitische Diskussion um Legalität und Legitimität ausgelöst. Kann den Geist der Demokratie beschädigen, wer buchstabengetreu nach Gesetzen und Verfassung zu formulieren meint? Diese

Frage gar nicht erst stellen, scheint mir der tiefere Grund für den Erfolg der Schlauberger-Republik.

Ein weiteres Beispiel. Mitte der siebziger Jahre haben die Polizeien *aller* Bundesländer begonnen, Demonstranten zu fotografieren. Dafür ließ sich eine rechtlich absicherbare Notwendigkeit konstruieren. Die Praxis hatte verheerende Folgen. Da viele Demonstranten dies im Zusammenhang mit Berufsverboten sehen mußten, blieben sie entweder den Demonstrationen fern, viele vermummten ihr Gesicht – aber wohl die Mehrheit sah in der Polizei mehr und mehr ihren politischen Gegner. Das demokratische Staatsverständnis für die Aufgaben der Polizei und die Rechte der Demonstranten wurde nachhaltig beschädigt:

Gegen die Volkszählung Anfang der siebziger Jahre gab es (trotz APO) keinen Protest, gegen die zwei Volkszählungen der achtziger Jahre gab es eine Volksbewegung!

Der staatliche sanktionierte Antikommunismus wurde zum Deckmantel für tausendfältige Verwischungen und Untermischungen von Staat und Privat. Bürger mußten ernsthaft befürchten, daß behördliche Informationen über sie auch privaten Arbeitgebern – unter der Hand – zur Kenntnis gelangten. Mit dem Abschirm-Argument »sicherheitsrelevante Betriebe« durchbrachen Mitarbeiter staatlicher Stellen die Schranke ihrer Schutzpflicht gegen die Bürger. Vielleicht in nur wenigen Fällen, aber sie genügten, um die Maßstäbe auf beiden Seiten zu beschädigen, nach denen allein der Staat handeln darf und nach denen die Bürger den Staat beurteilen müssen.

Ein Privatagent wie »Mauss«, der zwischen dem Staat, privaten Firmen und eigenen Geschäften irrlichtert, zerreißt das kostbare Demokratie-Gewebe mehr, als tausende Lehrstunden in »Staatsbürgerkunde« je wieder flicken können.

Insofern sind die Flick-Affäre wie die Barschel-Affäre Symptome einer tief sitzenden Deformation des Demokratieverständnisses. Wie Barschel seine Kampagne – halb Staats-, halb Parteimann – gemeinsam mit einem Unternehmer organisierte, zeigt: Ein Bewußtsein von den notwendigen Trennwänden zwischen Staat und Wirtschaft, zwischen Amt und Partei war auch nicht in Spurenelementen vorhanden. Damit werden die Mehrheit der Bediensteten des Staates, die Mehrheit der ehrenamtlichen Mitglieder demokratischer Parteien und die Mehrheit der Politiker mit in den Sumpf gezerrt. Das idealistische Demokratieverständnis kippt um in Hohn, Spott und Desinteresse.

So ist der Staat und sind seine Beamten weit besser als ihr Ruf. Der Schaden, den die legalistischen Schlaumeier anrichten, trifft die Menschen am meisten, die im und für den Staat arbeiten.

III. Politikerverdrossenheit

»Die moralische Substanz der deutschen Nation konnte durch die zwölf Jahre Nazigewaltherrschaft in ihrem Kern (nicht) zerstört werden« (Franz Josef Strauß). Und weiter: »Dieser Sonderweg war gekennzeichnet durch den zynischen Abfall der offiziellen Politik vom christlichen Sittengesetz unter Hitler.« Das politische Skandal-Jogging des Franz Josef Strauß hat die Geschichte der Bundesrepublik begleitet. Er hat wie kein zweiter das Bild des Politikers der Bundesrepublik Deutschland geprägt. Nach »Barschel« hört jeder von uns, die wir in Parlamenten sitzen, die öffentliche Herabsetzung: Ihr »Politiker!«. Ich bin überzeugt, daß jenes sumpfige Biotop, das Tausende zu genialen und halblegalen Steuerhinterziehern macht, die übergroße Mehrheit der Politiker weniger erreicht als andere Bereiche. Denn ihnen sitzen im Nacken ein Zeitschriftentyp und eine Journalistenneugier, wie sie sich so souverän in anderen Industriestaaten kaum entwickelt haben. »Time« und »Newsweek« gehen den Washingtoner Feuchtgebieten nicht immer so spürsinnig nach wie Redakteure des »Spiegel« oder des »Stern«. Aber ein wirkliches kollektives Berufsethos der Journalisten, wie wir es in Amerika nach wie vor vermuten können, läßt sich in der Bundesrepublik nur schwer mobilisieren. Auch die Barschel-Affäre hat gezeigt, wie lange »FAZ«, »Welt« und »Bild« brauchten, um sich die beschlagene Brille zu putzen.

Die fürchterlichste Wirkung all der Affären, von Flick bis Barschel, von Neue Heimat bis Transnuklear, liegt jedoch woanders: Die Bürger wenden sich von »den Politikern« ab. Es gibt häufig keine Parteien mehr, sondern nur noch »Politiker«. Programmatische Unterschiede, Differenzierungen, unterschiedliche Geschichte und unterschiedliche Interessenvertretung, alles wird eingerührt in den allgemeinen Brei der Politikverdrossenheit.

Die schleswig-holsteinischen Sozialdemokraten und die christdemokratischen Mitglieder des Untersuchungsausschusses haben die Barschel-Affäre für die ganze Republik untersucht, und sie haben mit ihrer Arbeit einen ersten wichtigen Damm gebaut gegen diese Politikerverdrossenheit.

Es bleibt Schwerstarbeit.

Inge Sollwedel

Weiter so?

Dort, wo ich jetzt lebe, sitzt der Vorsitzende der größten Partei zugleich im Gemeinderat. Kurz vor den Kommunalwahlen tritt er nach 26jähriger politischer Tätigkeit zurück. Derartiges kommt alle Tage vor, seltener jedoch, wie er den Schritt begründet: Er könne im Präsidialamt nicht länger die Funktion eines Vermittlers oder Blitzableiters für alle und jede Partikularinteressen erfüllen. Immer weniger zählten die Inhalte, Personen würden nicht aufgrund ihrer Ideen, sondern als Ausdruck der Machtverteilung in ihre Ämter gewählt. Die Parteikader erwarteten nur noch Pöstchen und Pfründe. Sein Rücktritt sei der Versuch, Glaubwürdigkeit und Kohärenz zurückzugewinnen und aufzuräumen mit der Komplizenschaft bei der schmutzigen Sache, zu der Politik ausgeartet sei. Es gehe um die Zurückgewinnung eines Minimums an politischer Kultur. So steht es am 12. Dezember 1987 in der Zeitung, als normaler Vorgang auf Seite fünf.

Muß ich noch ergänzen, daß ich nicht mehr in Deutschland wohne?

Der berühmte Herr vom anderen Stern käme in bundesrepublikanischen Landen aus dem Staunen nicht mehr heraus. Er mag ja schon allerlei gesehen haben, aber noch kein Land, in dem Ordnung derart grundlegend verankert ist und das sich gleichzeitig in eine Skandalrepublik verwandelt. Während, abertausendmal verästelt, immer neue Paragraphen den geordneten Ablauf des Lebens bis in die letzte Regung hinein regeln, bewegen sich politische Repräsentanten freizügig außerhalb der Ordnungsbegriffe. Kein Schurkenstück und keine Hintertreppengaunerei wird ausgelassen, und die unergründlich schweigende Mehrheit bleibt weiterhin sprachlos. Das hat der Herr vom anderen Stern noch nicht erlebt, da küren bei Umfragen zwei Drittel der Befragten als höchsten Wert Ordnung und Sicherheit, dennoch mucken sie beim anarchischen Treiben ihrer Oberen nie auf. Er versteht diese Bundesdeutschen nicht recht und auch nicht, warum sie sich lieber in die private Idylle verkriechen und nur noch lachen, wenn das Wort Rechtsstaat fällt.

Kein Zweifel, Regierende und Regierte haben sich entfremdet, das kollektive Gefühlsbarometer steht auf Null. Politische Kultur gehört offenbar zu den Schlagworten, die erst dann Hochkonjunktur bekommen, wenn sie sich in der Sache verflüchtigen. Ohnehin ist es schwierig, sie eindeutig zu definieren. Wie alle Kultur hat sie etwas mit der Gesittung und Entwicklung des Menschen zu tun, folglich auch mit Vernunft. Die Agrarwirtschaft, die sich sprachlich ganz unprätentiös der Kultur bedient, spricht von Veredelung, ein Ausdruck, der, mit Politik verbunden, derzeit schwer über die Lippen geht. In jedem Fall soll politische Kultur allgemein positiv eingeschätzte Entwicklungen fördern und negative beschneiden, was mehr bedeutet, als nur in den oberen Parteietagen nett zueinander zu sein.

Die gegenwärtige Scherbenhaufenmentalität reduziert politische Kultur auf eine sanfte Technik der Macht. So sehr den Parteien mehr Fairness und Selbstbeschränkung zu wünschen ist, allein dadurch, daß sie sich Blumen statt Stolpersteine auf den Weg streuen, verändert sich die politische Landschaft noch nicht. Politische Kultur bekämpft ja nicht schlechte Manieren, sondern politische Barbarei. 300 000 in Zaragossa gegen Terror protestierende Menschen bezeugten sie, im Gegensatz zu den Münchner Sorgen um das Oktoberfest, nach einem Bombenanschlag, der zwölf Menschen das Leben kostete.

Ende der siebziger Jahre spricht Madame Giroud, ehemalige französische Ministerin, Giscard d'Estaing politisches Gespür ab, weil ihm »der Instinkt des Killers fehle«. Zur gleichen Zeit bemängelt ein Journalist an einem deutschen Politiker, ihm mangele »jener Schuß von Grausamkeit, der in diesem Amt vonnöten ist«. Ein Ministerrücktritt wird gerügt, »den gelegentlichen Schlag unter die Gürtellinie muß ein Mann ertragen, der mit seinem hohen Amt nicht nur Ansehen, sondern auch die Pflicht zu geringer Empfindlichkeit übernommen hat«. Wirklich? Muß er das? Birgt ein politisches Amt nicht eher die Pflicht zu *hoher* Empfindlichkeit?

Was macht plötzlich so blutrünstig? Gewiß, die Probleme hatten sich zugespitzt, aber das tun sie immerzu. Deshalb muß Idi Amin nicht gleich zur politischen Leitfigur werden. Killer als Repräsentanten der Demokratie? Spielten da etwa das Müdewerden am endlosen Ideologiegetümmel mit und die Enttäuschung über erschöpfte Zukunftsvisionen? Da sowieso angeblich alles machbar wurde, galt Politik nicht mehr als die Kunst, sondern nur noch als Technik des Machbaren. Damals wurde es schick, moralische Ansprüche als naiv einzuordnen. Ist es aber nicht der Gipfel der Naivität, Politiker aus dem moralischen Druck zu entlassen und sie damit von denen »draußen im Lande« zu isolieren? Heute erkennen wir in diesem Gipfel die Spitze des berüchtigten Eisbergs. Die Politiker lernten ziemlich schnell, sich auch ohne Volk zu bewegen – was in einer Demokratie allemal von Übel ist.

Politische Kultur lebt nun einmal von der Beziehungskiste. Ohne daß Wissenschaft, Wirtschaft, Arbeit, Politik, Technik und Religion einander wechselseitig fragen und antworten, verdorrt sie. Wo Offenheit fehlt und die Verständigung als Wahrheitsregelung daherkommt, verwandeln sich aktive Teilhaber in bloße Beifahrer. Das Gespräch zwischen oben und unten verstummt unter geleugneten Fakten, umgedrehten Tatbeständen und verdrängten Erkenntnissen. Mittlerweile fehlt nicht nur der Glaube, es fehlt auch die Botschaft. Auch aus der Verzerrung von Realität entsteht in und durch Politik Realität.

Von den verwahrlosten Vorwurfsgeplänkeln abgesehen, findet kein Diskurs mehr statt, schon gar kein kontroverser. Man ringt nicht mehr um Standpunkte, man verkündet sie, und zwar unscharf. Volksparteien dienen nicht gerade einer genauen Ortung der Ziele. Es mag schwierig sein, in einer sich andeutenden Multi-channel-Gesellschaft den gemeinsamen Nenner zu finden, befreit sind darum die Parteien von dieser Aufgabe nicht.

Statt der Dispute liegt Stille über dem Land. Gelegentlich hallen ein paar Donnerdetonationen, einige grünliche Irrlichter leuchten, darunter bewegt sich nichts. Noch ist ungeklärt, ob das die Ruhe vor dem Sturm oder schon Friedhofsruhe ist. Einstweilen äußert sich die entschwundene Kultur in einer Kette von Skandalen. Die Regierten reiben sich erstaunt die Augen – ist das die angekündigte geistig-moralische Erneuerung?

Nach vereinzelten Affären wackelt weder demokratisches noch kulturelles Selbstverständnis. Beständige Aufeinanderfolge erreicht da schon mehr. Zumal meist nur Retuschen die mafiosen Gepflogenheiten bloß verdecken. Sind etwa die Bedingungen für das Hildesheimer Loch korrigiert? Gibt es fortan gläserne Taschen für Schatzmeister, Abgeordnete und Bauverwaltungen? Bleibt die Neue Heimat einmalig, und werden nie wieder heimlich Waffensysteme an aggressive Staaten verkauft? Unter allen Ungewißheiten ist nur eines gewiß: Der nächste Fehltritt kommt bestimmt. Wer außer dem Bundeskanzler wagt es noch, von der Glaubwürdigkeit unserer Demokratie zu reden?

Die Mantel- und Degenstücke auf der politischen Bühne haben die Macht in Verruf gebracht. Die Parteien – ursprünglich als Entwicklungshelfer für politische Willensbildung gedacht – mauserten sich zu einer Art Aktiengesellschaften mit beschränkter Haftung, aber unbeschränkter Selbstbedienung. Wie immer, vollzog sich auch dieser Prozeß schleichend. Erst ersetzten Personen die Programme, dann schluckten Personalkartelle die Personen und das System.

Im gleichen Maß, in dem die Parteien zu Machtverteilungsapparaten mutierten, wird die Erhaltung der Macht für den einzelnen Politiker zur Lebenslegitimation. Die Barschel-Affäre demonstriert die daraus gewachsene Politparanoia nur als vorläufigen Höhepunkt. Konservative sind dabei bevorzugt, wer Veränderungen grundsätzlich mißtraut, kann es guten Gewissens auf nackte Machtproben ankommen lassen. Freilich rieselt Politik, die nur auf Selbstbehauptung zielt, auf die politische Kultur wie saurer Regen nieder. Wenn Parteien nur noch Vorsitzende wie Helmut Kohl ertragen können, ein Willy Brandt dagegen zu sehr auf ihnen lastet, sollten die Alarmglocken schrillen. Verhältnisse entstehen bekanntlich durch Verhalten.

Zugegeben, auch Politiker haben es nicht immer leicht. Sie sollen pragmatisch nach mehrheitsfähigen Lösungen für praktische Probleme suchen. Bloß, ist die Vermummung ein praktisches Problem, oder wird sie erst per Gesetz dazu gemacht? Ist Arbeitslosigkeit ein praktisches Problem, oder überspielt die Zwei-Drittel-Sättigung nur ein bedauerliches Nebenprodukt? Muß der Steuersäckel eher vor zerbrochenen Schaufensterscheiben bei Demonstrationen oder dem allwöchentlichen Demolieren der Bundesbahn anläßlich von Fußballspielen geschützt werden? Und warum ist das Ehrenwort Uwe Barschels den Ministern mehr wert als das des Generals Kießling? Wo ein Problem liegt, bestimmen selten die Betroffenen. Wer die Macht hat, dekretiert, was gültig ist.

Alle Skandale der deutschen Nachkriegsgeschichte mündeten darum in die laue Erkenntnis, daß Politiker halt auch nur Menschen sind. Die Reaktion von Franz Josef Strauß, »wenn alle, denen man Vergleichbares vorwerfen kann, die Parlamente verlassen müßten, gäbe es vermutlich keine beschlußfähigen Mehrheiten mehr«, ist wohl ebenso wahr wie zynisch. Politiker achten vor allem das 11. Gebot: »Du sollst dich nicht erwischen lassen«. Dabei rekrutiert sich die Misere weniger aus den vielen, die bestechlich oder karrierebesessen sind, als aus den zu wenigen, die unbestechlich und sachbezogen als Vorbild wirken.

Die Kinder der Aufklärung banden, nach den Grenzen der Staatsmacht suchend, die Macht an das Recht, das seinerseits von ethischen Übereinkünften mitreguliert wird. Dort, wo Macht und Recht strukturell aufeinander bezogen sind, erträgt sich der Gedanke nur schwer, ein wegen Steuerhinterziehung vorbestrafter Politiker könne wieder als Minister oder Parteivorsitzender agieren. Weil es auch im politischen Alltag keine rechtsfreien Räume geben darf, treten andernorts selbst Präsidenten nach ihren Entgleisungen ab. Hierzulande wirtschaften allzulang vertraute Gesichter die Moral herunter. »Die Zeit«, stets um politische Kultur besorgt, erinnerte kürzlich an Christoph Friedrich Dahlmanns Bekenntnis: »Wenn jemals der Tag erschiene, an welchem mir klar würde, Moral und Politik wären ganz getrennte Gebiete, ich würde den Staat als eine Erfindung des Verderbens für die Menschheit betrachten.«

Da Regierende nun einmal schwören, das Gemeinwohl zu mehren, sollten sie sich nicht gar zu eifrig dem Gegenteil widmen. Finessen, Durchsetzungskraft und selbst das Recht auf Fehler gestehen wir ihnen zu, aber nicht Eigennutz, Geldgier und die Verachtung derer, die ihnen ihr Amt verliehen haben. Es ist allzu einfach, von vornherein die Kluft zwischen Sollen und Sein für unüberbrückbar zu erklären, wenigstens Versuche dürfen erwartet werden. Gerechtigkeit ist bereits ins Reich der Utopien verbannt, muß nun schlichte Rechtschaffenheit auch noch dorthin abwandern? Wenn nicht die Macht an sich, sondern der Umgang mit ihr über die Moralität entscheidet, verlangt politische Kultur, mindestens die Balance zu halten.

Wie überall sind Frauen auch bei Skandalen nicht gleichberechtigt. Gegenwärtig walten mehrere Ministerinnen, auch Generalsekretärinnen und weibliche Vorstandsmitglieder von Parteien oder Vorsitzende von Gewerkschaften machen von sich reden. Aber wo ist die Frau, die unter gemeinnützigem Mäntelchen eigenes Vermögen anhäufelt, wo die Vorgesetzte, die Gesetzesübertretung veranlaßt, wo die in Lügengewebe verstrickte Spitzenbeamtin, die hochkarätig bestochene Parteifunktionärin? Vergeblich suchen wir wg.-Vermerke in Damenkalendern, kein Frauengefängnis wird auf Staatskosten lädiert, nirgends eine Wanze in Frauengemächern versteckt. Die fehlenden Schlagzeilen decken schonungslos auf: Politikerinnen bleiben Exoten.

Prompt wird der unbefleckte Zustand vom Hohen Lied weiblicher Empfindsamkeit begleitet. So schön wie Männerphantasien zeigen sich Leben und Politik jedoch selten. Die Ursachen dürften dichter bei der Realität liegen. Wer besticht schon eine Frau, da doch von altersher ihre Dienste umsonst erwartet und geliefert werden. Und kann sich eine, die unentwegt beweisen muß, wieviel besser als ein Mann sie auf ihrem Posten ist, auch nur den kleinsten Schritt weg vom Pfad der Tugend leisten? Am sichersten schützt sie obendrein vor schmuddeligen Westen, daß auch noch die erfolgreichsten unter ihnen von den internen Schaltstellen der Macht ferngehalten werden.

Macht wird nicht gern geteilt. Das trifft für Parteien wie für Geschlechter zu. Wenngleich auch viele Frauen daran hängen, ist das gebrochene Verhältnis der Frauen zur Macht eine männliche Erfindung, mit der Konkurrenz abgewehrt werden soll. Max Weber definierte Macht als Chance, innerhalb einer sozialen Beziehung den eigenen Willen auch gegen Widerstreben durchzusetzen, gleichviel, worauf die Chance beruht. Daran gemessen darf, auch ohne Indira Gandhi oder Margaret Thatcher zu zitieren, die Saga von der weiblichen Machtabstinenz füglich bezweifelt werden. Zwar sind Frauen auch auf Trauerarbeit spezialisiert, dennoch birgt die Geschichte genügend Henkersbeile, Giftbecher und Schleiertänze, mittels derer sich Frauen der Macht versicherten. Sie setzten sie nur weniger öffentlich als in den ihnen zugewandten Kleinbereichen ein, wobei offen bleiben kann, ob das auf Übung oder Interesse beruht. Eine grundsätzliche Änderung des Machtgebrauchs ist ihrerseits kaum zu erwarten, von Agrippina bis zur französischen und den Dritte-Welt-Revolutionen sind Frauen mit rollenden Köpfen keineswegs zimperlich gewesen.

Die Forderung nach mehr Frauen in der Politik hat nichts mit besserer Politik zu tun, auch nur bedingt etwas mit Gleichberechtigung, sondern ausschließlich mit der Verwirklichung von Demokratie. Prinzipiell verkörpern Frauen keine anderen Charaktere als Männer, gerade das verbietet ihre Unterdrückung in einer freien Gesellschaft. Wie jede neue Bevölkerungsgruppe bringen Frauen andere soziale Erfahrungen in die Politik ein, was allein schon ein Gewinn ist. Geprägt von der Tradition der sozialen Schwäche deuten Frauen Realitäten anders und schleusen deshalb mehr Einfühlung für die Betroffenen in die Entscheidungsprozesse. Aber das verliert sich, sobald sich die soziale Schwäche verliert. Gerade dort, wo Frauen gänzlich aus ihrer Sozialisation interpretiert werden (nicht als Mädchen geboren, sondern dazu gemacht), fordert die Logik, daß sie sich unter den Bedingungen der Machtteilhabe verändern könnten. Die Grünen führen eben jetzt vor, wie schnell sich korrigierende Antriebe in abgebrühte Manipulationen verwandeln.

Seit Jahrhunderten stopfen Frauen die Löcher in den sozialen Netzen, wenn das politische Geschick in vielerlei Gestalt zuschlägt. Deshalb geben Weiblichkeitsmythen auch den probaten Rettungsanker für Untergangsstimmler her. Dem katholischen Arbeitermädchen auf dem Lande folgt plötzlich der heilende weibliche Guru im Ökokosmos. Ob Fritjof Capra ihnen die führende Rolle in der Wendezeit zuschreibt, Günter Grass die strickenden Nornen zitiert, oder die große Allerlöserin durch multi-media-shows geistert, die Frauen treten mal wieder als Daseinsversicherung der Gesellschaft auf. Scheint alles vermasselt, heißt es auf einmal »women to the front«.

Ganz so bequem wird es für die in Mutters Schoß nach Trost suchenden Knäblein nicht funktionieren, die Suppe muß schon gemeinsam ausgelöffelt werden. Am weiblichen Wesen kann die Welt nicht genesen, solange es allein auf den Frauen hängenbleibt. Um zu humaneren Lebensformen zu finden, wird das Weiblichkeitsmuster schon in die Handlungsgewohnheiten beider Geschlechter integriert werden müssen. Das dualistische Trennungsprinzip – hie machtlose Hüterinnen der Menschlichkeit, dort ohne humanen Anspruch auftretende, aber herrschende Technokraten – ist hoffnungslos antiquiert. Dieweil noch ein gewisser Nachholbedarf an Einsicht besteht, werden Frauen die politischen Umgangsformen zivilisieren können, ihre festere Bodenhaftung balanciert vielleicht auch Spannungen besser aus, als große Retterinnen sind sie jedoch überfordert. Der Überdruß an der Aufklärung kann nur durch die Aufklärung behoben werden. Heilsbotschaften sind die Chiffren menschlicher Sehnsüchte, sie verfügen nur über die unangenehme Eigenschaft, nie einzutreffen. Weshalb Metaphern nicht mit politischen Lösungen verwechselt werden sollten. Die lägen schon näher, würde Frauen und Männern erlaubt, sich der linken und rechten Gehirnhälfte gleichermaßen zu bedienen.

Wenn aber nun nicht mal die Frauen ... was dann? Statt zu fragen, durch wen, wäre es ratsam zu überlegen, wodurch politische Kultur gedeihen kann. Dazu gibt es sicher viele Antworten. Eine der betrüblichen lautet: Wir Deutschen wissen wohl insgesamt wenig von einer politischen Kultur, die lebendig und bewegend das ganze Sozialgefüge ergreift. Da sei doch allemal die Obrigkeit vor! Wo kämen wir hin, wenn sich die Menschen nicht nur frei fühlten, sondern auch wie freie Menschen handeln würden. Am Ende entwickelt sich etwas daraus, das nicht durch Bestimmungen abgedeckt ist.

Die beklemmende Antwort dagegen hat etwas mit den bis ins dritte und vierte Glied heimsuchenden Sünden zu tun, also dem, was Ralph Giordano die »zweite Schuld« nennt. Haben wir wirklich geglaubt, die große individuelle und kollektive Vermummung beim Neuanfang der Republik verflüchtige sich spurlos? Daß schweigend geduldet wurde, wie die entlarvten Täter und Mitschuldigen sich anglichen, legitimierte kulturell jede weitere Verstellung, Doppelzüngigkeit und Gesinnungsschluderei. Plötzlich greinen wir über die opportunistischen Kinder der mißglückten Schuldablösung.

Zur angeblichen Stunde Null sollte alles anders, alles neu, alles besser werden. Noch 1955 definiert der Volksbrockhaus: »Die Politik ist eine Kunst, die auf der richtigen Beurteilung von Menschen, Völkern, Tatsachen und Lagen ruht und die zur rechten Stunde die auf weite Sicht richtigen Mittel wählt.« Rückblickend mutet diese Beschreibung fast rührend an. Denn alles wurde, wie es schon immer und üblich war, nur gerade ein bißchen abgewandelt. Diejenigen, die damals ihre Eltern fragten, wie konntet ihr das zulassen, zittern heute vor derselben Frage ihrer Kinder. 40 Jahre, als Weg in die totale Bewegungsunfähigkeit empfunden, verdichten sich angesichts manch zertrümmerter Hoffnung zu dem Vorwurf: »Was habt ihr aus unserer Republik gemacht?«.

Ihr? Hier wird in einer gefährlichen Mischung aus Fügsamkeit und Ohnmachtsgefühl falsch konjugiert. Richtig gefragt, bleibt offen, was *wir* daraus gemacht haben. Auch der verdrossene Jammerton klingt falsch. Immerhin hielt sich die Demokratie bislang ganz wacker, und daß es den meisten recht gut geht, ist auch so selbstverständlich nicht. Verbunden mit dem Westen und

– wenn auch noch so vorsichtig – geöffnet gen Osten, überwindet die Bundesrepublik allmählich uralte deutsche Trau- mata. Der Skandalreigen erinnert nur etwas unsanft daran, daß sich niemand auf seinen Lorbeeren ausruhen darf.

Jede politische Handlung wird mitbestimmt von der Erwartung, die sie begleitet. Weshalb der Zustand einer Regierung oder einer Partei niemals allein der Führungsequipe angelastet werden kann. Politik wird nicht nur von Politikern gemacht, jeder Einzelne betreibt sie täglich und ständig. Der Anpassungsprozeß läuft immer wechselseitig; wird an die Spitze nur Resignation und Unlust adressiert, antwortet sie mit matten Vertrauensappellen. Wenden sich die Landeskinder ab und flüchten zwecks emotionaler Befriedigung in die kleinen Gruppen, stoßen Gesetze nach, die noch weiter gegen Bürgereinfluß abschirmen, wie das geänderte Streik- und Demonstrationsrecht oder auch die BAFöG-Kürzung beweisen.

In der Demokratie ist der stete Blick nach oben nicht vorgeschrieben, es ist erlaubt, sich umzusehen. Es ist wahr, an eine moralische Politik, an globale Solidarität, an die Vernunft der Herrschenden glaubt keiner mehr so recht. Wir sollen ja auch nicht glauben, wir sollen dafür kämpfen. Wer seine Leiden kultiviert, wird unfähig, sie zu bezwingen. Da Demokratie annimmt, die Herrschaft des Volkes gewährleiste Freiheit und Vernunft, könnte der mehrheitlich immer noch schweigende Souverän allmählich von sich reden machen. Auch das Volk darf irren und sich Fehler leisten, aber es sollte sich auf Fragen einlassen, statt nur Antworten zu erwarten, sollte handeln und mitbestimmen. Und es kann selbst für Offenheit sorgen, wenn die Kontrolle der Regierung nicht mehr funktioniert, weil die Auguren im Parlament alle dieselben Innereien betrachten.

Auch bei gedeihender politischer Kultur werden immer wieder Verstöße vorkommen, aber weil die Bereitschaft, sie abzuwehren, fehlt, kommt es immer wieder zu Mauscheleien. Demokratie lebt aus dem Willen zur Korrektur. Insofern hinterläßt das Kieler Gift auch positive Spuren, weil es jener Tropfen war, der das Faß zum Überlaufen brachte. Ein paar Monate zuvor wäre Werner Höfer wohl kaum von der Bildfläche verschwunden. Was immer auch über die Machart des Rücktritts gedacht wird, er beweist, daß auch die Chancen zur Selbstreinigung nicht verjähren.

Zugegeben, eine realistische Programmatik für die Zukunftsprobleme ist derzeit nicht in Sicht. Das heißt noch nicht, daß es sich nicht lohne, daran zu arbeiten. Wenn denn schon ganzheitlich gedacht werden soll, warum setzen wir neben der deutschen Seele nicht auch die deutschen Köpfe in Gang. Zum Beispiel in Richtung Durchschaubarkeit. Muß es zwingend so bleiben, daß parlamentarische Untersuchungsausschüsse unter Ausschluß der Medien tagen? Mit Geheimniskrämerei ist im doppelten Sinn kein Staat zu machen. Das Ignoranzspiel verböte sich vor dem Bildschirm von selbst. Oder: Sollten wir es nicht schaffen, die Wahlkampfgelder einzuschränken, mit denen wir unsere eigene Manipulation finanzieren? Gläserne Taschen sind gut, nur müssen wir uns um den ständigen Fensterputz kümmern. Und sind nicht auch Aktentaschen Taschen? Nicht alles wird gleich gelingen, die Spannung zwischen Wunsch und Wirklichkeit liefert jedoch keinen Grund, die Anforderungen herabzuschrauben. Günter Gaus' Satz zur DDR, »was dieses Land braucht, ist Zuneigung«, gilt inzwischen auch für die Bundesrepublik. Wir brauchen die Zuneigung der Regierten zu sich selbst, denn zur politischen Kultur gehört auch Sympathie und Wärme, ohne die eine Gemeinschaft nun mal nicht gedeiht. Das Augenmaß im Verhältnis zum Staat war nie so recht die Sache der Deutschen. Wir halten es lieber mit den Extremen. Entweder wir ergeben uns dem Staat ganz, oder wir verneinen ihn völlig. Politik, die den Alltag bewältigt, erscheint uns immer ein paar Nummern zu klein. Ich weigere mich jedoch zu vermuten, just die Deutschen seien weniger lernfähig als andere Völker. Auch wir werden eines Tages im Staat nicht nur den uns entgegengesetzten Träger obrigkeitlicher Funktionen sehen, sondern wir werden begreifen, daß der Staat wir selber sind.

Oder ist auch das nur wieder eine Heilsbotschaft?

Jörn Kraft

Machthaben als Profession
Über das Zynische in der Politik

Hätten unsere Staats- und Regierungsorgane nicht hoheitlichen Status, sondern die Rechtsform von Aktiengesellschaften, es wären wohl anhaltende Kursverluste zu verzeichnen, jetzt vielleicht abflachend, aber immer noch schwer tragend an den Auswirkungen einiger schwarzer Tage im vergangenen Herbst. Die Bürger hätten die Signale der Kieler Börse aufgenommen und wären mit ihrem Kapital in solidere Anlageformen geflüchtet. Bis sich einsichtige Gruppen zu Stützungskäufen aufgerafft hätten, in der Einsicht, daß man – bei aller Enttäuschung – eine RegierungsAG nicht kaputtgehen lassen darf.

Dieser Vergleich zwischen Börse und Politik ist leicht zu machen, weil es gerade zu Zeiten des schleswig-holsteinischen Skandals an den Aktienmärkten ähnlich heillos und pseudo-tragisch zuging. Aus halbjährigem Abstand betrachtet, finden sich Gemeinsamkeiten. Zunächst einmal der Umstand, daß hier Erschütterungen stattfanden, gegen die das übliche Management des Dämpfens, Abwiegelns und Sprachregelns machtlos war. Das sonst nicht sichtbare Gefüge lag mit seinen Bruchkanten offen zutage, zur Besichtigung freigegeben. Das nach außen gekehrte Innenleben, dort der Spekulation, hier des Wahlkampfs, war derart, daß es eine Zeitlang sogar diejenigen schauderte, die darin alltags zuhause sind.

Was da das Gruseln lehrte in einem kleinen deutschen Machtzentrum und im großen amerikanischen Geldzentrum, war der wiederum gemeinsame Umstand, daß hier Systeme, die für die Allgemeinheit viel zu bedeuten haben, ohne Anschläge von draußen, nur dank eigener Kurzschlüsse zusammengebrochen sind, einfach durch Steigerung der gewöhnlichen Aktivitäten über den kritischen Punkt hinaus.

Die katastrophalen Abstürze des Geldes und der Macht waren nur das letzte Überkippen eines allzeit gefährdeten Gleichgewichts. Darum geht ja auch der Schrecken so tief, weil es der Schrecken über den Alltag ist. Nicht höhere Gewalt ist in das Räderwerk gefahren, es hat sich selbst zermahlen. Der Grund dafür ist von drinnen schwer, von draußen aber leicht zu erkennen. Es ist der Verlust von Maß und Ziel und Bindung.

Das Geldverdienen hat sich befreit zu einer l'art pour l'art. Es ist für die ganz Professionellen kaum noch Begleiterscheinung, geschweige denn Ertrag von Arbeit. Weit oberhalb alles zweck- und sachdienlichen Wirtschaftens macht es sich selbständig, erst auf riskante, dann auf perverse Art. Nicht mehr gebunden an Material und Arbeit, nicht einmal mehr an Warenmärkte, scheint das Geld erst die ganz großen Freiheiten und Chancen zu gewinnen.

Geldverdienen nicht mittels eines Berufes, sondern *als ein Beruf,* das hat ein recht genaues Pendant im Politischen: Machthaben als Profession.

Die Erörterung von politischer Macht weist traditionell ins Herrscherliche, Diktatorische mit den Dramen von Aufstieg und Fall, Verblendung und tragischem Sturz. Die Barschel-Affäre bringt uns diese Erörterung ins Gewöhnliche. Sie macht darauf aufmerksam, daß aus den Herrschenden Amtierende und Verwaltende geworden sind. Macht und Machtmißbrauch sind Sache von Geschäftsführern und Referenten, die sich in demokratisches Alltagsgrau kleiden.

Die Kieler Landesregierung hat uns gelehrt, Politik als das zu sehen, was sie auch ist, was sie vielleicht sogar hauptsächlich ist: als Geschäft, als Gewerbe, als Job. Der Blick auf diese ihre Rückseite zeigt, daß das heutige Netzwerk aus parteilichen, parlamentarischen und administrativen Zuständigkeiten, in dem doch scheinbar kein Schritt ohne Kontrolle möglich ist, den professionellen Machthabern erstaunlichen Spielraum bietet. Und er zeigt, daß Politik auf Pfeiffersche Abwege nicht in völliger Verirrung und Verwirrung gerät, sondern weil sie ihnen aus Gewohnheit nahekommt. Es genügen der betriebsblinde Ehrgeiz eines Amtsträgers und die anstellige Cleverness mittlerer Adjutanten, und schon wird das Portefeuille zur Trickkiste. Assistiert von Nutznießern aus Industrie und Presse spekuliert die Macht, mit sich selbst und auf sich selbst.

Das traurigste Fazit solcher Affären ist nicht das moralische, sondern das sachbezogene. Mit einer Politik, die fürs Machthaben lebt, ist nicht viel Staat zu machen. Ihr mangelt es – das ist der Doppelsinn dieser Wendung – an Kompetenz, und ihr mangelt es an Reputation. Unzulänglich wirkt sie, gemessen an ihren Aufgaben, unansehnlich wirkt sie, gemessen an ihren Ansprüchen. Das ist milde formuliert, aber was hülfe es, statt unzulänglich *unfähig* zu sagen und statt unansehnlich *unanständig.*

Die Fehlbeträge an Kompetenz und Ansehen werden addiert zu einem Fehlbetrag an Glaubwürdigkeit. Glaubwürdig möge die Politik doch sein, und vor allem die Politiker möchten es sein, so klingt das Echo auf jedes ihrer öffentlichen Ärgernisse. Aber wie um Himmels willen soll sie das anstellen, wenn sie doch überwiegend aus unlösbaren Problemen besteht und überwiegend von anfälligen Menschen gemacht wird. Wenn das so ist, dann bleibt der Politik nur noch eines, um glaubwürdig zu sein: Sie muß sich geben wie sie ist, sie muß sich zu den Konditionen ihres Gewerbes bekennen.

Der öffentliche Anspruch einerseits, die Konditionen des Gewerbes andererseits – dazwischen bilden sich die Verrenkungen, die Machenschaften, der Zynismus. Ein Politiker, der Amt und Macht, am öffentlichen Anspruch gemessen, mißbraucht hat, würde in der Not gerne entschuldigend auf die Konditionen des Gewerbes verweisen. Aber gerade die hat er immer weggelogen, weil sie ihm nicht vorzeigbar schienen.

In solchen Fällen ist die Presse schnell dabei, die peinlichen Differenzen zu errechnen und sich dafür als gemeinnütziges Korrektiv anerkennen zu lassen. Dabei fällt es ihr genauso schwer, sich zu den Konditionen ihres Gewerbes zu bekennen. Im Grunde beansprucht sie genauso Unwahrscheinliches wie die Politiker, nämlich jeden Schritt, den sie tut, im öffentlichen Interesse zu tun. Sollten wir eine zynische Presse brauchen, um zynische Politik zu konterkarieren?

Wenn politische und sonstige Machenschaften skandalös zu Bruch gehen, herrscht Erstaunen bis Erschütterung über die Diskrepanzen, die da Schlagzeilen machen. Und über die Bedenkenlosigkeit derer, die es so weit haben kommen lassen. Als exzeptionell und ausgefallen wird uns so etwas ja auch präsentiert. So daß die lange Anlaufstrecke übersehen wird, die ein jeder Skandal hat. Denn auch er gründet in alltäglicher Praxis und hat vielleicht noch bis kurz vor dem Eklat den Konditionen des Gewerbes entsprochen. Jetzt, auf dem peinlichsten Punkt betrachtet und ins volle Licht gerückt, wirkt das Gebaren der Mächtigen und ihrer Helfer unglaublich schlimm, aber es wäre ja nicht so, wenn sie nicht eine Schule der Geläufigkeit durchgemacht hätten. Auch der Zynismus, der die Verfehlungen begleitet, will zurückverfolgt werden bis zu seinen kleinen Anfängen.

Es gibt eine gutbürgerliche, in Deutschland immer schon starke Denkart, die alles, was nach Zynismus klingt, heftig verabscheut. Es erscheint ihr wie eine geistige Ungezogenheit, der nichts mehr hoch und nichts mehr heilig ist. Wer so empfindet, wendet sich von skandalösen Tatbeständen lieber angewidert ab, als daß er sie studiert, um etwas über die Realität und den zynischen Umgang mit derselben zu lernen.

Zu lernen wäre hier, daß die Realität widersprüchlich ist und daß deshalb der Zynismus ein Stück weit realistisch ist. Denn die Wurzel des Zynismus ist erkannter, aber nicht bewältigter Widerspruch. Der ist nicht einfach Ausdruck destruktiver Gesinnung, sondern Spekulation auf den Kursverfall eingeführter Werte. Daß die moralischen Verkehrswerte unter den moralischen Nennwerten liegen, darauf besteht der Zyniker, und meistens hat er ja recht. Deshalb kann in rückständigen, borniertem Zeiten der Zynismus als ein Ausweis befreiter, auch subversiver Intellektualität gelten. Im adligen wie im bürgerlichen Salon trat der Zyniker auf und sprach seine unangenehmen Wahrheiten. Er machte sich einen schmerzlichen Spaß daraus, gesellschaftliches Stillschweigen zu brechen und die Konditionen jeglichen Gewerbes beim Namen zu nennen. Im Niemandsland zwischen alten und neuen Werten konnte er durchaus die Wende markieren.

Vergleichende Staatstheorie

Der Wohlfahrtsstaat ist der unmenschlichste Staat, den man sich denken kann, weil er die Menschen intensiver versklavt, als es früher die klassische Sklaverei vermocht hat.

Martin Bangemann

Der heutige Zynismus im Schatten politischer und wirtschaftlicher Macht kann sich dieser halbwegs ehrenwerten Tradition aber kaum zurechnen. Und zwar deshalb nicht, weil er selbst zu den Konditionen des Gewerbes gehört. Er ist nicht mehr Ausdruck fortgeschrittener Intellektualität, sondern neuer Professionalität. Er hat keine klärende, durch Provokation befreiende Wirkung. Er drückt bloß eine opportunistische Hinnahme der Verhältnisse aus. Er begleitet jene anstellige Cleverness, die sich in den politischen Stäben findet. Dem Zynismus als einer Arbeitshaltung neigen weniger die Amtsträger zu als die Vertreter der beratenden und organisierenden Intelligenz. Sie wissen, wie Macht praktiziert und präsentiert wird, ohne sie selbst in der Hand zu haben.

Dieser abhängige Zynismus darf sich allerdings nicht artikulieren. Fast alles, was politisch unternommen wird, zielt auf große Mehrheiten, und die sind niemals zynisch veranlagt. Deshalb muß das zynische Gedankengut unter Verschluß bleiben, in Kantinengesprächen darf es allenfalls ausgetauscht werden. Als der Referent Pfeiffer auspackte, wie noch keiner ausgepackt hat, da war wohl auch die Lust am Befreiungsschlag dabei und die Gewißheit, daß jede zweite Institution ähnlich miserabel aussähe, wenn ihre vertraulichen Spickzettel so original an die Öffentlichkeit kämen.

Widersprüche, die den Zynismus nähren oder gar bedingen, gibt es genug. Wie will zum Beispiel eine Politik, die offiziell den gewaltsamen Problemlösungen abschwört und jedwede Rüstung als ein Verhängnis beklagt, zugleich aber Waffen, wo immer es geht, an den Mann bringt, wie will diese Politik ohne Zynismus auskommen? Der Widerspruch – sonntags Abrüstung, werktags Waffenexport – ist gegeben, hier wie in anderen Ländern. Ähnliche, etwa aus den Ressorts Entwicklungshilfe und Umweltschutz, sind ihm ebenbürtig. Der ihnen zugehörige landläufige Zynismus sagt: Professionell ist derjenige Politiker, der den Widerspruch sieht, ohne an ihm zu leiden. Der sich auch nicht damit abmüht, ihn zu überwinden, sondern der ihn anstandslos hinnimmt und nach Kräften kaschiert. So sind halt die Zumutungen der Praxis. Wer ihnen nicht gewachsen ist, soll sich nicht in die Politik begeben.

Am Dilemma ist die Politik nicht schuld, aber daran, daß es unterschlagen wird. Man könnte ja erörtern, wo und in welchem Maße unsere Wirtschaft abhängig ist von Rüstung, wo und in welchem Maße darum auf die Politik Druck ausgeübt wird. Aber das hieße eben tun, was die Politik gerade lassen will: Die Konditionen des Gewerbes benennen.

Daß Politik nicht immer das tut, was sie zu tun verspricht, liegt wahrhaftig in der Sache und braucht keinen zum Zyniker zu machen. Wenn sie aber nicht will, was sie zu wollen vorgibt, dann kommt sie nur auf zynische Art über die Runden.

Ganz harmlos und zivil fängt das an. Wie stellen sich die Regierten die Regierenden am liebsten vor? Antwort: Ernsthaft befaßt mit Sachfragen. Womit befassen sich die Regierenden am liebsten? Antwort: *Nicht* mit Sachfragen. Zwar handeln die Tagesordnungen von nichts anderem, aber das ist ungeliebte Pflicht. Spannend wird das Regieren erst außerhalb der Tagesordnung, als Hantieren mit der Macht im Interesse von Gruppen, Grüppchen und Personen. Im grauen Umfeld sich auskennen, wo Drähte gezogen und Posten verschoben werden, das gehört zum Orientierungssinn eines jeden Politikers. Wenn der Eindruck nicht täuscht, dann mehren sich aber diejenigen, die sich *nur noch dort* auskennen und genau darin ihre Professionalität sehen. Das Machthaben läßt sich dort lernen wie ein technisches Fach. Wer nur dieses Fach gelernt hat, hält die Konditionen, die da gelten, für die Konditionen des Politischen schlechthin und kann sich gar nichts anderes mehr vorstellen, als daß alles Entscheidende im Hintergrund und im Untergrund zustandekommt.

Der in diesem Sinne Professionelle hält von Institutionen wenig und von Programmen gar nichts. Sachfragen hat er zwar von früh bis spät in der Mache, aber er kann sie nur als verkappte Macht- und Personalfragen ansehen. Bevor er weiß, was sachlich geboten ist, weiß er schon, wem es zum Vorteil und wem es zum Nachteil gereichen soll und in welcher Form es sich zur Selbstdarstellung eignet. Es gibt bei diesen Professionellen eine mitleidige Verachtung für alle, die sich wirklich und wahrhaftig auf Sachen einlassen, womöglich gar Partei- und Eigennutz darüber aus dem Auge verlieren. Der vermeintlich Professionelle befaßt sich mit den Sachen nur exakt so weit, wie es zum Erwerb oder zur Sicherung der Macht erforderlich erscheint.

Taktisch kluges und gelegentlich konspiratives Vorgehen hat politischen Wert, aber es hat nicht seinen Wert in sich. Mit politischer Taktik ist aber üblicherweise nicht die Taktik gemeint, mit der man Sachen voranbringt, sondern die Taktik, die sich im Machtkampf bewährt. Die Ressortarbeit geht schwerfällig und ohne Inspiration voran, im »freiberuflichen« Teil der Politik dagegen agiert man einfallsreich und unbürokratisch. Ohne dieses von der Pike auf gelernte Doppelspiel hätte auch der Ministerpräsident Barschel sich nicht so böse verstiegen.

Der Macht bewußt sein, das gehört zur politischen Qualifikation. Was nützen ehrenhaft Scheiternde, die vor lauter Problembewußtsein und Engagement in der Sache die Konditionen des Gewerbes nicht erkennen. Das Scheitern der anderen ist leider unsichtbar und nur in Extremfällen mit Verlust der Ämter verbunden. Sie scheitern nämlich dann, wenn sie sich nur noch der Macht, aber nicht mehr der Aufgaben bewußt sind. Infolgedessen auch nicht merken, wo Härte in Gemeinheit und Ehrgeiz in Monomanie übergeht. In ihrer Umgebung verbreitet sich der Zynismus bevorzugt, mitunter auch nur als selbstgefällige Attitüde. Die zynische Denk- und Ausdrucksart ist den ehrgeizig Kämpfenden nicht unangenehm. Sie rechnen sie zu den Erscheinungsweisen des Erfolgs. Auch wird sie gerne als ein Erkennungszeichen gesehen unter denjenigen, die wissen, worauf es ankommt. So wie der Fußballspieler einen anderen erst dann professionell nennt, wenn der das gezielte, versteckte Foulspiel beherrscht.

Hart im Nehmen, hart im Geben, trickreich gegen Freund und Feind, um Sachkunde nicht bemüht, für jedes Nebengeschäft zu haben, immer darauf aus, glaubwürdig zu wirken, ohne es zu sein – so etwa sieht die Phantomzeichnung des Politikers aus, der nichts anderes gelernt hat als Machthaben. Es gibt ihn, mehr oder weniger ähnlich, auf allen Ebenen. Manches hat er zu tun, was nur auf zynische Art getan werden kann. Das delegiert er aber gerne an Referenten, die sich an den Zynismus wie an eine Berufskrankheit gewöhnen.

Professionell sein im Sinne der Macht, das scheint schon die Konditionen des Gewerbes komplett zu umfassen. Aber es ist nur der kleinere und leichtere Teil. Der andere heißt professionell sein im Sinne der Verantwortung. Da scheiden sich die Geister, und da lichten sich die politischen Reihen.

Wo es professionell zugeht im Sinne der Verantwortung, da hat auch der Zynismus keinen Ort. Nicht, daß an seine Stelle Idealismus träte – das wäre kaum weniger fatal –, nein, Sachlichkeit reicht hin für das Alltagsgeschäft der Ämter und Gremien. Eine Sachlichkeit, die sich notfalls auch öffentlich zu den Konditionen des Gewerbes bekennt. Das macht sie nicht schöner, aber glaubwürdiger, und erspart den Referenten allerhand Arbeit.

Dagmar Schlapeit-Beck

Frauen in der Politik – verdirbt die Macht die Moral?

1. Die Affäre Barschel – oder die Entlarvung eines prototypischen Politikerlebens

Seit der »Kieler Affäre« hört man von unseren »Staatsmännern« immer wieder die Platitüde, daß man in der Politik doch menschlicher miteinander umgehen sollte. Was hat diesen Sinneswandel hervorgerufen?

Der Untersuchungsausschuß des Kieler Parlaments hatte die Öffentlichkeit über den Einfluß einzelner Unternehmer auf Regierende, über Massenblätter, die Ministerpräsidenten als Flüstertüten dienten, über den Mißbrauch des Verfassungsschutzes zur Politikerhetze, über Staatsdiener, die von Regierungsparteien zu Büroboten umfunktioniert wurden, über die Macht von Parteispitzen und die Ohnmacht der Parteibasis und letztlich über die kriminellen Praktiken rücksichtsloser Macht- und Postenjäger informiert, wie man sie in einem demokratischen Staatswesen nie erwartet hätte.

Entlarvt wurde eine Affäre, eine gesellschaftliche Entgleisung, zutage trat jedoch ganz nebenbei die alltägliche Verachtung des Menschen im Denken vermeintlich demokratischer Politiker, wie sie in Machiavellis rationalistischer Machtphilosophie formuliert wurde. Nach dem Prinzip »Der Zweck heiligt die Mittel« leitete Uwe Barschel mit einer rücksichtslosen Eiseskälte, die seinen obrigkeitlichen und selbstherrlichen Regierungsstil auszeichnete, den gravierendsten Legitimitätsverlust des demokratischen Staatswesens in der Geschichte der Bundesrepublik ein. Dies zeigt zum Beispiel die jüngst veröffentlichte Repräsentativbefragung »Jugend-Forum« (vgl. »Stern«, 4/88), wonach 78 Prozent der befragten Jugendlichen zwischen 16 und 24 Jahren den Fall Barschel als Einbruch der politischen Moral in unserem Staat werten.

Die »Kieler Affäre« läßt nach dem Preis fragen, der für eine politische Karriere gezahlt werden muß. Für Barschels Freitod existiert keine andere Erklärung als dessen zu enges Berufsbild, denn ein Leben als Nicht-Ministerpräsident, als Nicht-mehr-Aufsteiger, ein Leben abseits der Öffentlichkeit war für ihn unerträglich. Bereits als Schüler trat er in die Junge Union und in die CDU ein, nach einem beruflichen Zwischenspiel als Rechtsanwalt und Notar war er bereits mit 25 Jahren stellvertretender CDU-Landesvorsitzender, mit 29 Fraktionschef im Landtag, mit 35 Minister und mit 38 Jahren Ministerpräsident.

Politik nach diesem Muster wird so auf eine fatale Weise zum Lebensinhalt: als Existenzgrundlage wie auch als einziger Quell des Selbstwertgefühls. Das Leben Uwe Barschels veranschaulicht auf die schmerzhafteste Art die Deformationen, zu denen der männlich geprägte Politikerberuf führen kann.

2. Quotierung für Frauen: Der Preis der Macht

Die Auseinandersetzung um »Frauenförderungsmaßnahmen« beherrscht heute Politik und Medien. Obwohl eine große Zahl von Frauen in den letzten Jahren den Parteien beigetreten sind, haben diese ihre Praxis der Ämter- und Mandatsvergabe an Männer kaum geändert. Und auch die 80 weiblichen Bundestagsabgeordneten (15,4 Prozent), die 1987 gewählt wurden, können nicht über die nach wie vor bestehende Unterrepräsentanz von Frauen in politischen Führungspositionen hinwegtäuschen.

Mit ihrem Frauenförderungsplan wollen die SPD-Frauen zum Beispiel bereits 1988 jeden dritten Delegierten- und Vorstandsposten mit einer Frau besetzen, 1994 sollen es wenigstens 40 Prozent sein. Die Quotierung bei Listenaufstellungen zu Europaparlaments-, Bundestags-, Landtags- und Kommunalwahlen soll in drei Stufen umgesetzt werden: 1990 mit 25 Prozent, 1994 mit 33 Prozent und 1998 mit 40 Prozent.

Alle Politik ist Kampf um die Macht, und deshalb stellt auch die Forderung nach einer Quote für Frauen die Machtfrage. Für eine aktive Mitstreiterin einer Gleichstellungspolitik, die den Frauenanteil am Kuchen der Macht täglich einklagt, ist es jedoch erforderlich, auch über den Charakter jener Macht zu reflektieren.

Die aktuellen Ereignisse in Kiel entlarven einen Zustand unseres politischen Systems, der für Frauen die Teilhabe an der Macht kaum als erstrebenswert erscheinen läßt. Denn die Teilhabe an der Macht wird von den heute Machthabenden teuer erkauft. Die Verkümmerung zum Berufspolitiker erleben diese zum Beispiel an folgenden Symptomen:

- Zwang zur Reduktion komplexer politischer Sachverhalte auf medienwirksame 20-Sekunden-Statements;
- Abschleifung persönlicher Ecken und Kanten zugunsten der jeweiligen Majorität;
- Selektion von Bekanntschaften und Beziehungen nach Nützlichkeitserwägungen;
- Entscheidungsprozesse in Form ritualisierter Bekanntgabe ihrer Ergebnisse publik, aber nicht transparent machen zu dürfen;
- Herausbildung einer »in-group«-Mentalität, wonach der/die Bürger/in »als fremdes Wesen draußen im Lande« erscheint.

Macht will teuer erkauft werden. Wer nach politischer Macht strebt, muß seine gesamte Energie und Aufmerksamkeit auf die jeweils nächste Etappe des Aufstiegs richten und nahezu alles opfern, was ihn in Richtung auf sein lineares Ziel nicht weiterbringt. Die Jagd nach Macht bedeutet einen dauerhaften Verzicht, den Verzicht auf die wahren Freuden des Lebens. Und selbst das Triumphgefühl des Siegers nach einem erfolgreichen Wahlkampf hält nicht lange an, schon bald beginnen die Vorbereitungen der nächsten Schlacht. Verräterisch für die inhumanen und intoleranten politischen Umgangsformen ist jedoch auch der verbreitete Sprachgebrauch, der die Parteienkonkurrenz mit Wahl*kampf* und Rede*schlacht* umschreibt. Eine solche militaristische Vernichtungssprache weist auch das jüngst entdeckte Elaborat der nordelbischen CDU »Überlegungen zur Landtagswahl Herbst 1987« auf, in dem sich die Regieanweisungen zur »Kieler Affäre« folgendermaßen lesen: Engholm solle in seiner »persönlichen Empfindlichkeit getroffen« und die Anfänge einer neuen Wählergemeinschaft »müssen im Keim erstickt werden«.

Politiker in hohen Positionen fühlen sich ständig gehetzt und verfolgt, altern während ihrer Amtszeit schnell. Ihr Privatleben ist öde und leer. Macht zu haben bedeutet auch Angst zu haben. Die Freude, sich entspannt und anonym in der Welt bewegen zu können, problemlos mit anderen ins Gespräch zu kommen und innerhalb einer Gemeinschaft Vertrauen und Liebe zu finden, ist ihnen verwehrt. Die von ihnen verlangte Unterdrückung und Verdrängung von Gefühlen bringt Politiker hervor, die nur noch in Gesprächen zum Leben erwachen, die sich um ihre Aufgabe drehen. Kein Bürger leidet unter schlimmerer Unterdrückung, unter größeren Zwängen und stärkerer Angst als eine politische Führungskraft.»Abgeschottet von der Welt aus Angst vor Attentaten, abgeschottet von den Menschen aus Angst vor Konfrontationen, selbst engsten Mitarbeitern gegenüber in dem ständigen Mißtrauen befangen, daß sie es auf seine Position abgesehen haben könnten, ist der höchste Überwacher zugleich der am strengsten Überwachte mit der geringsten persönlichen Freiheit.« (Marilyn French: »Jenseits der Macht – Frauen, Männer und Moral«, Hamburg 1985, S. 507)

Politiker werden verehrt, weil sie auf alle persönlichen Freuden verzichten, um den Staat zu lenken. Aber welche Art von Charakter erfordert es eigentlich, bereitwillig alle Freuden einem solchen Ideal zu opfern, und wie entstellt muß eine Persönlichkeit sein, um solche Prioritäten zu setzen? Michel Foucault weist mit Recht darauf hin (»Sexualität und Wahrheit«, Bd. I, Frankfurt/M. 1977), daß Monarchen zwar immer schon die Macht besaßen, andere zu unterwerfen und zu töten, daß sie aber andererseits auch die Macht hatten, ein Leben in Annehmlichkeit und Luxus zu führen. Das Volk konnte sich am Prunk und an der Pracht höfischen Lebens weiden, seine Sehnsüchte wurden geweckt und seine Phantasie beflügelt – mochte der Monarch auch selbst in Angst und Mißtrauen leben. Im demokratischen Staat jedoch, der von sich behauptet, für das Wohl des Volkes verantwortlich zu sein, hat sich das Erscheinungsbild grundlegend geändert: »Sie ist heute durch nichtssagende Uniformität, verschwommene Definitionen und die radikale Austreibung aller expressiven Momente gekennzeichnet. Die Macht liegt in den Händen von Gremien austauschbarer und gesichtsloser Männer . . .« (Marilyn French, ebd.).

»Betrachten wir einmal diese Prozession hochqualifizierter Männer. Fragen wir: Wohin führt sie uns? Eine Antwort liegt auf der Hand. Zu Einkommen. Und es ist offensichtlich, daß wir dann, wenn wir dieselben Einkommen aus denselben Berufen wie diese Männer akzeptieren, daß wir dann auch dieselben Bedingungen wie sie akzeptieren müssen. (. . .) Ihr müßt morgens um neun Uhr aus dem Haus und kommt abends um sechs zurück. Das läßt sehr wenig Zeit, um die Kinder kennenzulernen. Ihr müßt das täglich tun, all die Lebensjahre von ungefähr 21 bis 65. Das läßt wenig Zeit für Freundschaft, Reisen und Kunst. Ihr müßt manche Pflichten erfüllen, die sehr anstrengend sind, und andere, die sehr barbarisch sind. Ihr werdet bestimmte Roben tragen müssen und bestimmte Loyalitäten einhalten. Ihr fragt, was beweisen uns diese Ausschnitte aus dem Leben erfolgreicher Männer? Sie bringen uns dazu, den Wert des erfolgreichen Berufslebens zu bezweifeln, zu kritisieren, in Frage zu stellen – nein, nicht seinen Geldwert, der ist hoch; aber seinen geistigen, seinen moralischen, seinen intellektuellen Wert. Sie geben uns den Eindruck, daß Menschen, die im Beruf große Erfolge erringen, ihre Sinne verlieren. Die Sicht geht verloren – sie haben keine Zeit, Bilder zu betrachten. Das Gehör geht verloren – sie haben keine Zeit, Musik zu hören. Die Sprache geht verloren – sie haben keine Zeit zu einem Gespräch. Sie verlieren das Gefühl für Proportionen – für die Wichtigkeit einer Angelegenheit gegenüber einer anderen. Die Menschlichkeit geht verloren – Geldverdienen wird so wichtig, daß sie Tag und Nacht arbeiten müssen. Die Gesundheit geht verloren. Und sie werden so konkurrenzbesessen, daß sie keinen anderen an ihrer Arbeit teilhaben lassen wollen, obwohl sie mehr Arbeit haben, als sie selber erledigen können. Was also bleibt von einem Menschen, wenn er Sehen, Hören und das Gefühl für Proportionen verloren hat? Nur ein Krüppel in einer Höhle.« (Virginia Woolf)

Die Wurzeln dieser einseitig beschränkten Rationalität unseres politischen Systems liegen in der »protestantischen Ethik«, die eine umfassende Rationalisierung der Lebensführung, die Unterdrückung aller spontanen Bedürfnisse sowie eine dauernde Selbstkontrolle und Selbstdisziplin verlangt. Getreu der protestantischen Ethik, wie sie Max Weber als Wesensmerkmal kapitalistischen Unternehmertums beschrieb, gehören die Arbeitstugenden: Präzision, Stetigkeit, Disziplin, Verläßlichkeit, Fleiß und vor allem die innerweltliche Askese zu einem prinzipiengeleiteten moralischen Bewußtsein, wie es eine rationale Lebensführung auf der Grundlage der Berufsidee erfordert.

Den erfolgreichen calvinistischen Frühkapitalisten, den wahren männlichen Helden wie auch den heute erfolgreichen Politiker zeichnet demnach dieses aus: Er muß seine persönlichen Bedürfnisse und Wünsche verleugnen und aus dieser Negation Befriedigung ziehen. Über die gewöhnlichen Bedürfnisse eines jeden Menschen, wie Nahrung, Wärme und Geborgenheit, Gemeinschaft und Zuneigung, ist der erfolg- reiche Politiker erhaben: Er verfolgt einen höheren Lebenszweck.

3. Was der Frau im Haushalt nutzt, schadet ihr in der Politik

Der herrschende männlich bestimmte Politikbegriff besteht in einer systematischen Ausklammerung aller fundamentalen Lebenselemente der Reproduktionssphäre wie Geburt, Kindheit, Elternschaft, Krankheit, Alter und Tod oder, mit Jürgen Habermas ausgedrückt, in einer Entkoppelung von politischem System und Lebenswelt. Die Lebenswelt ist noch immer die den Frauen zugeteilte Sphäre. Neben ihren Einschränkungen und Begrenzungen (Isolation, fehlendes sichtbares Arbeitsergebnis, ausbleibende materielle und ideelle Anerkennung, Abhängigkeit) verfügt jedoch die Lebenswelt auch über emanzipatorische Dimensionen wie zum Beispiel: Breite und Vielfalt statt Verengung und Spezialisierung, Naturverbundenheit statt Naturbeherrschung, komplexe Wahrnehmung statt Begrenzung auf das Wesentliche, Ganzheitlichkeit statt Fragmentierung, Intuition und Erfahrungswissen statt professionell abstraktes Wissen, Identifikation statt Entfremdung und einen persönlichen Aufgabenbezug statt primär auf Wertvergrößerung gerichtete Arbeit. Wie auch immer verformt und unterdrückt, in der Mutter-Kind-Beziehung verteidigen Frauen Reste einer auf Bedürfnisbefriedigung gerichteten eigenen Produktionsweise, die der patriarchalischen und kapitalistischen Umwelt überlegen ist. Diese strukturelle Andersartigkeit der Hausarbeit, die Qualitäten verlangt, welche sich der kapitalistischen Logik entziehen, begründet den eigentlichen Emanzipationsanspruch der Frau.

Unser berufliches und politisches System basiert noch immer auf der Person im Hintergrund, die die physische und psychische Reproduktion der Familienmitglieder unter Zurückstellung der eigenen Person gewährleistet, auf der unbezahlten Arbeit der Hausfrau, Ehefrau und Mutter. Sie ist es, die, unter Verzicht auf eigene Wünsche und Bedürfnisse, ihren auf der Karriereleiter stehenden Mann mit Geduld und Beharrlichkeit, mit Einfühlungsvermögen, Harmonisierungsbereitschaft, emotionaler Bestätigung und Bestärkung sowie Schaffung einer freundlichen und geborgenen Gegenwelt von allen außerberuflichen Problemen entlastet.

Solchermaßen durch Familienarbeit geprägt, bilden Frauen nach Carol Gilligan (»Die andere Stimme – Lebenskonflikte und Moral der Frau«, München, Zürich 1984) statt eine Ethik der Gerechtigkeit, die auf eine gleiche Verteilung von Gütern und

Kosten, Rechten und Pflichten abzielt, eher eine Ethik der Verantwortung aus, der es um die Verhinderung oder Begrenzung von konkreten schädlichen Folgen bestimmter Handlungen oder Unterlassungen geht. Wenn es Frauen gelänge, die für sie kennzeichnende Fürsorglichkeit nicht bis zur Selbstaufopferung zu betreiben, sondern eine Moral der Verantwortung für andere und für sich selbst herauszubilden, erreichten sie demnach die höchste Stufe menschlicher Moralentwicklung.

Durch Hausarbeitserfahrungen sozialisiert, zeichnen sich die meisten Frauen im politischen Leben dadurch aus,

- daß sie weniger Durchsetzungsfähigkeit und Angst vor Verantwortung zeigen;
- daß sie die sogenannten »weichen« Ressorts abdecken (Jugend, Gesundheit, Soziales statt Finanzen, Energie, Außenpolitik);
- daß sie ihre Zufriedenheit eher aus dem sozialen Erleben in der politischen Arbeit, wie Kommunikationsmöglichkeiten, Solidarität und persönliche Anerkennung, als durch die sogenannten »objektiven« Erfolge, wie Vorstandspositionen, Mandate oder Aufsichtsratssitze, beziehen;
- daß sie ihre Tätigkeit eher aufgabenbezogen als aufstiegsrelevant betrachten und somit mehr klienten- als karriereorientiert sind;
- daß sie zu einem ausgeglicheneren Engagement in bezug auf Lebens-, Arbeitswelt und politische Arbeit neigen.

Es sind die Frauen, die in den Parteien, Gewerkschaften, Vereinen und Verbänden die Arbeit vor Ort leisten, die Arbeit für den einzelnen, die unmittelbaren Erfolg, aber selten gesellschaftliche Ehren und Sozialprestige mit sich bringt. So sind es auch die Frauen, die in unserem Berufssystem häufig die Inhalte ihrer Arbeit vor deren Honorierung oder Aufstiegsmöglichkeiten sehen: Im Verkaufsberuf sehen sie einen Dienst am Kunden, in der Krankenpflege einen Dienst am Menschen, im Sozialamt einen Dienst am Bürger, als Rechtsanwaltsgehilfin einen Dienst am Klienten, als Sekretärin einen Dienst am Chef, als Betriebsrätin einen Dienst an den Kollegen, als Parteimitglied einen Dienst am Wähler, als Erzieherin einen Dienst am Kind, in der Gastronomie einen Dienst am Gast und als Altenpflegerin einen Dienst am Patienten. Frauen bringen in das Berufssystem ihre spezifisch weiblich sozialisierten Verhaltensweisen ein: soziales Engagement, Einfühlungsvermögen, Aufopferungsgabe, Zurückstellung der eigenen Person, körperliche Attraktivität, Intuition und Kreativität, ohne daß all diese Qualifikationen entsprechend honoriert würden.

Eine stärkere Teilhabe von Frauen an der Politik führt deshalb folgerichtig zu Anpassungsschwierigkeiten. Die meisten Frauen wollen sich nicht nach dem traditionellen »Defizit-Ansatz« an die herrschenden Politikstrukturen anpassen, wollen sich nicht der einseitigen Dominanz politisch/ökonomischer Rationalität unterwerfen, wollen die dort geforderte Verengung von Fähigkeiten, Verhaltensweisen, Gefühlen und Bindungen nicht erleben, die ausschließlich dazu dienen, möglichst rational zu kalkulieren, bedingungslos zu konkurrieren und leistungsgerecht zu funktionieren. Frauen wollen eher eine sinnvolle und inhaltlich befriedigende Politik betreiben, vielseitige Fähigkeiten einbringen, auf freundlich-kollegialer Ebene mit anderen zusammenarbeiten und nicht täglich um ihr Mandat bangen müssen. Frauen suchen eine neue Form der politischen Arbeit, die konkret-sinnliche, bedürfnisorientierte Fähigkeiten nicht als Mangel, sondern als Stärke anerkennt und honoriert.

4. Frauen auf der Suche nach einem veränderten Politikbegriff

Ein politiknaher Beruf, eine einflußreiche gesellschaftliche Führungsposition, Abkömmlichkeit, kontinuierliche und intensive Mitarbeit in lokalen Führungsgremien, eine gesellschaftliche und innerparteiliche strategische »Hausmacht«, die, wie jeder »Mann« weiß, vor allem beim Bier an der Theke aufgebaut wird, wo sich Frauen selten aufhalten, und die permanente Anwesenheit auf einer Fülle von Sitzungen und Parteiveranstaltungen beschreiben die wesentlichen Aufstiegsmuster für eine politische Führungsposition und zeigen gleichermaßen die strukturellen Hindernisse für einen erfolgreichen Karrierestart von Frauen auf.

Aber entgegen all diesen Restriktionen ist es auch in der Vergangenheit einzelnen Frauen gelungen, eine politisch einflußreiche Position zu erreichen. Im Unterschied zum männlichen Aufsteiger bleibt aber auch für erfolgreiche Frauen die Diskriminierung in der Regel weiterhin Bestandteil ihres Alltags, und Erfahrungen struktureller Barrieren werden dadurch wachgehalten und verstärkt. Spitzenpolitikerinnen haben sich zumeist anpassen und den ungeschriebenen Gesetzen und

Machtritualen der Männerwelt beugen müssen. Sie gleichen diesen noch allzusehr: immer sachlich und nüchtern, kühl und beherrscht.

Politischer Konkurrenzkampf ist hart. Niemand wird nach oben getragen. Frauen können heute nur mit Ehrgeiz und Ellenbogen die Macht erobern.»Karrierefrauen« müssen immer noch einiges mehr leisten als Männer, eine tadellose Lebensführung vorweisen, Feierabende und Wochenenden einsetzen, ganzen Einsatz zeigen durch stete Verfügbarkeit, Flexibilität und Mobilität, von familialen und privaten Belangen absehen und die zahlreichen Anforderungen des Familienalltags (Kindererziehung, Behördengänge, Steuererklärung etc.) delegieren. Die Karriere ist eine alles verschlingende Aktivität, die eine Frau rückhaltlos verfolgen, der sie jegliches Ziel unterordnen muß. Für Frauen bedeutet Karriere deshalb meistens: fehlender Raum für Freizeit und Freundschaften, endlose Schuldgefühle gegenüber der Familie oder sogar Verzicht auf Ehe und Kind.

Persönliche Niederlagen werden in den Parteien, vor allem bei den Sozialdemokraten, als charakterbildend, sogar als Voraussetzung für die Läuterung zur Führungspersönlichkeit angesehen. Für Frauen gilt dieser Initiationsritus jedoch nicht, denn ihre Niederlagen sind meist keine Bewährungsproben, sondern Endstationen. Schafft sie es trotzdem noch zur Stellvertreterin, wird sie als »Karrierefrau« verteufelt und ruft männlichen Widerstand hervor. Wenn eine Frau relativ schnell gut ankommt und als »Senkrechtstarterin« etikettiert wird, ist sie politisch schon gescheitert, weil sich sofort alle männlichen Instinkte gegen sie aufbäumen. Erfolg in der Politik bedeutet für Frauen bisher ebensogut einen Mißerfolg im Persönlichen. Frauen bezahlen ihr gestiegenes gesellschaftliches Ansehen in den Augen der Männer mit dem Verlust ihrer erotischen Attraktivität. Der Erfolg von Frauen wird noch immer mit dem Entzug menschlicher und gesellschaftlicher Annehmlichkeiten bestraft. Aber es sind diese Vorreiterinnen, die Pionierinnen, die einer nachfolgenden Generation aktiver Frauen den Weg bereiten. Denn für Frauen ist es immer dann leichter, eine berufliche oder politische Spitzenposition ohne Überanpassung an das männliche Rollenbild zu erreichen, wenn sie bereits weibliche Vorbilder vorfinden.

Frauen nehmen bereits heute teil an Politik, aber häufig anders als Männer. Diese andere Partizipation erschien bisher als Defizit der Frauen oder als Diskriminierung durch Männer. Immer deutlicher wird jedoch, daß eine andere Gestaltung von Politik die Bedingung für das Engagement von Frauen ist. Beobachtbar war diese Feminisierung der Politik bereits bei den TV-Frauenrunden im Bundestagswahlkampf, die sich durch die Abwesenheit so belastender Emotionen wie Konkurrenzneid, Mißgunst, persönliche Angriffe, unbeherrschte Wut oder ausschweifende Selbstgerechtigkeit auszeichneten, wie wir sie von den sogenannten männlichen »Elefantenrunden« gewohnt sind. Frauen wollen verstärkt den klassischen Widerspruch zwischen Macht und Moral aufheben und die politische Sphäre nach moralischen Ansprüchen gestalten. Politische Karriere darf für sie nicht mehr gleichbedeutend sein mit Verlust von Menschlichkeit. Eine Alternative zum traditionellen Aufstiegsmuster könnte die »Karriere mit begrenzten Ambitionen« darstellen, die mehr Freiraum für die eigene Person wie für ein bewußtes Abwägen von Zielen und Maßstäben läßt.

Die relative Distanz von Frauen zur Macht ist jedoch auch eine Chance und Herausforderung. Aufgrund ihrer Sozialisation haben Frauen eine eigene politische Sensibilität und Kritikfähigkeit, mit denen sie parlamentarische Rituale und politisches Routineverhalten entlarven können. Die meisten Frauen wollen den Preis der Macht, den Männer zu zahlen bereit sind, nicht tragen, wollen statt auf ein absolviertes auf ein gelebtes Leben zurückschauen, erkennen die Last der Macht und sind bereit, sie auf sich zu nehmen, wollen aber statt last-eher lustbetont leben und sich in anderen Menschen statt in Statussymbolen verwirklichen.

Frauen an die Macht! – denn Frauen verändern die Macht!

Hermann Glaser

Fatale Liturgie im politischen Psychodrom

Nach Jörg Bopp steht der Begriff »Psychodrom« für eine psychische Selbstinszenierung, die sich seit den 70er Jahren nicht nur in der Bundesrepublik, sondern in den meisten westlichen Industrienationen gebildet habe; ihre Anhängerschaft wachse weiterhin; sie finde sich in allen politischen und unpolitischen Lagern, in vielen kulturellen und subkulturellen Regionen. Bopps Beschreibung bezieht sich auf die Psycho-Szene; man kann sie jedoch ohne weiteres auch auf die Polit-Szene übertragen: »In seinem rituellen Charakter hat der Psychodrom Ähnlichkeit mit einem Hypodrom. Gibt es dort die Show der Tiere und Athleten, so hier die Revue der Seelen und derer, die sie trainieren. Dort das Dressurreiten, hier die hohe Schule der psychischen Selbstdarstellung. Die Akteure zeigen eingeübte Bewegungen und äußern sich in einer einstudierten Sprache, beides in einem festgelegten Programm. Es vollzieht sich ein profaner Kult, nach dem Rhythmus einer ausgearbeiteten Liturgie. Hoffnungen und Ängste, Kräfte und Bedürfnisse, Leidenschaften und Phantasien können sich nicht frei äußern, sondern werden durch eine Regie domestiziert.«

Bei der »Entmummung des Uwe Barschel« konnte man die eingeübten Bewegungen sowie die einstudierte Sprache der CDU/CSU-Akteure genau beobachten; man hatte freilich den Eindruck – und insofern sind die Charakteristika des Psychodroms auf einem noch zu hohen Niveau angesiedelt –, daß Hoffnungen und Ängste, Kräfte und Bedürfnisse, Leidenschaften und Phantasien gar nicht mehr vorhanden sind, also auch nicht mehr durch Regie domestiziert werden müssen; die Dressur (der Wille zur Macht) ist Selbstzweck geworden. Die Fassade deckt nichts, lediglich ein Nichts, ab; sie steht für sich und an sich; die Verpackung ist bereits die Botschaft. Der Griff nach dem Wort, die Gestik, die Physiognomik – sie gleichen dem Griff nach der Krawatte. Die postmoderne Inszenierung von Politik verfährt nach der Beliebigkeitsmaxime: Hier stehe ich – ich kann auch anders!

Das »Anything-goes« wurde besonders deutlich bei der mechanistischen Handhabung der »Entschuldigungs-Software« durch die CDU. Ich bezeichne sie so, denn wenn auch sicherlich nicht ein Computerprogramm herangezogen wurde, um zu »kalkulieren«, ob, wann, wie und wo eine Entschuldigung bei Björn Engholm angebracht gewesen ist – man kann durchaus annehmen, daß die politische Entscheidung, die zur formellen Entschuldigung von Gerhard Stoltenberg und Henning Schwarz bei dem SPD-Oppositionsführer führte (und zwar »in aller Form« und »im Namen der Landesregierung«), nicht innerhalb der Axiomatik politischer Kultur, sondern im Rahmen taktischer binärer Kodierung erfolgte: (Früher) falsch – (jetzt) richtig. Als moralisch reduzierte, künstlich-politische Intelligenz nach Prüfung der demoskopischen Fakten den Zeitpunkt berechnender Buße für »errechnet« hielt – schließlich steht nun der Wahltermin fest, so daß das Vertrauensterrain zurückzugewinnen ist –, spuckte sie eine kompakte Entschuldigungsdiskette aus, die algorithmisch überzeugen mag (die confessio oris ist gespeichert und jederzeit abrufbar; die beiden wesentlichsten Elemente der katholischen Beichte kann man bei politischen Beichten »löschen«: contritio cordis, satisfactio operis – Reue des Herzens, Genugtuung durch Werke): Uwe Barschel sei an unlauteren, ungesetzlichen Machenschaften persönlich beteiligt gewesen... die Landesregierung dafür als Verfassungsorgan verantwortlich ... sie fühle sich durch diesen Sachverhalt bedrückt und beleidigt... Björn Engholm sei gedemütigt worden... die Landesregierung bitte ihn deshalb über das tiefe menschliche Bedauern hinaus, das sie bereits zum Ausdruck gebracht habe, um Entschuldigung für das Unrecht, das ihm der frühere Ministerpräsident angetan habe... Barschels früherer Fahrer und seine beiden Ex-Sekretärinnen mögen ebenfalls verzeihen ... ihr Vertrauen und ihre Hilfsbereitschaft seien mißbraucht worden. Einer der Entschuldiger, der geschäftsführende schleswig-holsteinische Ministerpräsident Henning Schwarz, entschuldet sich dann gleich noch selbst: Er habe Barschel bis zu dessen Abschied am 2. Oktober 1987 vertraut und geglaubt; dementsprechend sei sein Beitrag zu Barschels Ehrenwort-Pressekonferenz ausgefallen ... nach dem heutigen Wissensstand jedoch erkläre er, daß er die Schlußfolgerungen aus seinen öffentlichen

Äußerungen nicht aufrecht erhalten könne und wolle ... er nehme deshalb mit dem Ausdruck des Bedauerns seine Angriffe gegen das Hamburger Nachrichtenmagazin »Der Spiegel« zurück ... Man sieht: Wird die richtige Taste ausgelöst, wird das Pragmatisch-Notwendige ausgeworfen und ausgedruckt.

Unschuldig

Ein Volk von Unschuldigen waren wir Deutschen schon immer. Unrechtsbewußtsein? Keine Spur. Solch unpassende Anwandlung überfiel weder Herrn Filbinger, als er mit Urteilen aus vergangenen Zeiten konfrontiert wurde, noch die Empfänger großzügiger Parteispenden, als sie vor Gericht geladen wurden. Warum sollte sich der amtierende Kieler Ministerpräsident Henning Schwarz aus dieser Tradition lösen? Weiß er sich doch mindestens ebenso unschuldig wie jene – und der Unschuldige soll, muß, darf sich nicht entschuldigen. Er vergäbe sich ja etwas.

In ihrem Eifer, die Kieler Wahlaffäre herunterzuspielen, fügen manche Unionsstrategen der Skandalgeschichte fast täglich neue Kapitel an. Mit Anstand, so scheint es, kommen sie da nicht mehr heraus.

Recht hat er, der Theo Waigel, wenn er meint, Politik würde durch »moralische Rigorismen« überfordert. Moral hat nichts mit Politik zu tun. Was aber haben Parteien mit dem Christentum zu schaffen? Es erhebt sich der dringende Verdacht, daß die Union durch christliche Attribute überfordert ist. Wenn die Partei daher in Kiel ihre Spitze nicht austauschen möchte, vielleicht denkt sie mal über einen Namenswechsel nach?

Astrid Hölscher

»Der Spiegel« bemerkte treffend zur CDU-Sprache: »Wenn Politiker in bedrängter Lage zu Bibelworten wie ›Heimsuchung‹ greifen oder mit Grabesstimme von der ›Fragwürdigkeit menschlichen Handelns‹ reden, ist Vorsicht geboten: Oft geht es da nur um eine schiere Schweinerei. Bundeskanzler Kohl hat diese frommen Sprüche mit Betroffenheits-Tremolo zur Waterkantgate-Affäre aufgetischt, und seine Wortwahl fügt sich nur zu gut in einen unionschristlich verbreiteten Sprachgebrauch, der den Skandal vermummen und quasi entschulden, ihn der namennennenden Erörterung über Schuld, Mitschuld, Täterschaft in eine Sphäre des Unbegreiflich-Schicksalhaften entrücken soll. So wurde ein schmutziger CDU-Wahlkampf, wurden Barschels schmutzige Tricks zu namenlosen ›Vorgängen‹, ›Dingen‹, ›Ereignissen‹ gebleicht; Barschels Taten und Lügen verschwammen im Mund etwa Gerhard Stoltenbergs zu ›Schatten der letzten Wochen‹.«

Aufschlußreich in diesem Zusammenhang auch, wie einer der »Indirekten« in diesem schlechten Stück unfrommer Denkungsart die miese Nachinszenierung, die er selbst mit einrichtete, durchhielt: Gerhard Stoltenberg. Es bewährte sich die identitätsstiftende Wirkung gutpassender Nadelstreifenanzüge. Immerhin hat die »Journaille« – Stoltenberg nannte den »Spiegel« ein »linkes Kampforgan« – das richtige Psychogramm geliefert: »Dieser einst als ›kühler Klarer aus dem Norden gepriesene Politiker‹ erweist sich nur noch als eiskalt.« (»Nürnberger Nachrichten«)

Um die Annäherung ans Thema etwas erbaulicher zu gestalten, sei ein kurzer philosophischer Deutungsversuch der postmodernen Politik-Liturgie eingeschoben. Der vorherrschende zynische Rationalismus kann in seinem Machtstreben über viele und vieles (Mitarbeiter, Überzeugungen, Kapital, Hardware, Software . . .) verfügen, weil die Gegenkraft ganzheitlicher Vernunft schwach geworden ist. Der »gebildete Mensch«, kognitiver wie intuitiver, intellektueller wie emotionaler Lebens- und Weltanschauung gleichermaßen fähig, um moralische Politik und politische Kultur bemüht, gilt wenig gegenüber dem cleveren, die Klaviatur der »Gelegenheiten« beherrschenden Fachmann – und sei er nur ein Fachmann für Diffamierungs- und Denunziationsstrategien. Werner Remmers, der frühere niedersächsische Kultusminister, der allein schon wegen seines Witzes nicht ins neue Juste-Milieu paßt, sprach davon, daß viele ein so dickes Fell hätten, daß sie auch ohne Rückgrat stünden. – Das Wechselspiel analytischer, synthetischer, prinzipieller und antizipatorischer Vernunft, das die Totalität von Vernunft ausmacht, fehlt weitgehend. Wenn politisches Handeln »vernünftig« ist, dann ist es meist durch okkasionelle Vernunft bestimmt. Helmut F. Spinner interpretiert die Krise des Vernunftbegriffes vor allem als Rationalitätsdifferenz zwischen prinzipieller und okkasioneller Rationalität. Auf der einen Seite eine normgebundene, regelgeleitete »Grundsatzvernunft«, deren Vorstellungen von bleibender prinzipieller Rationalität sich in allgemeinen, abstrakten, antizipierten (das heißt im voraus aufgestellten), person- und situationsunabhängigen Maßstäben für grundsatzrationales Denken und Handeln, Sehen und Fühlen nach Prinzipien, Normen, Regeln, Maximen, Methoden, Doktrinen und sonstigen »idées générales«, welche für alle Fälle gleicher Art gelten und zu allgemeinen Problemlösungen führen sollen. Auf der anderen Seite die normungebundene, nicht in Prinzipien vorgefaßte und nicht auf allgemeine Regeln verpflichtete »Gelegenheitsvernunft«, deren wechselnde okkasionelle Rationalität sich nach Lage der Dinge von Fall zu Fall bilde: als besondere Maßnahme, ohne allgemeine Maßstäbe, zur gelegenheitsrationalen Lösung des gerade anstehenden Einzelfalles, ohne diesen zu verallgemeinern und grundsätzlich auf alle vergleichbaren Fälle oder ähnlich gelagerte Fälle zu übertragen.

Okkasionelle Vernunft kann durchaus, da sie die prinzipielle Vernunft im Konkreten zu überprüfen vermag, ihren Vorteil haben; aber nur, wenn sie sich nicht absolut setzt beziehungsweise verabsolutiert wird. Dies geschieht jedoch immer mehr, da das utopische Potential zurückgeht. Jürgen Habermas hat dafür verschiedene Gründe aufgezeigt und eine »neue Unübersichtlichkeit« konstatiert: »Nach dem Zweiten Weltkrieg haben in westlichen Ländern alle regierenden Parteien ihre Mehrheiten mehr oder weniger prononciert im Zeichen sozialstaatlicher Zielsetzungen gewonnen. Seit Mitte der 70er Jahre kommen aber die Grenzen des sozialstaatlichen Projektes zu Bewußtsein – ohne daß bis jetzt eine klare Alternative erkennbar wäre. Ich möchte deshalb meine These dahingehend präzisieren, daß die Neue Unübersichtlichkeit zu einer Situation gehört, in der eine immer noch von der arbeitsgesellschaftlichen Utopie zehrende Sozialstaatsprogrammatik die Kraft verliert, künftige Möglichkeiten eines kollektiv besseren und weniger gefährdeten Lebens zu erschließen.«

Wem dies als zu komplex und kompliziert formuliert erscheint, braucht nur Straußsche Reden heranzuziehen; besonders beunruhigend, daß deren Verständlichkeit des populistischen Erfolges sicher sein kann: »Es ist ja immer wieder zu sehen, wie gerade die Linken drauf und dran sind, den Boden der nüchternen Vernunft zu verlassen, um in das Narrenschiff der Utopie einzusteigen. In dem Narrenschiff der Utopie, da fühlen sie sich wohl, da sind sie zu Hause, da schwafeln sie, da flunkern sie, da phantasieren sie, da versprechen sie, und was sie hinterlassen, ist Mist.«

Dennoch: Die konservative Unfähigkeit, mit Hilfe innovatorischer Phantasie Orientierungshilfen zu geben, hinterläßt beim Wahlvolk, auch wenn es auf okkasionelle Vernunft dressiert wird, zunehmend ein gewisses Unbehagen. Dieses kann (zumindest zur Zeit noch) durch »Inszenierung« verdrängt, »hinweggespielt« werden. Dabei »bewährt« sich das »Sprachspiel«, dessen Elemente »selbstreferentiell« sind, also beliebig, ohne Rücksicht auf Inhalte und Gehalte, zu montieren sind. I red' ja nur, i sag' ja nix!, heißt es in einem Stück von Ödön von Horváth.

Am Beispiel des zum postmodernen Modephilosophen gewordenen Dietmar Kamper hat Klaus Laermann die pseudophilosophischen Sprachspiele als »das rasende Gefasel der Gegenaufklärung« bezeichnet. Es sei durch geringste begriffliche Anstrengung gekennzeichnet. Die Texte wirkten, als schielten sie. Kaum je setze ein Satz den vorigen fort; meist erscheine er verdreht, oder beantworte eine Frage, die der vorherige Satz so nicht gestellt habe. »Dadurch gerät die Diskursivität der Texte ins Rutschen, sie münden in Begriffstrance. Die Verstiegenheit und Verquastheit gegenwärtiger Moden in den Sozial- und Geisteswissenschaften beruht auf der Entrückungsstrategie einer Sprache, die ihre Inhalte nicht mehr bis zur Kenntlichkeit entwickeln will, sondern sie lieber im schiefen Irgendwie beläßt. Das wirrselige Gewühl ihrer Gedankenfügung führt zu allerlei wirklichkeitsflüchtigen Mätzchen.«

Die Charakterisierung läßt sich mit noch viel größerer Berechtigung auf das politische Sprechen übertragen; vor allem auch Laermanns Resümee: Als geradezu grotesk erweise sich die »Vermessenheit«, im Ungefähren zu verharren – angesichts der enormen Gefahren, mit denen die Menschheit konkret konfrontiert sei und die in weiten Teilen zwar politisch, stets aber auch wissenschaftlich bewältigt werden müßten.

Bundeskanzler Helmut Kohl ist kein besonders geschickter Schauspieler in der Inszenierung des »schiefen Irgendwie«; zumindest beginnt sein Stern zu verblassen. Norbert Blüm dagegen versteht das Rollenspiel »zwischen Pose, Posse und Politik« zunehmend besser. Hans-Dieter Bamberg schreibt über den »Muntermacher«, daß er zwischen Staatsmann, Agitator, Prediger und Kommunikator schillere. »Gerade weil er es sich mit keinem verderben und immer ein gebührend wichtig genommener Vermittler, der zu jeder Lage etwas Treuherzig-Vernünftiges sagen kann, sein will; gerade weil er sich nie eindeutig entscheiden will, kann Blüm als fleischgewordener Pluralismus schwerlich konstant etwas gegen herrschende Machtpositionen durchfechten. Denn er ist von seinem Naturell und seiner Weltanschauung her auf das Wohlwollen derer angewiesen, die oben und mächtig sind.«

Blüm liebe die Maskerade, sein Leben sei immer auch Theater; die mit verbaler Akrobatik ausgefüllte »Ich-bin-schon-da«-Rolle beim Besetzen immer neuer Schlagworte sei ihm wie auf den Leib geschnitten. Die Beliebtheit Blüms möge auch daher rühren, daß viele seiner Faxen als entlastend empfunden werden. »Wenn die Lage schon so ernst ist und man ohnehin nicht glaubt, daß da viel zu ändern sei, warum nicht einen da oben haben, mit dem man schon mal über andere lachen kann. Daß es in der Sache, für die geredet wird, gleichwohl um Ernstes geht, das wird gern verdrängt.«

Blüms Weltbild bevorzuge Schwarz-Weiß-Modelle, bei denen aus Partnern Gegner, aus Gegnern Feinde werden können. Er ist »tief geprägt vom katholisch-kleinbürgerlichen Menschenbild. Sind für Heiner Geißler Feindbilder eher taktisches Instrument, um Stimmung zu beeinflussen, so greift Blüm Vorteile auf, weil sie seinen eigenen Empfindungen entsprechen« (Peter J. Grafe). Daß der Polit-Inszenierungsstil als »Auffüllung« des Vakuums an prinzipiellen und antizipatorischer Vernunft beziehungsweise zur Kaschierung von beängstigender Wirklichkeit wie unübersichtlicher Zukunft so gut funktioniert, ist in zunehmendem Maße der »Medienbühne« zu danken. Dort kann Politik erfolgreich agieren, ohne Inhalte vermitteln zu müssen; sie ist präsent ohne geistiges Profil und moralisches Engagement. Dies wird offensichtlich – nach dem Motto »all ist pretty« – von der Mehrheit des Publikums lustvoll akzeptiert. Der Bürger wandelt sich zum »Zerstreuungspatienten«, der durch Bilder bedient und von der Anstrengung des Begriffs entlastet wird. Das Fernsehen, meint Bernd Guggenberger (die Kommerzialisierung des Rundfunks wäre in diesem Zusammenhang gleichermaßen negativ herauszustellen), erweist sich als der Motor einer rundum populären Trivialisierung, die alles mit allem bis zur Unkenntlichkeit mischt. Es fungiert als der große Gemischtwarenladen der Motive und Meinungen, der Ideen und Stile, der konsequent Eindeutigkeit durch Masse ersetzt (»Einschaltquote«) und damit die Beliebigkeit ins Grenzenlose wuchern läßt: Nur die Fernsehwerbung bringt es fertig, Gulaschmix mit Schumanns »Arabeske« zu kombinieren, und nur die postmoderne Zeitgeist-Avantgarde, einen McDonald's-Besuch als Kult(ur)ereignis zu inszenieren. Das Nicht-Gekonnte wird das Gesollte, die Neue

Unübersichtlichkeit ist ins Ästhetische gewendet. Das »Anything goes« avanciert zum kategorischen Imperativ der notorisch Erkenntnis- und Urteilsgeschädigten.

»Pulverdampf liegt über der intellektuellen Szene, was nicht nur bedeutet, daß man wenig sieht, sondern eben auch, daß vorwiegend jene sie besetzt halten, die ihr Pulver verschossen haben. Wie das postmoderne Lebensgefühl ist auch das Fernsehen beides zugleich: Ausdruck der Krise und versuchter Ausweg; Ausdruck der Ratlosigkeit einer übergeschäftigen Welt, die mangels verbindlicher Kriterien für nützlich und schädlich, unerheblich und bedeutsam, aus der Not der Unentscheidbarkeit flugs die Tugend des ›Alles-und-Jederzeit‹ macht.« »Wegweisend«, nämlich mit dem Ziel einer geistig heruntergemendelten schönen neuen Welt, hat die Politik die große Chance öffentlich-rechtlicher Rundfunk- und Fernsehanstalten vertan und damit auch in diesem Bereich antizipatorische Vernunft – basierend auf den Erfahrungen in anderen Ländern – verspielt.

Im Vorwort der Neuausgabe (1949) seines 1932 erschienenen »Romans der Zukunft«, »Schöne neue Welt«, spricht Aldous Huxley davon, daß es heute keinen Grund mehr gebe, warum der neue Totalitarismus dem alten gleichen sollte. Ein Regieren mittels Knüppeln und Erschießungskommandos, mittels künstlicher Hungersnot, Massenverhaftungen und Massendeportationen sei nicht nur unmenschlich – darum schere sich heutzutage niemand viel –, sondern beweisbar leistungsunfähig und damit in einem Zeitalter fortgeschrittener Technik eine Sünde wider den heiligen Geist. In Zukunft werde die Liebe zur Sklaverei in den Gemütern und Leibern der Menschen fest verankert sein, als Ergebnis einer tiefgreifenden persönlichen Revolution. Um diese herbeizuführen, bedürfe es unter anderem folgender Entdeckungen und Erfindungen: Erstens einer sehr verbesserten Methode der Suggestion durch Konditionierung der Reflexe des Kleinkindes und später mit Hilfe von Medikamenten; zweitens einer voll entwickelten Wissenschaft von den Unterschieden der Menschen, die es den von der Regierung bestellten Managern ermögliche, jedem beliebigen Individuum seinen oder ihren Platz in der gesellschaftlichen und wirtschaftlichen Rangordnung zuzuweisen; drittens eines Ersatzes für Alkohol und anderer Rauschmittel, was zugleich weniger schade und mehr Genuß bringe als Branntwein oder Heroin; und viertens eines betriebssicheren Systems der Eugenik, darauf berechnet, das Menschenmaterial zu normen und so die Aufgabe der Manager zu erleichtern. Beim Erscheinen des Buches verlegte Huxley die Utopie sechshundert Jahre in die Zukunft; heute scheint es ganz gut möglich, daß uns ein solcher Schrecken binnen eines einzigen Jahrhunderts auf den Hals kommt, das heißt wenn wir in der Zwischenzeit davon absehen, mit Hilfe von Atombomben die Welt und Menschheit zu atomisieren.

Abgesehen von der damit angedeuteten globalen Gefahr wird der fatale Regelkreis bundesrepublikanischer Alltäglichkeit immer deutlicher: Die infolge der technischen Entwicklung von Arbeit »Freigesetzten« werden mit Hilfe der Kulturindustrie stillgesetzt, das heißt durch Telekratie abgesättigt. Die vom emanzipatorischen Handeln abgelenkten, in konsumtiver Idyllik verführten, von Arbeit entlasteten, vor den Fernsehern und Rundfunkgeräten amüsierten Müßiggänger sind in einem gewissen Umfang wieder zu mobilisieren, damit die, wenn auch reduzierten, staatsbürgerlichen Rechte und Pflichten einigermaßen wahrgenommen werden; Milliarden DM müssen deshalb für Durchblutungsmittel, Psychopharmaka und andere Chemotherapeutika ausgegeben werden, damit affirmative Erschlaffung nicht zum totalen gesellschaftlichen Black-out führt.

Die dunkle Zukunft, illuminiert, aber nicht erhellt durchs Flackerlicht der Warenästhetik, hat längst begonnen. Nur der *Wille* zur Zukunft, zu einer *anderen* humanen Zukunft, könnte Umkehr bewirken. Politik müßte aus dem Psychodrom der einstudierten und liturgisch zelebrierten wie kaschierten Leere ausbrechen. Hoffnungen und Ängste, Kräfte und Bedürfnisse, Leidenschaften und Phantasien hätten dann die Chance, sich wieder frei zu äußern – im Interesse einer dialektisch sich entwickelnden Vernunft, die sich an der Totalität gelungen Lebens orientiert.

Noch liegen solche Tage fern.

Helga Grebing

»Der Geist steht rechts«?
Einige Reflexionen über Konservatismus – heute

Folgt man der Titel-Botschaft eines kürzlich erschienenen Buches aus der Feder eines als »links« angesehenen Publizisten in einem linken Verlag, so steht der Geist neuerdings rechts, jedenfalls nicht mehr links.[1] Nun könnte man sich ja damit beruhigen, daß es sich hier um eine der sattsam bekannten Effekthaschereien bei der Gestaltung von Buchtiteln handelt. Leider ist dies nicht so: Nach Auffassung auch anderer linker Autoren scheint der Geist einen gespenstischen Frontenwechsel vorgenommen zu haben, seitdem es Rechten gelingt, »einen erklecklichen Teil ihrer ›Theorielücken‹ aus grün-alternativen Quellen« abzudecken, ja – entsetzlicherweise, wie es manchen Linken erscheinen muß – die Gallionsfigur der Linken von deren Schiffen abzumontieren und, gelegentlich, zu nutzen, wie es Robert Spaemann, einer der Herren Philosophen der Neuen Konservativen, tat, indem er sich bei seinem »Mut zur Erziehung« auf einen der Briefe Rosa Luxemburgs aus dem Gefängnis berief, in dem von der Kunst die Rede war, »in allen Lagen das Schöne und Freudige des Lebens wahrzunehmen«.

Ach ja, damit tun sich die Linken schwer; viel lieber geben sie sich mit Gespenstern ab. Da hatte Peter Glotz schon 1986 die provozierende These parat: »In den nächsten Jahrzehnten kann man den Einfluß der Rechten *begrenzen,* aber nicht ausschalten.«[2] Ein junger linker Theoretiker des Neo-Konservatismus sah Anzeichen dafür, daß zumindest die achtziger Jahre das Jahrzehnt der Neo-Konservativen sein werden.[3] Wie eine Bestätigung dieser Thesen erscheint die Feststellung des sozialdemokratischen Sozialwissenschaftlers Fritz Scharpf in seinem soeben erschienenen Buch über »Sozialdemokratische Krisenpolitik in Europa«, vieles spräche dafür, »daß die weltwirtschaftlichen Rahmenbedingungen, die sich in den achtziger Jahren herausgearbeitet haben, auf absehbare Zeit weiter gelten werden«.[4] So hätte sich der Geist nun Macht und Geld zugesellt? Im Umkehrschluß wäre dann die Linke geistlos geworden, ohnmächtig und arm geblieben.

Schon triumphiert die Rechte: »Die Linke ist in die Defensive geraten, weil sie keine utopischen Energien mehr zu erwecken vermag. Heute kann sich utopisches Denken nur auf das Konkrete und nicht auf die Überwindung des gesellschaftlichen Systems richten. In dieser Art von Denken ist die Rechte der Linken überlegen.«[5] Es ist nicht auszuschließen, daß die Linke mit ihrem auf Aufklärung und Humanität begründeten Konzept des politischen Rationalismus nach den wachsenden Zweifeln an ihrem Fortschrittsoptimismus, ihrer kritischen Einsicht in die antinomische Struktur des menschlichen Wesens und ihrer Entdeckung neuer Sinnerfahrungen wie Religion, Geschichte und Heimat sich jenen Postulaten annähert, die die Konservativen beziehungsweise Rechten inzwischen verlassen haben. Damit stünde die Linke ihrem ursprünglichen Gegner näher, stünde aktuell einem anderen Gegner gegenüber als ihrem historischen.

Der frühe Konservatismus des ausgehenden 18. Jahrhunderts hatte überall als seinen Anfang die Linke; sie waren gleichen Ursprungs, die Linke und die Rechte, und beide waren nur möglich auf dem Boden der bürgerlichen Gesellschaft. Gegen den rabiaten Revolutionismus der verrückt gewordenen Aufklärer mit ihren emanzipatorischen Gelüsten wollten die Konservativen, als Rechte Gegenpol der Linken, die Moral, die Geschichte, die Tradition, die konkrete Humanität, die in Herkunft und öffentlichem Ansehen begründete Legitimität politischen Handelns vertreten. Die älteren Konservativen nahmen oft genug den verlustreichen Kampf auf gegen die Protagonisten der zynisch-opportunistischen Realpolitik im eigenen Lager, wofür die Auseinandersetzung zwischen den preußischen altadligen Konservativen und Bismarck steht. Selbst als sich Affinitäten des Konservatismus mit dem Nationalismus und Anti-Demokratismus des deutschen Faschismus herausstellten, blieb ein großer Teil des preußischen Adels standhaft: nicht nur, weil man als geborene Elite den nationalsozialistischen Pöbel verachtete, sondern weil es unübersteigbare Schranken gab, Scheidelinien, die den anständigen, auf preußische Tugenden verpflichteten Konservativen um Welten trennten vom deutschen Radikalfaschismus. Und auch die jung-konservative Revolution der zwanziger Jahre, die mit dem Instrumentarium der Linken wieder herstellen wollte, was sie dann einst zu konservieren gedachte, hielt sich im allgemeinen entfernt vom Nationalsozialismus, abgesehen davon, daß sie für diesen eine zu vernachlässigende Minderheit war.

Der nach-faschistische Konservatismus schien einige Lektionen aus seiner Geschichte gelernt zu haben, die sich ihm aus der unvermeidlich kompromittierenden Nähe zum Nationalsozialismus aufdrängten: Man war nicht mehr antidemokratisch, wenn auch strikt konstitutionalistisch, indem man von der Demokratie nicht viel mehr als den Rechtsstaat übrigbehalten wollte; man vergewisserte sich der Motive des lutherischen Staatskirchentums und seines pessimistischen Menschenbildes oder benutzte die auf schlichtem Glauben beruhende katholische Religiosität als Integrationskraft; man rang sich schließlich zu einem halbherzigen Kompromiß mit dem Projekt Moderne durch.

Irritierend schon für den Zeitgenossen, und erst recht für den Nachbetrachter, war beziehungsweise ist, daß diese Reduktionen emanzipatorischen Potentials, wie es in der Gesellschaft der Bundesrepublik in den fünfziger und sechziger Jahren immerhin bestand, offenbar nicht den erwarteten Ertrag einbrachten und Adenauer, den wirklich aller Ehren werten frommen katholischen Mann aus Köln, zwangen, moralische Brüche in Kauf zu nehmen wie die Dauer-Affäre Globke und die »Spiegel«-Affäre. Dies waren, wie wir heute wissen, keine Betriebsunfälle, sondern der Anfang einer Methodik unter der Devise »im Zweifel für die Erhaltung der politischen Macht«, die die gesellschaftliche Hegemonie garantierte.

Der Konservatismus der siebziger Jahre in der Bundesrepublik schien aus der revolutionär anmutenden linken Herausforderung der antiautoritären 68er Bewegung gelernt zu haben: Er wollte als (endlich?) aufgeklärter Konservatismus verstanden werden. Der Tendenz nach handelte es sich um eine Ersatzideologie für die abgebauten bürgerlichen Ideologien in der nachbürgerlich werdenden Gesellschaft, die aber rasch zu der deutschen Fassung eines autoritären nationalen Populismus verkümmerte: »Freiheit statt Sozialismus« hieß seine Parole, und die Linke wurde abgestempelt als »breites Umfeld« von »willfährigen Helfern und kritiklosen Sympathisanten« des Terrorismus. Wer mit solchen Parolen angezogen werden sollte, war deutlich: die von der antiautoritären Linken um die Prämie der Fortschrittsfreundlichkeit gebrachte besitzorientierte Arbeiterschaft, anonyme Mittelschichten der »einfachen Leute« und vielleicht auch jene Armen, die von den Protagonisten der »Neuen Sozialen Frage« entdeckt wurden.

Dies war noch nicht das Ende der Metamorphose des Konservatismus: Die Variante des »technokratischen Konservatismus«, der an der Spitze des Fortschritts marschieren will, hatte mehr Konjunktur. Seine Konturen sind deutlich erkennbar: Das kapitalistische Industriesystem ist anerkannt (und die beißende altkonservative Kritik am Kapitalismus vergessen), die brisantrasante Durchsetzung des von den High-Tech-Produktivkräften bewirkten Modernisierungsschubes wird prolongiert (und die alte technik- und zivilisationsfeindliche Attitüde läßt man in der Versenkung verschwinden). Was bleibt zu tun, ist die Frage der technokratischen Neo-Konservativen, um die bislang (den Linken inzwischen umgekehrt erscheinenden) emanzipatorischen Auswirkungen der Entfesselung der Produktivkräfte zu drosseln. Anders gefragt: Was ist von Konservativen zu konservieren? Die Antwort richtet sich auf den Überbau, auf das sogenannte »Kultursystem«. Da sind noch die alten Ladenhüter in kaum domestizierter Bedeutung, zum Beispiel Sorel, Fichte mit Vorliebe, Spengler nicht zu vergessen. Das gibt die Sporen für das verfassungspolitische Ziel eines autoritären Etatismus, der samt Einsetzung der Elite in ihr fundamentales Recht auf Hegemonisierung der Gesellschaft und Stiftung einer nationalen Identität (durch diese Elite) die mit der Entfaltung der Produktivkräfte unter Umständen anfallenden Demokratisierungsansätze antiemanzipatorisch abwehren soll, auf daß der Staat nicht unregierbar werde. Dazu wird von den Protagonisten des Kultursystems ein Angebot an Tugenden bereitgestellt zur Absicherung der ökonomischen Grundlagen: Mut zur Erziehung, Leistung, die wieder etwas gelten soll und gesellschaftliche Achtung verspricht. Was macht man da nur mit dem zur Funktion der Kapitalakkumulation unabdingbaren Konsumismus und was mit den privaten Medien, die so sichtbar gegen die europäische Gesittung verstoßen? Vielleicht hilft da – nach den »angsterzeugenden Erfahrungen« durch die antiautoritäre Bewegung sich anbietend – der traditionelle bürgerliche Anti-Marxismus als Krisenvermeidungsanstrengung; denn so ganz sicher kann man ja nicht sein, ob nicht doch das Ende der Strecke des Fortschritts der modernen industriellen Zivilisation gekommen ist. So meint man die Krise wegschaffen zu können, indem man empfiehlt, ihr gegenüber eine andere Haltung einzunehmen, und indem man die sozialen Probleme der Massenarbeitslosigkeit zum Beispiel aufrechnet gegen sittliche Werte und innere Bindungen.

Wenn sich der gewünschte Effekt noch immer nicht einstellen mag, ist das Arsenal noch nicht erschöpft: Ein neuer Nationalismus, der sich auf Emotionen stützt und der keine Vernunftsgründe hat, und eine neue, möglichst kinderglaubenhafte Religiosität stehen noch zur Verfügung. Wenn es dann immer noch nicht gelungen ist, die kulturelle Hegemonie krisengesichert zu stützen, dann bleiben, im wirklich äußersten Fall, verpackt in humanistische Rhetorik und linke Terminologie oder wissenschaftliches Gewand, je nach Bedarf immer noch rassistische, chauvinistische und antidemokratische Ideologeme, wie probat schon benutzt.

Hurra!

An der Möglichkeit, Nationalstolz zu mißbrauchen, ist nicht zu zweifeln, aber ebensowenig an der Notwendigkeit des Nationalstolzes für das Überleben.

*

Enttäuschung aber, Abkehr von dem Staat und den ihn tragenden Institutionen erhöhen die Anfälligkeit für politischen Extremismus.

*

Personen mit ausgeprägtem Nationalstolz sind zufriedener, froher als Personen ohne entwickelten Nationalstolz, die sich seltener vorbehaltlos als glücklich bezeichnen, häufiger an dem Sinn des Lebens zweifeln und auch ihre häusliche Situation ungünstiger beschreiben.

*

Der enge Zusammenhang zwischen nationalem Stolz und Verteidigungsbereitschaft, Vertrauen in die Institutionen, der generellen Bereitschaft zur Einordnung in die Person übergreifende Zusammenhänge legt für einen Staat geradezu zwingend die Förderung der nationalen Idee nahe.

Elisabeth Noelle-Neumann

Verdient diese Doppelkonstruktion – Akzeptanz des Übergangs zu elektronisch-automatischen Produktionformen auf der Basis der kapitalistischen Produktionweise kombiniert mit den

Bemühungen um die Konservierung oder Reaktivierung der überkommenen sozialkulturellen Sphäre – den Namen Konservatismus, und sei es auch nur in der Variante eines Neo-Konservatismus? Für Peter Glotz ist der alte Konservatismus »von Burke bis de Gaulle« tot. Den führenden Block beherrsche in den meisten europäischen Ländern der Neo-Konservatismus »– und das ist der alte Liberalismus, bloß drohender, gereizter und vulgärer«.[6] Es handelt sich um den großangelegten Versuch der Rekonstruktion des nachindustriellen Kapitalismus mit dem Ziel seiner Befreiung aus den Fesseln des Sozialstaates. Die Anstrengung zu unterscheiden, ob die Konservativen liberal geworden sind oder die Liberalen konservativ, ist deshalb müßig.

Funktioniert die schizophren anmutende Konstruktion der gewollten Aufhebung des Widerspruchs zwischen der einem Modernisierungsschub unterworfenen kapitalistischen Ökonomie und dem traditionellen kulturkonservativen Überbau nicht, dann werden Machtmißbrauch, Verquickung von persönlichen und Staatsinteressen, die Inanspruchnahme des Staatsapparates für parteiliche Zwecke und – im Extremfall – die gezielte Anwendung von Methoden, die die personale Existenz und persönliche Würde des politischen Gegners zerstören sollen, inzwischen offenbar wie selbstverständlich eingesetzt.

Es mag genug konservative Denkfabriken mit hoher Effizienz geben, die den Anstrengungen der Linken, ihre Politik auf die richtigen Begriffe zu bringen, überlegen sind, aber die gewünschte in sich konsistente Projektion des »konservativen Reformismus« ist nicht produziert worden. Im Gegenteil, es wächst bei konservativen Fundamentalisten, wie zum Beispiel Günter Rohrmoser, für die nur die Religion die Stabilisierung des Daseins übernehmen kann, die Sorge, die CDU könne die Prämie auf die Wende verschenkt haben: »Die CDU hat ihr christliches Menschenbild, als das bedeutendste Element ihrer christlichen Identität, durch das Hedonistisch-Emanzipatorische der feministischen Kulturrevolution ersetzt, ein Vorgang, der in einem unauflösbaren Widerspruch zu der Erklärung des Bundeskanzlers steht, von der Opferbereitschaft der Mütter hänge die Zukunft unseres Volkes ab. Die CDU zeigt ja überhaupt die Neigung, sich ideologisch an Züge anzuhängen, deren Lokomotive schon abgefahren ist.«[7] Statt umfassender geistiger, konzeptioneller und politischer Erneuerung sieht nicht nur Rohrmoser einen Verlust der Bonner Politik an christlicher Substanz – die christlich inspirierte konservative Antwort auf den geschichtlich-epochalen Umbruch, dem die Aufklärung nicht gewachsen sei, müsse erst wieder entdeckt und formuliert werden.

Darauf mag warten, wer an Weihnachtsmärchen glaubt. Die wirkliche Zukunftsperspektive für den Neo-Konservatismus, der sich nach amerikanischem Vorbild besser »Libertarianism« nennen sollte, zeigt der Thatcherismus. Margaret Thatcher ist die Hauptvertreterin und einflußreiche Führerin einer neuen europäischen Bewegung nach amerikanischem Zuschnitt: Sie ist eine eingeschworene Anhängerin Milton Friedmanns, des amerikanischen Apostels des modernisierten alten »laissez-faire«-Liberalismus, sie vertritt – wie übrigens Ronald Reagan auch – den trivialen Moralismus der aufstiegsbewußten Mittelschichten und demonstriert einen gut (klein)bürgerlichen Patriotismus. Jacques Chirac und Helmut Kohl lassen grüßen. Der altehrwürdige, meist anständige Konservatismus lebt wirklich nicht mehr. Symbolhaft mag man das nachvollziehen an dem Auftritt des 90jährigen, inzwischen verstorbenen, Harold Macmillan im House of Lords, als Frau Thatcher dem Bergarbeiterstreik ein Ende setzte. In seiner Rede klagte der letzte große Tory die soziale Verantwortung des wahren Konservativen für die Bergarbeiter ein, die von der von Macmillan verabscheuten Premierministerin wie nationale Feinde behandelt würden.[8]

Ja, Macht und Geld stehen gewiß rechts (wenn auch unter Umständen die politische Herrschaft mit der Linken geteilt werden muß, oder wie es manchmal geboten zu sein schien und vielleicht noch scheint, sie aus legitimatorischen Gründen mit der Linken zu teilen), aber der Geist steht nicht dort, mag es auch Gründe geben, die Linke darauf aufmerksam zu machen, daß daraus nicht automatisch der Umkehrschluß gezogen werden kann, daß der Geist nun in jedem Fall bei ihr stehe. Die Aufklärung in ihrer emanzipatorischen Gestalt hat keine schnellen Lösungen bereit, sie muß historische Brüche verarbeiten, ist gebogen, aber nicht zerbrochen. Sie wird im Stande sein, die Tiefe und Bedeutung des geschichtlich-epochalen Umbruchs, in dem wir stehen, zu begreifen und perspektivisch zu gestalten. Wer denn sonst?

Anmerkungen

1 Claus Leggewie: »Der Geist steht rechts. Ausflüge in die Denkfabriken der Wende«, Berlin 1987.

2 Peter Glotz: »Die Bedeutung Antonio Gramscis für eine neue Strategie der europäischen Linken«, in »Ästhetik und Kommunikation«, 16. Jg. 1986, H. 61/62, S. 12.

3 Helmut Dubiel: »Was ist Neokonservatismus?« Frankfurt/M. 1985; zur weiteren Diskussion vgl. auch Richard Saage: »Rückkehr zum starken Staat?« Frankfurt/M. 1983; ders.: »Arbeiterbewegung, Faschismus, Neokonservatismus«, Frankfurt/M. 1987; Wolfgang Fritz Haug: »Vom hilflosen Antifaschismus zur Gnade der späten Geburt«, Berlin 1987.

4 Fritz Scharpf: »Sozialdemokratische Krisenpolitik in Europa«, Frankfurt/M. 1987.

5 Zit. bei Claus Leggewie: »Der Geist denkt rechts«, in: »Die Zeit«, 16. 10. 1987; es handelt sich um die Aussage von Alexander Gauland, dem Chef der hessischen Staatskanzlei und ›Vordenker‹ von Walter Wallmann.

6 Vgl. Anm. 2, Zitat S. 13.

7 Vgl. Günter Rohrmoser: »›Das Debakel‹ = Text einer Analyse«, unwesentlich gekürzt veröffentlicht in: »Der Vorwärts«, 6. 7. 1985.

8 Vgl. hierzu Seymour Martin Lipset: »Ist Amerika konservativ?«, in: »Aus Politik und Zeitgeschichte«, B 52, Dez. 1987.

Rudolf von Thadden

Wie gehen wir mit unserer Vergangenheit um?

Spätestens seit Alexander und Margarete Mitscherlichs natio-
nalpsychologischem Werk über der Deutschen »Unfähigkeit zu
trauern« wissen wir, daß es für das Verhalten von Nationen in
ihrer Gegenwart nicht gleichgültig ist, wie diese mit ihrer Vergangenheit umgehen. Wer seine schuldbeladene Geschichte
nicht annimmt, riskiert, von dieser eingeholt zu werden; eine
Abwehr von Schuld, Scham und Angst kann, nein: muß zu
einem gestörten Verhältnis zur Wirklichkeit führen, zu einer Ver-
armung des Gefühls in der Wahrnehmung von mitmenschlicher
Solidarität, zu einer Unfähigkeit, um erlittene Verluste zu trauern.[1]

Aber der Umgang mit Vergangenheit ist nicht vorausset-
zungslos; er ist selber an geschichtliche Traditionen gebunden. Je
nachdem, wie stark eine gesellschaftliche Gruppe, eine Klasse
oder eine Nation ihre Gegenwart aus der Geschichte heraus
begreift oder begründet, ist sie auf Interpretationen der Vergangenheit angewiesen, lebt sie in deren Bann. So haben die Deutschen auf ihrem Weg zur nationalen Einheit im 19. Jahrhundert
unablässig die Geschichte bemüht, nicht nur um ihre ungesi-
cherte Gegenwart zu fundieren, sondern auch um ihre neuen
politischen Ansprüche zu legitimieren. Alle Lebensbereiche des
neuen Reichs gerieten schließlich in den Bann historisierender
Betrachtungen, so daß die Geschichte regelrecht Ideologiecha-
rakter bekam.

Helmuth Plessner hat für diese Geisteshaltung den Begriff
eines »Verlegenheitshistorismus« geprägt und damit zum Ausdruck gebracht, daß Geschichte bemüht wurde, um etwas zu
kompensieren. In seinem in der Emigration geschriebenen Werk
»Die verspätete Nation« stellt er fest, daß ein Zusammenhang
zwischen der offenkundigen Traditionslosigkeit des neugeschaf-
fenen Reichs und dem Bedürfnis nach geschichtlicher Rechtfertigung des Lebens bestanden habe. Dieser Verlegenheitshistoris-

mus sei überdies in einem sozialgeschichtlichen Sinne »wurmstichig«, weil er »zugleich mit der politischen Funktionslosigkeit des neuen Bürgertums die völlig neuartige, im eminenten Sinne traditionslose Erwerbsart des Kapitalismus und Industrialismus zu verdecken hatte«[2].

Mit dieser Analyse wird nicht geleugnet, daß es Erscheinungen eines übersteigerten Historismus auch in anderen Ländern gegeben hat, allen voran Erscheinungen einer rückwärts gewandten Sehnsucht nach Vergangenem im Zeitalter eines die menschlichen Wurzeln bedrohenden technischen Fortschritts. Aber sie unterscheidet davon den besonderen Stellenwert der Historie im Gesellschaftsgefüge des deutschen Kaiserreichs, die eigentümliche Verbindung von Traditionsmangel und Überbetonung der Geschichte als Legitimationsersatz. Die Vergangenheit steht hier im Dienste der Gegenwart.

Aber dies sollte nicht die einzige Form des Umgangs der Deutschen mit ihrer Geschichte bleiben. In der Zeit der Weimarer Republik, als die Mehrheit der Bürger die Chance der neuen demokratischen Ordnung nicht zu ergreifen bereit war, hielt man es für angezeigt, die für überlegen gehaltene Vergangenheit in Kontrast zur grauen Wirklichkeit der Gegenwart zu setzen. Historiker und historisierende Intellektuelle überboten sich geradezu darin, die Mühsal der jungen Republik mit einem idealisierten Bild des versunkenen Kaiserreichs zu konfrontieren, ja mehr noch: Sie griffen konsequent die schwierige Welt der Gegenwart im Namen einer vermeintlich heilen Welt der Vergangenheit an. Die zur Vergangenheit reduzierte Geschichte wurde eine Fluchtburg zur Abwehr der Gegenwart.

So kam es, daß man diese Gegenwart eines demokratischen Neuordnungsversuchs verfehlte und ein Amalgam von sozialem Traditionalismus und technischem Modernismus auf den Schild hob, das unter dem bewußt ambivalenten Firmenschild »Nationalsozialismus« die Deutschen zugleich um ihre Geschichte und ihre Gegenwart betrügen sollte. Man verhielt sich traditionalistisch, wo Bereitschaft zur Veränderung geboten war; und man war modernistisch, wo der Sinn für Bewahrung geschärft werden mußte.

Unter diesen Umständen konnte es nicht überraschen, daß nach dem Scheitern des nationalsozialistischen Abenteuers das Verhältnis der Deutschen zur Geschichte gestört war. Nun enthielt man sich nicht nur der Rekurse auf die Vergangenheit, um mit der harten Realität der Gegenwart besser fertig zu werden; nun scheute man auch nicht davor zurück, die Beschäftigung mit früheren Zeiten als lästig für die Bewältigung aktueller Aufgaben zu empfinden. Vergangenheit wurde mit Vorliebe verdrängt.

Aber so sehr auch die Verdrängungskünstler Erfolg zu haben schienen, die Vergangenheit ließ sich nicht einfach ausblenden. Und jedenfalls gab es eine, nämlich die jüngste, »die nicht vergehen« wollte und die sich auch dann noch zu Wort meldete, wenn sie durch übermächtige Gegenwartsinteressen verdeckt zu sein schien. Die Erinnerung an Auschwitz war stärker als die opportunistische Geschichtsvergessenheit der deutschen Neureichen.[3]

Allerdings sollte sich diese Frage mit dem wachsenden Abstand der Jahre zur Hitlerzeit über die einfachen Alternativen »Erinnern oder Verdrängen« hinausentwickeln. Wie die Diskussion des aktuellen »Historikerstreits« erwies, ging und geht es zunehmend um die Art und Weise des Erinnerns, um die Reflexion des Stellenwerts der Nazi-Vergangenheit im Gesamtzusammenhang der deutschen Geschichte. Es geht, um es mit den Worten Hans-Ulrich Wehlers zu sagen, »um die historische Stellung des Nationalsozialismus, seiner Massenverbrechen, seiner Vernichtungskriegführung an sich, aber auch und gerade um ihre Bedeutung für unsere Gegenwart und für die Zukunft der Bundesrepublik«[4].

Diese Diskussion erfährt nun interessanterweise eine Verlängerung ins Ausland hinein, zugleich jedoch auch eine Verbreiterung und Variation ihrer Argumente. So wird vor allem in Frankreich die Frage erörtert, wieweit die deutsche Vergangenheitsdiskussion dazu beitragen könnte, die Deutschen in Europa zu »singularisieren«, sie also in der europäischen Völkerfamilie erneut abzusondern, statt sie zu integrieren und einzubinden. Diese Frage wird vornehmlich unter dem Stichwort der »Normalisierung« des Umgangs mit der deutschen Geschichte diskutiert, einer möglichen oder auch unmöglichen Angleichung des deutschen Geschichtsbezugs an die entsprechenden westeuropäischen Formen.[5]

Es kann bei der besonderen französischen Empfindlichkeit gegenüber deutschen »Sonderwegen« nicht erstaunen, daß diese sachlich geführte Diskussion nicht frei von politischen Interessen ist. So fällt auf, daß europapolitisch besonders engagierte Franzosen wie Brigitte Sauzay eine regelrechte Angst vor erneutem »Abdriften« der Deutschen durch eine allzu intensive und selbstkritische Auseinandersetzung mit den Abgründen ihrer Geschichte haben.[6] Gut gemeinte Argumente, daß doch auch andere europäische Nationen und nicht zuletzt auch die Franzosen Sünden wider den Geist der liberalen Demokratie und der Menschenrechtstradition begangen hätten, sind offenbar – und häufig mehr halbbewußt als bewußt – von dem Wunsch geleitet, die Deutschen zu »normalen« Europäern zu machen, sie also zu »entsingularisieren«. Wie schön wäre es doch, innerlich befriedete Deutsche als Partner im politischen geeinten Europa zu haben!

Aber diesem »normalisierten« Umgang mit der deutschen Geschichte, so verlockend er auch sein mag, muß widerstanden werden. Zwar ist es richtig, daß auch andere Nationen Anlaß haben, selbstkritisch über ihre Vergangenheit nachzudenken und die Brüchigkeit demokratischer Traditionen nicht nur bei den Deutschen zu beanstanden; aber daraus folgt doch nicht, daß eine Nation wie die deutsche nicht in besonderer Weise gehalten ist, ihren Weg zur Ermöglichung der nationalsozialistischen Barbarei unnachsichtig aufzuhellen und – bei allen gebotenen Vergleichen – mit seinen Folgen einer unvergleichlichen Unmenschlichkeit unzweideutig zu benennen. Eine geschichtlich tragkräftige Integration Europas kann nicht auf der Einebnung der nationalgeschichtlichen Besonderheiten beruhen, und seien diese noch so drückend.

Vielmehr führt nur der umgekehrte Weg zum Ziel einer geistig und politisch lohnenden europäischen Zukunft. Nicht eine Relativierung der Lasten, die auf einer nationalen Vergangenheit liegen, sondern die Bereitschaft zur Annahme einer Nation mit ihren geschichtlichen Besonderheiten und Schuldverstrickungen macht die Bahn für eine stabile Gemeinschaft der europäischen Völkerfamilie frei. Wenn das klar ist, kann auch eine Europäisierung der Schulddiskussion erfolgen, die Brigitte Sauzay aus überzeugter Solidarität mit den Deutschen für wünschenswert erklärt hat.[7]

Freilich ist auch eine so großzügig ausgeweitete Diskussion nicht ohne Fallstricke. Zum einen erweist sich der nationale Diskurs über die Bedeutung der Geschichte für die Gegenwart in den beiden Ländern als verschieden. Während in Frankreich ein ungebrochenes kollektives Gedächtnis der Nation lebendig ist und gegenwartspolitische Probleme häufig im Lichte der Geschichte erörtert werden, ist in Deutschland Geschichte als Erinnerung zunehmend gegen die als Wissenschaft betriebene verblaßt, so daß Vergegenwärtigungen der Vergangenheit hier leicht etwas Künstliches haben.

Zum anderen hat aber auch die Frage der Schuld eine andere Dimension in der geistigen Tradition Frankreichs als in der Deutschlands. In der frühzeitig säkularisierten Welt des französischen Nationalstaats ist der Schuldbegriff fortschreitend aus dem Vokabular des politischen Verhaltens verdrängt und durch den des Fehlers ersetzt worden. Dies ging soweit, daß der lateinische Begriff der »culpa« in der neufranzösischen Umgangssprache ausstarb und später erst künstlich durch die akademische Wortbildung der »culpabilité« wieder in den Wortschatz eingeführt wurde.

In Deutschland hat der Schuldbegriff jedoch durch den umgekehrten Prozeß der Revitalisierung christlicher Wertvorstellungen in der Folge der Reformation seine Bedeutung nicht nur behalten, sondern verstärkt. Schuld ist hier auch in der Umgangssprache immer lastender als ein Fehler gewesen und konnte mit ihrer moralischen Qualität auch in Bereiche der politischen Meinungsbildung hineinreichen. Es bedurfte keiner akademischen Anstrengungen, um den Begriff in der säkularisierten Welt des deutschen 19. und 20. Jahrhunderts diskussionsfähig zu machen.

So kommt es, daß Franzosen unabhängig von der Auseinandersetzung mit den Verbrechen der Hitlerzeit vergleichsweise wenig Verständnis für die Konzentration des deutschen Vergangenheitsdiskurses auf die Schuldfrage haben. Sie zeigen Reserven gegenüber einer zu starken Moralisierung der Debatte und fürchten, daß eine nüchterne Kalkulation der politischen Fehler darüber zu kurz kommen könnte. Entsprechend ist jenseits von Rhein und Saar häufig der Satz zu hören, daß man die Deutschen aus ihrer Schuldbefangenheit befreien müsse: »déculpabiliser les Allemands«, wie es im Kurztext heißt.[8]

Solche Äußerungen können, wenn sie nach Deutschland übertragen werden, gefährliche Wirkungen haben. Hier erscheinen sie eher als Zeichen eines Entlastungswillens denn als Ausdruck einer stärker säkularisierten Grundhaltung im Umgang mit fehlerhaften oder verbrecherischen Vorgängen der Vergangenheit. In der deutschen politischen Kultur gibt es wenig Empfindlichkeit für den keineswegs nur ironisch gemeinten

Sinn des Talleyrand zugewiesenen Ausspruchs: »C'est pire qu'un crime, c'est une faute«.

Im deutsch-französischen Dialog über die Lasten der Vergangenheit können also gravierende Mißverständnisse eintreten. Wenn die geschichtlichen Hintergründe und das jeweilige geistige Umfeld von Argumentationen nicht mitbedacht werden, kann eine Wirkung erzielt werden, die nicht im Interesse des Aufbaus eines demokratischen Europas liegt. Denn »déculpabilisation« ohne Umstellung auf die Frequenzen des geistigen Stromnetzes in Deutschland führt zur Stärkung der neokonservativen »Wir sind wieder wer«-Rechten, die auf nichts so erpicht sind wie auf eine moralische Entlastung von den »Sünden« der Vergangenheit. Sie würden gewinnen, wenn der europäische Vergangenheitsdiskurs ohne geistige Übertragungen geführt werden sollte.[10]

Mit solchen Übertragungen wird die »Europäisierung der Schulddiskussion« freilich nicht nur sinnvoll, sondern sogar geboten sein. Dann wird sich herausstellen, daß in der französischen Distanz gegenüber zu starker deutscher Moral unter Umständen mehr Abwehrkräfte gegenüber Wiederbelebungsversuchen des teutonischen Ungeistes aus früheren Zeiten enthalten sind, als die neokonservativen Frankreich-Adepten heute annehmen. Und es wird sich ebenfalls erweisen, daß die der Aufklärungstradition verpflichteten deutschen Demokraten mit ihrem Kampf gegen Verharmlosung der NS-Verbrechen und deren Vorgeschichte in Frankreich nicht nur verstanden, sondern auch unterstützt werden. Europa hat geistige Kraft genug, um seiner Geschichte ohne Krücken standhalten zu können.

Allerdings werden die Völker lernen müssen, ihre Vergangenheitsdiskurse nicht nur im nationalen Rahmen zu führen. Und dazu bedarf es nicht nur besserer Sprachkenntnisse, sondern auch einer größeren Vertrautheit mit anderen Kulturen als der eigenen. Wer in Deutschland etwa nicht weiß, wie tiefgehend Frankreich seit langem säkularisiert ist, wird nicht verstehen können, warum so viele Intellektuelle in diesem Land irritiert auf die Ausdrucksformen deutscher Auseinandersetzungen mit der jüngsten deutschen Geschichte reagieren. Und wer in Frankreich nicht zur Kenntnis nimmt, daß ein substantiell von den Traditionen des Protestantismus geprägtes Land wie Deutschland nicht ohne Bemühung des Schuldbegriffs über die Abgründe seiner Vergangenheit diskutieren kann, bringt keine Voraussetzungen für einen Aufbau Europas mit, der mehr ist als die Herstellung einer Wirtschaftsgemeinschaft. Es hat nichts mit einer Sonderwegsobsession zu tun, wenn man die je spezifischen Anmarschwege nach Europa ernst nimmt.

Wie weit wir von diesen Desideraten eines intelligenten Vergangenheitsdiskurses in europäischer Perspektive noch entfernt sind, zeigt freilich die Vorbereitung auf die Gedenkfeiern zum 200. Jahrestag der Französischen Revolution. Hier mangelt es nicht nur an gemeinsamen Fragestellungen, sondern auch an Versuchen einer vergleichenden Ortsbestimmung dieses säkularen Ereignisses in den Nationalgeschichten Frankreichs und Deutschlands. Während französische Historiker wie François Furet in erster Linie von Gedanken über die Beendbarkeit des Revolutionsprozesses geleitet werden[11], denken deutsche Historiker eher über die Defizite an Folgen der Revolution in Deutschland nach. Wachsende Skepsis gegenüber den »Errungenschaften« der Revolution links des Rheins, abnehmender Argwohn gegenüber dem Signal von 1789 rechts des Rheins: Sind dies die Vorzeichen des kommenden Revolutionsgedenkens in Europa?

Wie immer jedoch die Verschiedenheiten der nationalen Traditionen im Umgang mit den großen Momenten der europäischen Geschichte in Erscheinung treten werden, es wird darauf ankommen, die Gründe der Divergenzen ins Bewußsein zu heben. Nur wenn diese nicht aus falscher Europasehnsucht zugedeckt werden, kann es eine wachsende Solidarität der europäischen Nationen geben. Oder lateinisch formuliert: per aspera ad astra.

Anmerkungen

1 Alexander und Margarete Mitscherlich: »Die Unfähigkeit zu trauern. Die Grundlagen kollektiven Verhaltens«, hier zitiert nach der 11. Aufl., München 1977, S. 34.

2 Helmuth Plessner: »Die verspätete Nation. Über die politische Verführbarkeit bürgerlichen Geistes«, Stuttgart 1959, S. 85.

3 Die Formulierung »Vergangenheit, die nicht vergehen will« geht zurück auf das Thema der Frankfurter Römerberg-Gespräche vom Juni 1986, zu denen Ernst Nolte mit einem Vortrag eingeladen war, den er dann nicht hielt, sondern in der FAZ vom 6. Juni 1986 veröffentlichte. Die »Vergangenheit, die nicht vergehen will«, sah er hier »wie ein Richtschwert über der Gegenwart aufgehängt«.

4 Hans-Ulrich Wehler: »Entsorgung der deutschen Vergangenheit? Ein polemischer Essay zum ›Historikerstreit‹«, München 1988, S. 7.

5 Vgl. vor allem hierzu die Vorbemerkung von Hinnerk Bruhns zu den Beiträgen »Interrogations allemandes«, in; »le débat«, No. 45, Mai 1987, S. 114 f.

6 Brigitte Sauzay: »Le vertige allemand«, Paris 1985, dt. Ausgabe unter dem Titel: »Die rätselhaften Deutschen. Die Bundesrepublik von außen gesehen«, Bonn 1986, S. 45 ff.

7 So auf einer Tagung der Evangelischen Akademie Oldenburg am 18. November 1987, die die Frage nach dem Umgang mit der Vergangenheit thematisierte.

8 Das Schuldproblem hat mit historischer Tiefendimension Jean Delumeau behandelt in seinem großen Werk: »Le péché et la peur. La culpabilisation en Occident (XIIIe–XVIIe siècles)«, Paris 1983, vor allem S. 331 ff. – Zur aktuellen Diskussion s. Brigitte Sauzay, a. a. O., S. 243 ff.

9 In deutscher Übersetzung lautet der Satz: »Es ist schlimmer als ein Verbrechen, es ist ein Fehler.«

10 Wichtige Gedanken zum Übertragungsproblem im deutsch-französischen Dialog haben Michel Espagne und Michael Werner in einem Colloquium über »Aspects théoriques et pratiques de la recherche sur les transferts culturels franco-allemands« im September 1986 in Göttingen vorgetragen (im Druck).

11 François Furet: »Penser la Révolution française«, Paris 1978, dt. Übersetzung unter dem Titel: »1789 – Vom Ereignis zum Gegenstand der Geschichtswissenschaft«, Frankfurt/M., Berlin, Wien, 1980.

Heinrich Vormweg

Nur noch eine schweigende Minderheit?
Intellektuelle und die Politik heute

Nur selten noch raffen sie sich dazu auf, laut zu sprechen, Wirkung zu suchen. Zwar sprechen und schreiben sie weiter, doch ohne Erwartungen, meist nur noch so vor sich hin, nur wahrgenommen von ihresgleichen. Dabei ist schon das Selbstverständliche, das sie zu sagen haben, Skandal. Aber kaum jemand bemerkt es noch – so abgehärtet ist jedermann von den serienweisen Enthüllungen eines, notwendigen, investigativen Journalismus und dem Platzen aus ihrer eigenen Dynamik gereifter mentaler und sozialer Geschwüre. Von der einen, nun auch schon wieder betagten Ausnahme der Attacke von Jürgen Habermas auf dubiose Praktiken einiger derzeit führender Historiker abgesehen, der sich eine Reihe von Historikern anschlossen, stößt das Selbstverständliche für sich allein nur noch ins Leere. Es ist eine wattige, trübe Leere, in der die Argumente, erst recht alle Dialektik, unablässig einen behaglichen Wärmetod sterben.

Geschlagen hat die Stunde der »neuen Gegenintellektuellen«. Diese produzieren derzeit die Ideologie. Wie sie bei diesem Geschäft vorgehen, hat Hauke Brunkhorst kürzlich in der »Neuen Rundschau« (I, 1988) zutreffend so beschrieben: »Sie verkünden eine Ideologie, aber sie machen in jedem ihrer Sätze deutlich, daß sie nicht mehr daran glauben. Genau das macht sie glaubwürdig. Der gegenwärtige deutsche Bundeskanzler verkörpert das neue konservative Paradigma so vollständig wie kaum ein anderer. Wenn er mit Hölderlin sagen würde, ›mein ist die Rede vom Vaterland‹, er würde sich unsterblich blamieren. Trotzdem gebraucht er die gleiche Semantik vom Vaterland wie Heidegger oder Hölderlin oder ein deutscher Offizier eines der Weltkriege, aber so, wie er seine Rede vom Vaterland führt, glaubt ihm niemand eine Silbe, und nur aus diesem Grunde blamiert er sich nicht. Eine definitiv jeder gegenwärtigen Authentizität entkleidete Semantik kann nur dann glaubwürdig vorgetragen werden, wenn sie unglaubwürdig vorgetragen wird.« Abgefedert ist dieser Zustand laut Brunkhorst folgendermaßen: »Währenddessen begnügen sich die konservativen Theoretiker der Regierung mit der Theoretisierung der eigenen Theorielosigkeit, indem sie zu begründen versuchen, warum Theorien, also Erklärungen und Begründungen, unnütz und schädlich sind. Sie propagieren die allgemeine Abschaffung des Allgemeinen, arbeiten theoretisch am Verfall von Theorie und denken das Denkverbot. Gegenaufklärung verkünden sie als Aufklärung, dem Affekt gegen die Intellektuellen geben sie intellektuelles Gewicht.« Sloterdijks »zynische Vernunft«, um eine weitere Drehung angezogen, zugleich banalisiert, und damit auf aktuellen Stand gebracht.

Gibt es sie überhaupt noch, die Leute nach dem Bilde von Rousseau und Kant, Heinrich Heine und Marx, Gramsci und Brecht, Dutschke und Böll? Wenn ja, dann als schwindende, ihrer selbst immer unsicherer gewordene, angesichts so effektvoll destruierter Semantik fast ins Schweigen versinkende Minderheit, die resigniert letzte, auch schon fast geschleifte Bastionen verteidigt und an die Zukunft, ihre eigentliche Dimension, nicht einmal mehr zu rühren wagt. Der gesellschaftliche Diskurs der Intellektuellen, die »mit logischer Notwendigkeit fortschreitende« öffentliche Erörterung der für die Menschen und die Menschheit, für die Kultur, für die Menschenrechte aller Menschen relevanten Angelegenheiten ist jedenfalls in der Bundesrepublik, wie in der ganzen westlichen Welt, in sich zusammengebrochen und hat dabei nicht einmal besonders viel Staub aufgewirbelt. Sehr wirkungsvoll ersetzt den Diskurs eine Fixierung auf Atomangst und Umweltverwüstung, die bei aller Dringlichkeit, den selbstverfertigten, täglich zunehmenden Bedrohungen zu begegnen, über dem direkten Appell ans Eigeninteresse die Skala der Herausforderungen fatal verengt und fast vergessen macht, daß die Bedrohung und Verwüstung nur die schon fast finalen Symptome einer Krankheit sind, die sich in diesen Punkten allein nicht kurieren läßt.

Die immer noch den Diskurs für unentbehrlich halten, zeigen sich wie gelähmt auch von dem manchmal grell illuminierten Verdacht, vom Kopf her wandle die Gesellschaft selbst sich, ohne es auch nur zu merken, in eine kriminelle Vereinigung, die vorurteilsvoll floriert auf Kosten zwar auch der eigenen Überlebensmöglichkeiten, doch vor allem der Armen, der Gutgläubigen, der Arbeitslosen, der sogenannten Dritten Welt. Wofür stünde das alles denn auch sonst: die Kießling-Affäre, die Parteispenden-Affäre, die Neue-Heimat-Affäre, der Historikerstreit, die Barschel-Pfeiffer-Affäre, Nukem und Transnuklear, die Lieferung von U-Boot-Bauplänen nach Südafrika, die Beispiele ungestrafter privater Nutzung von politischen Mandaten? Also: erneute Ausgrenzung von Minderheiten, deren Gesamtmenge – Langzeitarbeitslose und Sozialhilfeempfänger zum Beispiel – ungestraft wächst; Gesetzgeber, die selbst die Gesetze vergessen; Gewerkschaften, die ihre Ansätze zur Gemeinwirtschaft ruinieren; Förderung eines Nationalgefühls, das noch Hitler und Mithelfer historisch begreiflich zu machen sucht; Bespitzelung, Betrug und Verlogenheit zum Zweck des Machterhalts; korruptes Spiel sogar mit dem atomaren Potential zur Menschen- und Selbstvernichtung; hemmungsloser materieller Eigennutz, ohne noch einen Gedanken an die Opfer zu verschwenden; galoppierende Umverteilung von unten nach oben – wo beginnt da im Einzelfall und insgesamt kriminelles Einverständnis? Aber die Projektion, alles stehe bei stabilen Preisen bestens, erfüllt die Köpfe. Sogar Milliardenlöcher, glaubwürdig verifiziert, werden im neokonservativen Kontinuum eigenartig unglaubwürdig. Während die Köpfe beschleunigt auch noch überfüllt werden mit den gewinnbringenden, doch opportunistisch verdummenden Absonderungen einer zunehmend mafiosen Unterhaltungsindustrie – von Flamingo Road bis Donnerlippchen, Denver bis Schwarzwaldklinik die platte, räuberische Innenweltverschmutzung. In die Terroristendateien aber gelangen die Volkszählungsgegner.

Bleibt vor solchem Tableau etwas anderes als zu verstummen? So etwas wie Vernunft hat da nicht einmal mehr nennenswerte Aussichten in der Spielart des gesunden Menschenverstandes, welchem sowieso weniger als irgendwann zuvor zu trauen ist, überflutet von trüben Desinformationsschleiern, fest eingepackt in Bildermassen aus trügerischen Scheinrealitäten, wie er inzwischen ist. Sowieso geht alles Gesagte unter in der ungeheuren Woge eines pausenlos anbrandenden, immer dürftigeren, doch sich üppig aufplusternden Bilder- und Wörterschwalls, der alle Räume füllt und in jede Ritze drängt. Die Intellektuellen sind gesellschaftlich und politisch wieder aus dem Spiel, sind zurückgedrängt in die politisch garantiert isolierenden Nischen, die in unserer Verfassungswirklichkeit für sie vorgesehen sind. Dort dürfen sie sogar toben, wenn die erkannte Wirkungslosigkeit ihnen die Energie dazu noch läßt. Es ist so gut wie schweigen.

Es gibt bei uns die Tradition eines tiefen Spannungsverhältnisses zwischen Geist und Macht, das von beiden Seiten gepflegt wird. Die Macht liefert immer wieder die nötige Munition dazu. Ich finde, daß man, was die Kultur angeht, vom Wortstamm zu seinem Sinn vorstoßen sollte. Es handelt sich bei der Kultur nach meinem Verständnis nicht primär um Kunst, also Musik, Literatur oder Malerei. Kultur heißt Anbauen und Pflegen, heißt, sich mit einer möglichst hohen Sensibilität zu begegnen. Das verstehe ich darunter, wenn ich davon rede, Kultur sei Lebensweise. Geht man von einem solchen Kulturbegriff aus, dann hat es auch einen Sinn, von politischer Kultur zu sprechen. Denn man hat es doch überall, in allen Lebensbeziehungen, ganz gewiß auch in der Politik, mit der Aufgabe zu tun, in der nötigen Sensibilität sich einander anzunähern, füreinander zu interessieren und zu öffnen. Aber niemand behagt so recht die Verwendung des Begriffes »politische Kultur«.

(. . .) Weil wir ein unversöhnliches Spannungsverhältnis einander fremd gegenüberstehender Zonen, nämlich Geist und Macht, akzeptieren, selbstverständlich annehmen, daß die Macht kein Verhältnis zur Kultur hat, Kultur jetzt verstanden als den Beschäftigungsgegenstand einer geistigen und künstlerischen Elite. Geht man von dieser Annahme aus, ist es von vornherein quasi eine Anmaßung, wenn die Politik sich mit einem befriedigenden Verhältnis zur Kultur schmücken will. Der Begriff »politische Kultur« ist abgegriffen, relativ inhaltslos. Es hat erst dann Sinn, die politische Kultur als Ausdruck für eine zweifellos bestehende Aufgabe zu verwenden, wenn man sich von dem herkömmlichen, gepflegten und unfruchtbaren Spannungsverhältnis zwischen Geist und Macht löst.

(. . .) Der Künstler hat es mit der Aufgabe zu tun, den Überblick über das Ganze zu wahren, die Frage nach den tiefsten Wurzeln zu stellen, das Vollendete hervorzubringen. Das ist ein Anspruch, den er ganz gewiß im Sinne der Kunst nicht verkleinern soll, der ihn aber immer wieder in Verzweiflung treibt und dann auf Widerstand und Zerstörung gegenüber dem real Existierenden, dem Unvollkommenen sinnen läßt. Der Politiker widmet sich in kleinen, anstrengenden Mühen der Bewältigung von Tagesfragen, die von nur sehr relativer Bedeutung im Rahmen des Gesamtüberblicks oder des Vollkommenen sind. Beides sind völlig notwendige Formen der Bewältigung des Lebens. Warum haben die so wenig miteinander zu tun? Das verstehe ich nicht. Der Politiker, der das Vollkommene nie schaffen kann, muß dennoch vital an der Anstrengung des Menschen interessiert sein, die im Ringen um ein Kunstwerk zustande kommt. Der Künstler ist seinem Wesen nach kompromißlos. Der Politiker, der sich dem Kompromiß verschließen würde, würde sich

> *damit in vielen Fällen unmittelbar der Gewalt verschreiben. Jeder der beiden hat aber doch die Aufgabe, einzusehen und zu lernen, was der andere tut. Warum müssen sie sich beziehungslos und feindlich gegenüberstehen? Eine gewisse Spannung wird immer bleiben, und das ist gut so. Aber es gibt keinen Grund, unüberwindbare Gräben zu erhalten. Je mehr sie sich aufeinander einlassen, je mehr sie voneinander lernen, desto besser für jeden der beiden.*
>
> Richard von Weizsäcker

Isolation und Resignation also. Noch vor einem Dutzend Jahren wäre zum Beispiel unvorstellbar gewesen, daß Marcel Reich-Ranicki aus seinem Glashaus des Historikerstreits, nämlich der FAZ, ungestraft scharfkantige Steine auf Christa Wolf hätte werfen können. Inzwischen bewegt das kaum eine der besseren Federn mehr. Reich-Ranicki kann unmöglich glücklich gewesen sein mit den spätfaschistoiden Idolatrien um die Neugewinnung einer sogar Hitler verkraftenden nationalen Identität, die in dem wohlgeheizten Glashaus, in dem er sitzt, gehegt und gepflegt worden sind. Reich-Ranicki ist schließlich ein schwergebranntes Kind. Es hinderte ihn nicht, aus seinem Glashaus wie ein Prophet Kompromisse anzuklagen, die eine Schriftstellerin unter jedenfalls ehrenwertem, nämlich sozialistischem Vorzeichen eingegangen sein mag. So weit trägt also das Denkverbot. Und wer dennoch denkt, beläßt es beim Achselzucken.

Auf die Konvertiten aber, die vorerst noch willkommen sind, wartet nicht nur hoher Lohn, es treibt die verbliebenen Intellektuellen auch der nagende Zweifel, ob sie, besieht man die menschliche Geschichte kalten Auges, nicht sowieso immer auf dem Holzweg waren. Ist alle Abkehr vom Normalmaterialismus, vom ja doch neu bestätigten Segen des Eigennutzes nicht tatsächlich nur ein stets ziemlich verlogener Idealismus? Aufkläricht, sagte man im 19. Jahrhundert. Wenn man nämlich als Mensch ganz unvoreingenommen in sich hineinhorcht, bleibt da als Letztes nicht doch die Wahrheit, daß man mehr will von allem, daß man niemals genug hat von allem, und daß dies das einzig Glaubwürdige ist? Daß die Freiheit hierzu die einzig fundierte ist? Weshalb sich noch, in der Hoffnung auf eine Kultur der Menschlichkeit, abschinden mit Gleichheit undsoweiter, Menschenrechten undsoweiter, gerechter Verteilung undsoweiter, wenn die höhere Apartheid zwischen Besitzenden und

Besitzlosen ja doch der einzig klare geschichtliche Fakt ist? Und alles andere Allgemeine deshalb tatsächlich abschaffenswert? »Doch das Prinzip Hoffnung ist zu den Akten gelegt«, hat Günter Kunert am 17. November 1987 in der FAZ geschrieben, in einer Antwort auf Thomas Brasch, der gegen die erwähnte Attacke Marcel Reich-Ranickis auf Christa Wolf angeschimpft hatte, in welcher auch aufgezählt war, mit wieviel Preisgeld er, Brasch, in der Bundesrepublik schon bedacht worden ist. Intellektuelle leben auch so schon unsicher, ja gefährlich genug. Warum noch auf etwas bestehen, das ja doch offensichtlich längst im Archiv der Geschichte Staub ansetzt? Soll sie leben, die ganz normale intellektuelle und sonstige Korruption. Im übrigen sagt das Notwendigste ja doch der derzeitige Bundespräsident, Richard von Weizsäcker, sagt es viel sinnträchtiger und vor allem wirkungsvoller, als das irgendein Intellektueller könnte.

Der Bundespräsident, und er ist derzeit bei der Frage nach den Intellektuellen und der Politik nicht auszusparen, ist zweifellos ein ehrenwerter Mann. Und doch könnten seine stets gut gemeinten verbalen Richtigstellungen einer Praxis, für die seine eigenen, die C-Parteien stehen, manchmal auf den Gedanken bringen, er schade dem utopischen Impuls, dem Prinzip Hoffnung, dem Diskurs der Aufklärung, kurz den Intentionen, ohne die Intellektuelle nicht sind, was das Wort meint, mehr noch als all die gesammelten Affären und die ganze neokonservative Ideologie. Denn er hält einen Schein von moralischer Selbstverständlichkeit aufrecht – sei es aus einer Überzeugung, zu der sein hohes Amt ihn erst befreit hat. Das ist hilfreich, aber es ist doch bloß ein Schein. Es ist ungemein überzeugend, und schließt doch die Möglichkeit der Täuschung mit ein.

Mag sein, daß dies das Äußerste ist, das eine Gesellschaft, die ihre Ansätze zu einer aufgeklärten, und das heißt: immer primär selbstkritischen und zugleich zur Zukunft hin offenen Existenzform wieder ausgeschwitzt hat, aufzubringen fähig ist. Mag sein, daß die schon todesnahe Resignation, die aus Heinrich Bölls letztem Roman »Frauen vor Flußlandschaft« spricht, auf lange hin das letzte Wort in Sachen eines nicht nur technischen und kontierbaren Fortschritts ist. Mag auch sein, daß das Prinzip Hoffnung sich aus den Akten wieder befreit. Auf jeden Fall wird die Durststrecke lang sein. Hegemonien, gerade wenn sie tief in Trivialitäten verankert sind, kippen nicht von einem Jahr aufs andere, und sie bleiben die Basis aller öffentlichen Verständigung. Mag sogar sein, daß viel mühsam geübtes Denken nur verdrängt und nicht schon ganz und gar vergessen ist, daß es sich schneller als gedacht wieder belebt. Darauf zu setzen aber hätte schon wieder, und auf jeden Fall vorzeitig, mit Hoffnung zu tun.

Wer es dennoch nicht aufgibt, ist angehalten, ganz kleine Schritte zu tun, sogar, um überhaupt begriffen zu werden, Mimikry nicht zu verachten. Wieder einmal: Schneckentempo, und das nach einem Zusammenbruch. Wörter zurechtzurücken, ihre Bedeutungen wiederherzustellen, Realitäten und Möglichkeiten als sie selbst wieder benennbar zu machen – das ist ein langwieriges Geschäft. Auch schon kleine Korrekturen allerdings in der ideologisch so verqualmten Landschaft könnten ihm nützen. Wahlergebnisse zum Beispiel; auch wenn mit ihnen oft nur wenig gewonnen ist.

Harry Pross

Medien und politische Kultur in der Bundesrepublik Deutschland

I

Freud nannte die Schamlosigkeit ein Symptom des Schwachsinns. Der Schwachsinn wird psychologisch als mangelnde Fähigkeit bezeichnet, geistig den Anforderungen einer Kultur gerecht zu werden. Man unterscheidet die völlige Unfähigkeit als Idiotie von anderen Stadien, deren Übergänge zur Norm fließend sind. Als leichtestes Stadium gilt Beschränktheit des Interesses bei eingeengtem Auffassungsvermögen, das den Erwerb von Kenntnissen behindert und das Denken im Konkreten festhält, weil die Fertigkeit zum Abstrahieren fehlt: Debilität.

Ich möchte hier gleich einfügen, daß Rückschlüsse von dieser Definition auf die politische Kultur der Bundesrepublik voreilig sind. Zunächst ist von individueller Debilität die Rede, nicht von sozialen Zuständen, auch wenn die Merkmale bei Repräsentanten des öffentlichen Lebens häufig aufzutreten scheinen und dieses belasten, wenn sie prominent werden.

Die Debilen sind nicht automatisch die Debenten der Kultur, sie offenbaren eher deren Schwäche. Diese könnte zum Beispiel auch im Sinn oder Unsinn von Normen liegen, an deren Erfüllung die Leistung des einzelnen als voll- oder schwachsinnig eingeschätzt wird: das Narren-Problem. Die Narretei von heute kann Norm von morgen sein und die Norm von heute ist in vielen Fällen die Narretei von morgen. Normen wandeln sich und mit ihnen die Vorstellungen von Schwachsinn als einem »Leistungsdefizit«, und, wenn Freud recht hat, die Vorstellungen von der Scham. Wer würde sich heute nicht schämen, den Arm hochzurecken und »Heil Hitler!« zu sagen, wie er es vorgestern in der Schule gelernt hat?

112

II

Bei raschem Normenwandel bleiben die Vorstellungen hinter den Wahrnehmungen zurück. Den Älteren bleibt das »schämst du dich gar nicht?« angesichts der Sitten der Jüngeren im Halse stecken. Diese reagieren mit Kopfschütteln auf den »alten Deppen«, in der Familie, im Beruf, im Straßenverkehr, in Politik und Presse. Die Grenzen zur »Normalität« verschieben sich. Was »genant« war, ist nun »in«, und was »in« ist, kann nicht mehr genierlich sein, viel mehr genierlich wird, sich nicht so zu verhalten, wie es »in« ist: Generationskonflikt, Moden, Paradigmenwechsel in immer kürzeren Abständen, weil und solange die Kommunikationen sich ständig vermehren und beschleuigen - rasend sich beschleunigen, nicht »rasant«, wie in der falschen Verwendung eines Ausdrucks der Waffentechnik immer wieder gesagt wird.

Individuelle Antizipation, ökonomische Planung, kulturelle Tradition bedürfen immer rascherer Anpassung. Ihre Korrekturen aber führen zu Brüchen, Unterbrechungen und Überanpassung auf Gebieten, für die sie nicht gedacht waren. Allgemeines Tohuwabohu und »allgemeine Verunsicherung« werden zur Norm. In diesem Prozeß floriert das Fundbüro für verlorene Identitäten, und die rituelle Wiederholung wird zum Geschäft mit Gemeinplätzen. Sie vermitteln den Anschein von Planmäßigkeit und geistiger Vorwegnahme und verwischen dabei die rationale Unterscheidung von Wunsch und Erfüllung. Ist diese Trennung dahin, beschränkt sich der Umfang des Interesses von selbst, die Fertigkeit zu abstrahieren wird nicht gebraucht, das Auffassungsvermögen eingeschränkt. Mit anderen Worten: Der Schwachsinn wird zum Programm erhoben, und das Publikum darauf programmiert.

III

Ein scheinbar unpolitisches Beispiel bietet die publizistische Entwicklung des Berufssports in den letzten zwanzig Jahren. Der Wunsch »normaler« aktiver und passiver Sportsfreunde, sich mit den Spitzenleistungen ihrer beschränkten Gebiete zu identifizieren, sicherte zunächst den Zugang zu den Kommunikationsmitteln. Zum Beispiel waren Kenntnisse zu gewinnen. Nicht nur kognitive Mängel, auch emotionale Defizite waren durch die

Radio- und Fernsehübertragungen für eine Weile zu kompensieren. Die Achtung vor der Leistung, aber auch die Achtung vor der Beachtung, die sie fand, mochte die Selbstachtung erhöhen.

Dieser Brücke von der konkreten Privation des Einzelnen zur Identifikation mit dem abstrakten »Wir« nahmen sich kommerzielle Brückenbauer an. Das Geschäft mit den emotionalen Defiziten entwickelte sich um so besser, je weiter die Abstraktionsfähigkeit zurückgedrängt wurde und das Auffassungsvermögen auf wenige Symbole regredierte. Der im Show-Business wie in der politischen Manipulation gleicherweise erfolgreiche Star-Kult wurde verstärkt.

Das »Sport-Marketing« stellte die Verbindung mit der Wirtschaftswerbung jetzt öffentlich heraus. Es kaufte die werbetauglichen Flächen der Stadien und besetzte die Trikots, die Hosen, die Stirnbänder der Athleten mit Firmenmarken. Zunächst weigerten sich die öffentlich-rechtlichen Medien der Bundesrepublik, die Gladiatorenkämpfe zwischen Schnapsmarken und Sportartikelherstellern, Chemie und Schokolade zu übertragen; aber inzwischen bezahlen sie hunderte von Millionen für die »Rechte«, durch die Übertragung die implizierte Reklame verbreiten zu dürfen. Innerhalb der Verbände gab es einen Generationskonflikt. Der langjährige Präsident des Deutschen Sportbundes, Willi Weyer, sagte in einem Interview zu seinem 70. Geburtstag (16. Februar 1987) der »Stuttgarter Zeitung«, er sei »traurig, weil wir immer halbe Meineide schwören, wenn wir versichern, ehrlich miteinander zu kämpfen, gleiche Wettbewerbschancen einzuräumen«. Darin war Scham und Erbitterung bei J. O. Freudenreichs Frage nach der immer größeren Abhängigkeit der Vereine von der Wirtschaft, und ob »da noch etwas zu stoppen« sei. Antwort: »Nein. Das ist so weit fortgeschritten, daß eine Mannschaft wie der FC Tirol die Reklame schon am Hintern hat, was nur noch pervers ist. Aber alle unsere Versuche, etwa die Werbung am Mann zu limitieren, sind fehlgeschlagen. Die Sportler sind lebende Litfaßsäulen geworden, und ich bin gespannt, ob eines Tages nicht wieder die Tabak- oder Schnapsindustrie kommt, um auf den Trikots zu werben.« Als Ausweg schlug Weyer die Gründung von Aktiengesellschaften der Fans vor, wie in Spanien und Italien.

Sportler als lebende Werbesäulen, das hätte sich der Drucker Litfaß nicht träumen lassen, als er 1855 in Berlin die erste Anschlagsäule für Zettelaushang aufstellte. Der Fortschritt grassiert. Das deutsche Tennisidol, Boris Becker, zeigte sich nach Zeitungsmeldungen ein Jahr nach Weyers Interview nur noch überrascht, als ihm sein Manager einen Dreijahresvertrag über 3,5 Millionen DM für »Ford«-Werbung anbrachte: »Gestern hat er mir gesagt, ich hätte einen neuen Vertrag. Heute hat er mir die Hemden gewechselt, und da waren schon neue Aufkleber drauf.« Junge Turnierreiter, habe ich mir sagen lassen, werfen nicht mehr ihr Herz über das Hindernis und springen nach. Sie reiten »mit jedem Sprung der Kasse entgegen«. Im Ruhrgebiet mit seiner hohen Arbeitslosigkeit zahlt man beim Davis-Cup 17 000 DM für die Zuschauerloge, Champagner und Austern nicht eingeschlossen, und der zur Rede gestellte Veranstalter meint: »Die anderen haben ja das Fernsehen.« Schamlosigkeit ein Symptom des Erwerbssinnes? Nicht auch ein Hinweis auf verfehlte Informationspolitik? Ohne die Fernsehgelder könnte das »Sport-Marketing« nicht laufen, wie es läuft, aber auch nicht die Salzburger Festspiele und andere Großereignisse der Kultur.

IV

So unpolitisch, wie es den Anschein hat, ist das Sportbeispiel nicht. Die Vorstellungen davon, was man sich selbst schuldig ist, die mit dem Schamgefühl korrespondieren, wandeln sich nicht nur bei Sportlern. Scham sichert das Selbstwertgefühl, wahrt die Würde des Menschen; aber sie garantiert nicht, daß Würdenträger sich auch würdig verhalten. Wer jüngst die Auslassungen des österreichischen Staatsoberhauptes zum Bericht einer Historikerkommission, die seine Vergangenheit als deutscher Leutnant untersuchte, am Fernsehen gehört und gesehen hat, konnte sich schon an die gewechselten Hemden und neuen Aufkleber erinnert fühlen. Das Subjekt wandelt sich in der Auseinandersetzung mit der Umwelt, oder es wandelt sich eben nicht. Es wäre ein Irrtum anzunehmen, es wandle sich schon mit seinen Aufklebern.

Das gilt für alle Bereiche der Kultur. Darum ist es so schwierig, den Begriff der politischen Kultur festzumachen: Ob »politische Kultur« meint, daß Kultur politisch ist, also dem Kampf um Erhalt oder Verlust von Herrschaft unterworfen, oder ob »politische Kultur« kultivierte Politik bedeutet, bleibt im modischen Sprachgebrauch unbestimmt. Die »Kieler Affäre« von 1987 haben die Zeitgenossen eher dahin kommentiert, daß auch Politiker und Journalisten sich gewissen Anstandsregeln unterwerfen sollten, die kulturbedingt sind. Ein evangelischer Bischof, ein Mann der Kultur also, behielt das letzte Wort, und die Repräsentanten der Christlichen Partei, die den Skandal verursacht hat, beeilten sich, darzutun, daß sie die Regeln der Kultur verinnerlicht haben und auch für ihre Partei für gültig erachten. Das war bieder. Kultur wurde als Heilsordnung angerufen, um die politischen Wunden zu heilen, die man sich selbst zugefügt hatte, und um zu verhindern, daß sie zur Selbstverstümmelung der Partei führen.

Eher war da schon die Bemerkung des bayerischen Ministerpräsidenten hilfreich, daß es vermutlich keine beschlußfähigen Mehrheiten gäbe, wenn alle diejenigen die Parlamente verlassen müßten, denen Vergleichbares vorgeworfen werde wie dem Ministerpräsidenten von Schleswig-Holstein. Wer geglaubt hatte, ein Empörungsschrei werde dieser Aussage folgen, die Presse den Wahrheitsbeweis fordern und die Parlamente sie zurückweisen, sah sich eines schlechteren belehrt. Die öffentliche Meinung reagierte gelassen, und es war nicht deutlich, ob Resignation überwog, wie in Weyers Bemerkung über die »halben Meineide«, oder eher Zustimmung, es sei nun einmal so und nicht mehr zu stoppen. Ein Leistungsdefizit von Politikern und Journalisten, den Anforderungen der Kultur zu entsprechen, oder mangelnde Werte in dieser Kultur?

V

Der Artikel 5 des Grundgesetzes garantiert die Meinungsfreiheit auch für die Schwachsinnigen. Wie aber, wenn keiner so frei ist, den Schwachsinn so zu nennen? Wenn die dem liberalen Modell zugrundeliegende Annahme, daß dem Satz der Gegensatz folgt und dem Spruch der Wider-spruch, nicht mehr stimmt, weil die Journalisten ver-sagen, die den Kalender von Tag zu Tag interpretieren und damit die Werte setzen, die man im Unterschied zur religiösen und juristischen Moral die »öffentliche Moral« nennt? Wenn die Kritiker sich als Dienstleistungspersonal für jeden Schwachsinn verstehen und ihn zum »Ereignis« hinaufstilisieren? Wenn sie, wie im »Dritten Reich« die meisten, *jede* Rolle annehmen, die ihnen die Opportunität bietet?

Die jüngste Diskussion über die Nazi-Vergangenheit deutscher Journalisten hat diese Frage erneuert. »Man unterschätze die eine Schwierigkeit, die Wahrheit zu sagen, nicht: das Talent des Schriftstellers, sich zugleich zu offenbaren und zu verhüllen.« So warnte der Philosoph und frühere Feuilleton-Redakteur Ludwig Marcuse, als Journalisten vor zwanzig Jahren fragten »War ich ein Nazi?« (Rütten + Loening, München).

Ludwig Marcuse hatte 1933 das »Volk der Dichter und Denker« zu verachten gelernt. Er nannte die Deutschen seitdem nur noch die »D & D«, womit er ein hinaufstilisiertes Mitläufertum meinte, das er in der »Bewältigung« der Vergangenheit nach 1945 wieder erkannte. »Es gibt keine moralische Forderung: Du sollst ein Märtyrer werden. Ossietzky wurde es bewußt; das ist verehrungswürdig, aber kein Maßstab ... Jede Selbstanklage ist vieldeutig.«

Anders kann es nicht sein: Selbstzensur und Selbstdarstellung formulieren auch an der Rechtfertigung mit, und beide schielen nach Übereinstimmung mit der gegenwärtigen Moral, wie sie 1933 mit jener der »nationalen Erhebung« und 1943 mit der Kriegsmoral sich eins zeigten: wahrhaftig oder unwahrhaftig, überzeugt oder nur zur Tarnung, oder mit pseudologischen Phantasien über die eigene Karriere im »Dritten Reich«, wie sie der Journalist Friedrich Sieburg 1933 im Verlag der Frankfurter Zeitung beispielhaft vorführte: »Gegen die bequemen Verführungen durch das, was zu Zeiten sehr allgemein Zivilisation genannt wird, richte ich den Willen zur Nation auf und hoffe, daß er von denen geteilt wird, die in keinem Sinne ohne Vaterland leben wollen ... Vielleicht kann man Deutschland überhaupt nur in der Tat oder im Lied ganz ausdrücken ... Tat und Lied – wie weit bleibt mein Bemühen hinter diesen Formen der Erfüllung zurück.«

Er selber blieb nicht zurück und wurde zwei Jahrzehnte später ein Star der »Frankfurter Allgemeinen Zeitung« (gegr. 1949). Sein Buch mit dem Titel »Es werde Deutschland« verschwand wie der Naziruf »Deutschland erwache!«. Nun schrieb er, ein Immerpositiver, wider »Die Lust am Untergang« ...

VI

Der Nazistaat hatte nicht nur »Tat und Lied«. Er war auch ein Karrierestaat, in dem etwas werden konnte, wer sich anpaßte, vom »Volksgenossen« zum »Parteigenossen« aufstieg, oder gar die schmucke Uniform der SS anzog, wie Giselher Wirsing und

117

andere Mitglieder des Kreises um die Zeitschrift »Die Tat«. Sie wollten zwar mit den Proleten der SA nichts zu tun haben; vertraten aber vor '33 den parfümierten Faschismus der radikalen Gegenrevolution. Sie schlossen, wie Sieburg, nicht aus, daß sie »zu den universalen Werten samt und sonders zurückfinden werden, – aber erst, wenn sie in der Esse des deutschen Geistes umgeschmolzen sein werden«. Wirsing endete bei »Christ und Welt«. Hans Zehrer von der »Tat« wurde spiritus rector des Medienmagnaten Axel Springer. Ihr »Zwischeneuropa«-Konzept ist wieder in Mode, nachdem sie selbst das Zeitliche gesegnet haben. Die »Esse des deutschen Geistes« hat mehr Zukunft als die Zechen des Ruhrgebietes. Sie wird momentan auf Mikrochips umgerüstet, und ihr Markt hat sich vergrößert: die Immerpositiven »richten den Willen zu Europa« auf. Sie sagen Europa und meinen Profit.

Auch die Bundesrepublik ist ein innerlich und äußerlich erfolgreicher Karrierestaat. Auch heute kann etwas werden, wer sich anpaßt. Zum Beispiel Fernsehdirektor oder Intendant durch Zugehörigkeit zur »richtigen« Partei. Das ist wichtig, denn die politischen Parteien sind in der politischen Kultur Bundesrepublik, genau genommen, schwache Pflänzchen. Ihre Gesamtmitgliederzahl liegt bei zirka fünf Millionen. Das ist ungefähr ein Viertel der Einschaltquote einer hochgeschätzten Unterhaltungssendung im Fernsehen, in der dann die Sendeminute elftausend Mark kostet, wohl angelegt, um den »beschränkten Untertanenverstand« dem gewünschten Auffassungsvermögen anzupassen.

»Die Medien dienen anstelle von Einschüchterung und Zwang«, schrieb einer der Erfinder der empirischen Rundfunkforschung, Paul Lazarsfeld, am Ende seiner Tage. Der Gedanke setzt die römische Weisheit fort, daß durch »Brot und Spiele« zu regieren ist. Dafür spricht die Entwicklung des Sports zur Unterhaltungsindustrie wie die Programmgestaltung im öffentlich-rechtlichen Rundfunk mit seinen expandierenden Spiel-, Unterhaltungs-, Sport- und Musiksendungen.

Tatsächlich müssen ja nicht mehr »Soldaten durch die Stadt marschieren«, um die Präsenz staatlicher Gewalt zu demonstrieren. Ihr Tschingdarassabum wird pausenlos ins Haus gefunkt. Die »Schwellenangst«, »die Fenster und die Türen zu öffnen«, entfällt, und mit ihr das auf Schutz und Distanz zielende Verhalten, das den ethischen Aspekt von Scham ausmacht. Die Intimsphäre ist, wie eine Tankstelle, Tag und Nacht geöffnet. Der Einfluß ist zwar quantitativ registrierbar, qualitativ aber schwer zu bestimmen, weil wir trotz aller »Wirkungsforschung« zu wenig über die jeweiligen momentanen Affekte wissen, die durch Laut, Rhythmus, Pausen, Takt, Tonarten, durch Wortwahl, Syntax, Grammatik, Stimmhöhe und so weiter im Radio, und durch Schwenks, Zooms, Einstellungen, Perspektiven in Kombination mit Ton im Fernsehen hergestellt werden. Mit Recht hat Hertha Sturm gegen die These von Neil Postman, »Wir amüsieren uns zu Tode«, die frustrierenden Momente des Fernsehens herausgearbeitet. Unbestreitbar ist aber der Wiederholungseffekt, der zum Zwang werden und süchtig machen kann. Es geht ums Ritual der Demokratie.

VII

Im Ritual synchronisiert sich jede Kultur. Der Begriff der Kultur impliziert wiederholte Hinwendung, Pflege zu vorgefundenen oder künstlich mit Hilfe von Techniken geschaffenen Zuständen. Kultur ist Sisyphusarbeit gegen den Rückfall vom erreichten humanitären Niveau. Zur Stabilisierung des jeweiligen Niveaus sollen wiederum die Rituale mit ihren zeitlichen Zuweisungen bestimmter Tätigkeiten dienen, mit ihren Gedenken, Aufführungen, Zeremonien, Festen, ihren Gesten, nicht zuletzt ihren Kämpfen um die Grenzen des Arbeitsritus der industriellen Gesellschaft.

Politik und Publizistik unterliegen hier den selben Zwängen des kalendarischen Rituals. Für den Machtwechsel in der Demokratie soll der Wahlritus sorgen. Die Journalisten haben der Theorie zufolge das Amt, den freien Meinungskampf über diese Machtwechsel hinaus zu sichern. Er gilt als Garantie des humanitären Niveaus. Polemos, die Polemik – nicht »der Krieg«! – ist nach Heraklit der »Vater aller Dinge«.

Ob die juristisch nach »Meinungsbildung« und »Willensbildung« differenzierten publizistischen und politischen Tätigkeiten ihren Sinn erfüllen, entscheidet über die vielgenannte »politische Kultur«. Für die vierzigjährige Bundesrepublik sind in beiden Bereichen Kreislaufbeschwerden festzustellen, die wirtschaftlich bedingt sind, genauer gesagt, durch die Idolatrie des Marktes und die Überschätzung ökonomischer Symbole in der Hierarchie der Werte. Die kleinen Ladendiebe und die Ministerpräsidenten, die als reisende Kaufleute ihre Wahlen gewinnen, zeugen gleichermaßen von einem Denken, das sich wesentlich im Konkreten abspielt. Die Immerpositiven machen Karriere, und die Fertigkeit der Journalisten, davon zu abstrahieren, wird zusehends geringer. Auch hierfür war die »Kieler Affäre« lehrreich.

VIII

Die Mundwinkel zogen sich tragisch nach unten, die Denkerstirn faltete sich, als Bundeskanzler Kohl am Rednerpult und angesichts der Fernsehkamera das Neuwort von der »Illustrierten-Republik« sprach. Es klang die Besorgnis des Landesvaters aus der Stimme. Der Tadel war unüberhörbar und das schmollende Unverständnis für die Illustrierten, denen der Tadel galt.

Der Anlaß war die Berichterstattung von Zeitschriften, die der allgemeinen Unterhaltung dienen und wöchentlich mehr Exemplare verkaufen, als die Bundesrepublik Bürger zählt, Mann, Weib und Kind eingerechnet, weit über 60 Millionen Exemplare. Das ist ungefähr dreimal so viel, wie die Tageszeitungen aufbringen, ob sie nun im Abonnement oder auf der Straße verkauft werden. Die bunte Pracht an den Kiosken war gemeint, als der Kanzler von der Illustrierten-Republik sprach.

Fast gleichzeitig warnte sein Amtsvorgänger, Helmut Schmidt, in einer dieser Illustrierten, dem Hamburger »Stern«, vor der »Fernseh-Demokratie« am Beispiel des amerikanischen Präsidenten Reagan. Schmidt sah die »Fernseh-Demokratie« für gefährlicher an als die, wie er sagte, vorherige »Presse-Demokratie« und »Radio-Demokratie«. Er folgte damit der medientechnischen Entwicklung. Was diese Entwicklung bedeutet, veranschaulichte das Beispiel Schmidt im »Stern« und Kohl im Fernsehen sehr klar: Schmidt konnte in der Illustrierten vier Seiten belegen, um seine Gedanken zu entwickeln, schön bebilderte Seiten, versteht sich. Sie erschienen in rund 1,7 Millionen Exemplaren, und wenn er inseriert hätte, hätte die ganze Seite runde 48 000 DM gekostet. Kohl hatte nur ungefähr zwei Minuten im Fernsehen, ich habe die Zeit nicht gemessen; aber er wurde statistisch von ungefähr 20 Millionen Zuschauern gesehen. Das Neuwort von der »Illustrierten-Republik« hatte also ein weit größeres Publikum, als der Aufsatz über die »Fernseh-Demokratie«, und das nicht wegen der Qualitäten der Autoren oder der Bedeutung ihrer Aussagen, sondern weil das Fernsehen in kürzerer Zeit über weitere Räume mehr Leute erreichen kann als jegliches Druckwerk.

Die beiden Kanzler, der alte und der neue, folgten den Gesetzen der Signalökonomie, denen alle Autoren und alle Leser, Hörer und Zuschauer unterliegen, daß das weiterreichende, schnellere Medium mehr Menschen erreicht; aber die Einzelaussagen kürzt, damit mehr von ihnen in der teuren Sendezeit oder auf dem noch teureren Papier untergebracht werden können.

Die Verkürzung der Aussage ist ein Preis für die Reichweite. »Fasse dich kurz!« ist nicht nur ein Imperativ in Telefonzellen; er durchzieht die ganze Medientechnik wie ein unerbittlicher Aufpasser. »In der Kürze liegt die Würze«, wird weiter behauptet, und wo keine Würze ist, muß deshalb mit sprachlichen Sinnbildern gewürzt werden, wie eben »Fernseh-Demokratie« und »Illustrierten-Republik«. Das kann sich jeder merken, auch wenn er nicht so genau weiß, was es bedeuten mag.

Dieses Ungenaue, Unbestimmte, Vieldeutige in der Bildersprache spart nicht nur Zeit und Druckzeilen, es erzeugt auch eine gewisse Spannung, wie sie unscharfen Bildern zueigen ist: Der Hörer oder Leser bleibt im Zweifel, ob das nun etwas Harmloses ist, eine »Illustrierten-Republik« zum Beispiel, oder ob sie ihn bedroht. Scheint das Vieldeutige ungefährlich, wird er darüber hinweggehen, scheint es bedrohlich, wird er noch nervöser, als er ist, und diese Erregung anderen mitteilen, was schon ein Gewinn für den Urheber ist: Er kommt ins Gespräch, man redet, schreibt, fragt nach, was das bedeuten kann, was er gesagt hat. Manche Politiker sind Meister in dieser Kunst, durch vieldeutige Aussagen die Leute in Spannung zu halten, damit ihre Aufmerksamkeit nicht nachlasse. Sie verstehen sich auf Public relations.

IX

Nachdem das Nachrichtenmagazin »Der Spiegel« am 7. September 1987 mit seinen 1,1 Millionen Auflage schamlose Machenschaften im Vorfeld der Landtagswahlen von Schleswig-Holstein veröffentlicht hatte, kamen immer mehr wohlgehütete Geheimnisse ans Licht, und immer erbitterter reagierten die Betroffenen.

121

War die Sache schon vorher in einer hektischen Folge von Behauptungen und Gegenbehauptungen zu immer größerer Spannung hinaufgesteigert worden, war sie nach Barschels Tod das Unterhaltungsthema Nr. 1, das sogar die ehelichen Probleme des Prinzen von Wales und seiner Frau Diana aus den Schlagzeilen verdrängte. Das Wort von der »Illustrierten-Republik« bezog sich hauptsächlich auf die Art und Weise, wie die Unterhaltungspresse den Tod des gestürzten Politikers vermarktete; aber es wurde auch von einem Politiker gesprochen, der sich um den öffentlichen Erfolg seiner finanzpolitischen Bemühungen gebracht sah. Die fand nun niemand mehr spannend. Spannend waren der Tod und seine Umstände. Zeugung und Tod finden immer ihr Publikum, durchs Schlüsselloch oder andere Kanäle.

Das ist nicht verwunderlich. Die Spanne zwischen Tod und Geburt, die unser Leben ausmacht, erfahren wir in der Spannung zwischen natürlichem Vergang und der Hoffnung aufs Überleben. Für die letztere sind die Umstände des Todes wichtig. Alle Religionen heben das hervor. Im gegenwärtigen Krieg am Persischen Golf gehen vierzehnjährige Iraner mit Freude in die Schlacht, weil ihnen der Heldentod das Überleben verspricht. Jede christliche Leichenfeier nährt die Hoffnung auf das Überleben nach dem natürlichen Tod. Darüber entscheidet auch, wie einer gestorben ist. Noch nicht lange zurück, verweigerten die christlichen Kirchen das Begräbnis dem, der sich selbst den Tod gab.

Sich selbst zu töten, versuchen laut Statistik rund 200 000 Menschen in der Bundesrepublik jährlich, und 14 000 dieser Versuche gelingen. Ihre Motive werden in der Regel nicht öffentlich gemacht, wenn der Tote keine öffentliche Figur war. Der Privatmann kann mit der Anteilnahme seiner wenigen Nächsten sterben, den Politiker entläßt die Öffentlichkeit, die er gesucht hat und zu beeinflussen suchte, nicht so schnell. Er gehört ihr über den Tod hinaus. Es sind nicht nur die politischen Parteien, die solch unruhiges Gedächtnis vermitteln, sondern auch die wohlverstandenen Eigeninteressen der Zeitungen und Illustrierten. Bei allen Unterschieden zwischen der – sagen wir vorsichtig – KuK-Presse (Klatsch und Kitsch) und den seriösen Publikationen haben die Medien gemeinsam, daß sie von der Macht des Anscheins der Macht leben, vom Prestige, das die Veröffentlichung verleiht.

X

Prestige ist mehr als Ansehen und Achtung, aber noch nicht Macht, sondern nur ihr Schein. Der verstorbene Ministerpräsident hatte sein Amt verloren, er wollte sein Prestige erhalten; aber er konnte es nicht. Alfred Adler nannte Prestige das Brot des Neurotikers.

Die Illustrierten mit Millionenauflagen zehren nicht von den Themen, sondern von deren Aufbereitung, die sie für ihre Leser spannend macht. So war es kein Wunder, daß die ungerufen ins Totenzimmer eingedrungenen Reporter des »Stern« sofort den Toten fotografierten samt seinen Papieren. Totenbilder sind immer spannend, weil wir alle Angst vor dem Tod haben. Die Illustrierte erschien sogar früher und war sofort ausverkauft. Die Konkurrenten wollten und konnten unter dem Druck des Wettbewerbs, den ja die politischen Verkünder der »Leistungsgesellschaft« für der Weisheit letzten Schluß halten, nicht zurückbleiben. Wie zuletzt die trüben Verzerrungen des Wahlkampfs, die zum frühen Ende der Karriere Barschels beitrugen, folgten die Illustrierten der Prestige-Sucht. »Quick«, mit etwas über einer Million Auflage, beeilte sich, ebenfalls früher zu erscheinen. Die »Bunte« (1,4 Millionen) sah Barschel »In den Tod getrieben«, die »Neue Illustrierte Revue« (1,3 Millionen) verriet mit Freya Barschel »Warum es Mord war« und so weiter. Es war wie bei einer Auktion. Am höchsten steigerte die auflagenstärkste Frauenzeitschrift »Bild der Frau«. In beinahe drei Millionen Exemplaren verkaufte sie: »Frau Barschel. Ihre Tränen, ihr Kampf, ihre Hoffnung. Seher ›sprach‹ Barschel im Jenseits: ›Es war Giftmord!‹« – und das für nur 80 Pfennige.

XI

Das also mag man als »Illustrierten-Republik« bezeichnen, wenn der illustrierte Schwachsinn die höchsten Auflagen hat. Sie beschränkt das bürgerliche Interesse auf Spannung, indem sie emotionale Defizite ausbeutet und damit neue Gefühlsmängel erzeugt. Ein sicheres Geschäft mit Schamlosigkeit, auf Schwachsinn spekulierend. Hier liegt der Kern der Fehlentwicklung und nicht in der Kritik einer »linken« Kampfpresse (Stoltenberg), auf die Kohls Verdikt auch zielte.

Der Dichter Hermann Broch hat die Ursache dieser journalistischen Konkurrenzen schon vor vierzig Jahren beschrieben:

»Es ist durchaus bezeichnend, daß überall in der Welt, wo Intensivwirtschaftsformen mit ihren ungeheuren Wettbewerbsspannungen einsetzen, diese (einfach weil der Mensch nicht spannungsfrei zu leben vermag) auch auf die Mußestunden übertragen werden; geistig, sozusagen geistig hat dieser Sachverhalt zu der gewaltigen Spannungsindustrie geführt, deren zahmer Vorläufer der Detektivroman gewesen ist, und die als Kino, Radio und Television sich immer noch weiter ausbreitet . . .«

Spricht man schon von »Illustrierten-Republik«, dann sollte man auch deren Ursprung beim Namen nennen. Sie ist ein Produkt der »Spannungsindustrie«, ein kapitalistisches Erzeugnis wie die von Enzensberger so benannte »Bananenrepublik«, eine Fehl-Leistungsrepublik.

Manfred Delling

Der Filz ist aus Beton
Der Verlust einer politischen Kultur im Fernsehen und im Umgang mit ihm

Nietzsches Wort, daß öffentliche Angelegenheiten noch niemanden um den Schlaf gebracht haben, wird in unseren Zeitläuften auf eine harte Probe gestellt. In John Updikes epochalem Roman »Bessere Verhältnisse« erinnert sich »Rabbit« Angstroms Frau an ihren sterbenden Vater, der einfach nicht mehr mochte: »Wißt ihr, ich glaube, das hat Fred das Herz gebrochen. Dieses Watergate.« Amerika ist nahebei. Die Ironie der Geschichte will, daß wir heute, da wir in der Bundesrepublik in einer Demokratie leben, in der unzweifelhaft eine Freiheit des Wortes gilt, überdies private und öffentliche Sorgen sich keineswegs mehr zwangsläufig ineinander verschlingen wie in der Nazidiktatur, von Unsicherheiten des kollektiven Überlebens, politischen Skandalen und Affären des Gemeinwesens heimgesucht werden, deren tägliches Erinnern sich bis in Alpträume fortsetzen kann. Das Vertrauen der Bürger in eine zuverlässige Rechtschaffenheit von Politikern und von Verwaltern empfindlicher Institutionen ist auf dem Nullpunkt. »Autovertreter verkaufen Autos, Versicherungsvertreter Versicherungen. Und Volksvertreter?« fragt der polnische Satiriker Stanislaw Jerzy Lec. Lore Lorentz meint, angesichts der Lage müßten die Kabarettisten »den Bonnern Tantieme zahlen«, sie hüteten sich aber davor, denn »das Schlimme ist, sie werden sie annehmen«.

Die allseits konstatierte Staats- und Parteienverdrossenheit läßt gerade junge Bürger in Gegenwelten flüchten, in die von der Realität abgehobenen Genugtuungen des New Age, in widerspruchslose Karrieren von aktenköfferchentragenden Yuppies oder in scheinbar sinnlose Gewalttaten. An die verändernde Macht des Wortes glauben sie alle nicht mehr. Aber Flucht oder Erbitterung sind nur unterschiedliche Reaktionen auf dieselbe Ursache. Eine weitere ist Gleichgültigkeit, die meistverbreitete

Volkskrankheit. In seiner Dankesrede zum Ehrendoktorat der Bergischen Universität Wuppertal sagte Rudolf Augstein 1987, die BRD sei »ein System, das die eigentlichen Skandale gar nicht mehr wahrnimmt«. Er meinte damit wohl, daß es sie nur noch konsumiert. Die Hoffnung auf die Macht der vierten Gewalt, der Öffentlichkeit, habe er aufgegeben. »Heute sehe ich, daß alle vier Gewalten zurückgehen, die Anarchie demgemäß zunimmt«.

Anarchie? Fürwahr, dieses dem deutschen Wesen mit seiner Liebe zu Ordnung und Obrigkeit scheinbar so Fremde herrscht zumindest auf dem Gebiet der Rundfunkgesetze. Oder andersherum gedacht: Kann die hier offen etablierte Anarchie – denn um nichts anderes handelt es sich als um eine alltägliche Verspottung der Rundfunkgesetze vor aller Augen – gerade deshalb so mühelos funktionieren, weil ein blindes Vertrauen in Ordnung und Obrigkeit einen mehr als vorübergehenden Zweifel nicht zulassen? Die Schamlosigkeit, mit der die von den Länderparlamenten erlassenen und von mehreren Bundesverfassungsgerichtsurteilen präzisierten Gesetze gebrochen werden, hat längst eine Dauerhaftigkeit erreicht, die sich nur Gesetzesbrecher erlauben können, die sich im Schutze einer allgemeinen öffentlichen Gleichgültigkeit sowie des Staates wissen. Die Beispiele dafür sind Legion, in zahllosen Fällen publiziert und kommentiert, die Dunkelziffer erahnbar. Eklatante Fälle sind selbst im eigenen Medium kritisiert worden, aber die Folge der Proteste war stets ihre Folgenlosigkeit.

Man kann das, wie gesagt, nicht alleine den Tätern anlasten, sondern auch ihren Opfern, den Zuschauern also, die gleichgültig hinnehmen, wenn die Parteien und ihre jeweiligen Sympathisanten so handeln, als »gehöre ihnen nicht nur der Staat, sondern auch die Meinung, die ihn trägt. Die Anstalten begegnen dieser Anmaßung mit schlotternder Festigkeit, finden Begründungen und Entschuldigungen für jedes Nachgeben, begehen einen Kotau nach dem anderen vor diesen Obrigkeiten mit gepumpter Macht. Und die Belegschaften schweigen, mit geballter Faust in der Tasche.« (Dieter Gütt, ehemaliger leitender ARD-Redakteur) Na ja, Faust in der Tasche, dazu gleich noch etwas. Während jedoch öffentliche Initiativen zur Umweltpolitik vielerlei partielle und lokale Erfolge hatten, gibt es – von eher sektiererischen Grüppchen abgesehen – keinerlei Aktivitäten zu einer Rundfunkpolitik, die dem Gemeinwesen nicht gerade unwesentlicher schadet. »Verweigerungsdemokraten« nennt der pensionierte WDR-Intendant Friedrich Wilhelm von Sell diese schweigende Mehrheit. »Unsere Gesellschaft ist von einer Fortschritts- zur Ohnmachtsgesellschaft geworden.« Immer dann jedenfalls, wenn der Einzelne sich nicht betroffen fühlt wie von vergifteter Luft. Es müßte aber jeden etwas angehen, wenn staatliche und parteipolitische Interessengruppen das meistverbreitete Massenmedium wie den öffentlichen Dienst betrachten und entsprechende Loyalität verlangen, wo gerade die Unabhängigkeit der Medien vom Staat ein unerläßliches demokratisches Prinzip sein sollte. Der Vergleich mag unziemlich sein, soll aber wiederum keine Gleichsetzung der beiden Staatsformen bedeuten: Nachdem aber sein Fernsehspiel »Reichshauptstadt privat« sehr kontrovers aufgenommen worden war und ihm eine Idyllisierung der Nazizeit vorgeworfen wurde, antwortete Wolfgang Menge in einem Vorwort der inzwischen erschienenen Buchausgabe, die im übrigen durch den Kontext mit Zeitdokumenten den Widerspruch zu Annas entschlossenem Rückzug ins Privatleben deutlicher macht: »Das Leben war damals nun mal so.« Für die Annas, meint er. Und Menge fragt: »Würden die, die heute so jung sind, wie es Anna und Kurt damals waren, sich anders verhalten haben? Oder verhalten sie sich heute, soweit man äußere Umstände vergleichen will, nicht doch ähnlich wie ihre Eltern oder Großeltern?« Keine unverschämte Frage. Jeder spürt auch den Verlust der politischen Kultur im Fernsehen, aber kaum einer tut etwas dagegen. Spricht ein designierter Chefredakteur wie Klaus Bresser, entspannt im Bodenseeurlaub, die »Komplicenschaft« zwischen Fernsehjournalisten und Politikern einmal offen aus, nennt dazu auch noch Namen, wird er zurückgepfiffen. Natürlich, andere Konsequenzen sind längst verbaut. Damit muß man als Insider leben, das sind die Konditionen, die in keinem Vertrag stehen. Und die Hoffnung, daß sich das ändern wird, ist unrealistisch. Der Filz ist aus Beton.

Daß die Verantwortlichen von der Öffentlichkeit vorwiegend in Ruhe gelassen werden, funktioniert natürlich auch deshalb, weil es über vereinzelte Enttäuschungen hinaus keine Unzufriedenheit mit den Programmen gibt. Eine Fernsehverdrossenheit ist nicht auszumachen, im Gegenteil. Die Sehdauer steigt noch immer. In Klaus Wildenhahns neuem Dokumentarfilm »Stillegung« (über die traditionsreiche Drahtwalzstraße im Hüttenwerk Oberhausen) denkt der alte Betriebsratsvorsitzende milde erbittert über die vertanen Chancen der Arbeiter nach, weil »die

Mehrheit der Bevölkerung unpolitisch ist«, solange sie nach Mallorca fahren können. Der Mallorca-Effekt hat auch den Rundfunkanstalten den Frieden erhalten. Überdies haben die Anstrengungen der öffentlich-rechtlichen Anstalten, das populistische Angebot der neuen privaten Sender zu unterwandern, indem sie sich ihm weitgehend annähern, gefruchtet. Die gereizten Reaktionen einer Presse, die mittlerweile in den meisten Fällen über ihre Verlage selber mit den neuen Veranstaltern verflochten ist, hat das Publikum unberührt gelassen. Eine politische Kultur, die immer eine kritische Wachsamkeit von Medien und Öffentlichkeit voraussetzt, kann unter solchen Auspizien nur schlecht gedeihen und hält sich bestenfalls bei einzelnen Skandalen auf.

Gehorsamer Kniefall

Ob der Kniefall des öffentlich-rechtlichen Rundfunks vor den Politikern noch tiefer sein kann? Im Fall des ZDF und seines vorauseilenden Gehorsams – den Blick in diesem Fall fest auf die bayerische Staatskanzlei und ihren allgewaltigen Hausherrn Strauß gerichtet – wohl kaum. Die Entscheidung der Verantwortlichen im ZDF, Klaus Bresser die Moderation des »Streitgesprächs« mit Fernsehpolitstar Franz Josef Strauß zu entziehen, zeigt wieder einmal, wie sehr die politischen Parteien – und allen voran die Union – das Fernsehen im Würgegriff halten. Wenn sich in den oberen Etagen der Rundfunkanstalten nicht bald herumspricht, daß ein wenig Rückgrat und Konfliktbereitschaft schon nötig ist, um solchen Begehrlichkeiten Einhalt zu gebieten, wird das öffentlich-rechtliche System bald vollends verkommen sein.

Wäre es wirklich ein so großer Verlust gewesen, wenn Strauß schmollend zu Hause geblieben wäre? Wenn es im übrigen eines letzten Beweises bedurft hätte, wie recht Bresser mit seiner Kritik hat, dieser Rückpfiff war es. Die Herren Feller und Lojewski dürfen sich als wertvolle Diener ihrer (Partei-)Herren fühlen, wenn sich Strauß und Zimmermann gleich so ins Zeug legen.

Ingrid Scheithauer

Gewiß kann nicht die Rede davon sein, daß sich das Fernsehen der Realität widerstandslos fügt. Bis heute ist die Opposition einzelner politischer Magazine, dokumentarischer Reihen, von Diskussionssendungen, auch real-fiktiven Fernsehspielen und so weiter ziemlich ungebrochen. Lassen wir dabei unerörtert, welches Maß an Courage und Nerven dies von den Beteiligten allerdings erfordert. Wenn andere Kollegen von dieser Gewissenhaftigkeit überfordert sind, so ist das menschlich. Man sollte sich auch hüten, sich selber für einen Thomas Becket mit seinem Mut vor dem Freund und König, dem er seine Ernennung zum Erzbischof verdankte, zu halten. Bekanntlich endete er durch einen Mord im Dom. Der Verlust der Scham kann freilich in Extremfällen bis zur Lebenslüge führen, einem Lavieren vor dem eigenen Gewissen und der tiefen Uneinsichtigkeit in die eigene Mitschuld. Einer tiefen Uneinsichtigkeit aber auch in das illegale Tun der Versucher, so wie ja auch bei Updike »Rabbits« Schwiegervater eigentlich nicht wahrhaben wollte, daß Nixon schuldig war. Die zarteste Versuchung aber, seit es auch unter Journalisten eine große Arbeitslosigkeit gibt, sind die enormen sozialen und pekuniären Privilegien für Rundfunkangestellte. Und schließlich hat es auch mancher nötig, um mit Polgar zu sprechen, die Mängel seines Talents durch Defekte des Charakters auszugleichen; allzu menschlich. In Tendenzbetrieben wirkt sich das öffentlicher aus als in der Margarineindustrie.

So haben die Großparteien den Rundfunk weitgehend einvernommen. Die CDU/CSU mit sichtlich größerem Erfolg in den letzten Jahren als die SPD, die 1988 nur noch einen Intendanten ihrer Wahl stellt (beim Zwergsender Bremen) und nicht selten vom Parteienproporz abhängige Stellen der oberen Ränge mit Leuten besetzte, die sich dann ihren Gönnern wenig dankbar erwiesen. Man könnte darin eine brave journalistische Tugend und innere Unabhängigkeit sehen – wenn es nur so wäre. Es dürfte aber mehr mit den Bonner Mehrheiten und dem davon ausgehenden politischen Klima im Land zu tun haben. Protegés der konservativen Parteien und der mit ihnen cooperierenden Gremienvertreter haben sich jenem Tugendverdacht meistens gar nicht erst ausgesetzt. Die FDP spielte auch in diesem Zusammenhang lediglich mehrmals die Rolle des Züngleins an der Waage, jeweils mit wem sie gerade koalierte (wie zuletzt bei der Wahl des neuen Deutschlandfunk-Intendanten). Die Grünen wurden bisher von den anderen mit Erfolg aus jeder Entscheidung herausgehalten und sind nicht einmal im 66köpfigen Fernsehrat des ZDF vertreten.

Im Januar 1988 geschah es bemerkenswerterweise, daß der Programmbeirat der ARD, zusammengesetzt aus Rundfunkratsvertretern der einzelnen Sender, nach elfwöchiger Beobachtung die Freitagsreihe »Bericht aus Bonn« rügte. Man habe nur einen einzigen Bericht ausmachen können, der sich mit den Oppositionsparteien beschäftigte (der Krach bei den Grünen!). »Die Politik der Bundesregierung und der regierenden Parteien spielt eine zu dominierende Rolle, die Opposition bleibt praktisch ausgeklammert.« Ohnehin habe die Sendung einen besseren Moderator verdient. Er heißt Ernst-Dieter Lueg, ein Vertrauens-Mann der SPD. Erst danach folgte der Rundfunkrat des WDR (mit einer SPD-Mehrheit) dem Mißtrauensvotum: »Im ›Bericht aus Bonn‹ wie in der Parlamentsberichterstattung generell muß stärker zum Ausdruck gebracht werden, daß das Parlament nicht nur aus Regierungsfraktionen, sondern auch aus der Opposition besteht. Die Berichterstattung krankt daran, daß sie der Regierung, die ohnehin über einen bedeutsameren Status verfügt, einen zusätzlichen ›Medienbonus‹ zubilligt. Die Gewichtung und Bewertung politischer Ereignisse und Entwicklungen muß ausnahmslos nach journalistischen Kategorien erfolgen. Zu ihnen gibt es – auch nach dem WDR-Gesetz – keine Alternative.« (Plötzlich besinnt sich auch ein Rundfunkrat auf die Gesetze.) »Kritische Distanz der Journalisten gegenüber Regierung und Opposition ist die Voraussetzung für eine unabhängige, professionelle politische Berichterstattung. Räumliche, politische und persönliche Nähe zwischen Politik und Journalismus, die zur Informationsbeschaffung genutzt wird, darf die Berichterstattung inhaltlich nicht beeinflussen ... Wünschenswert wäre es, wenn der ›Bericht aus Bonn‹ weniger glimpflich und behutsam, sondern kritischer und distanzierter mit Politikern umginge.« In der Tat ist diese Rüge ein »einmaliger Vorgang«, wie der Betroffene zürnte. Nur ist er keineswegs einmalig, was die Anpassung eines Fernsehjournalisten an die momentanen politischen Verhältnisse betrifft. In einer Rechtfertigung schrieb Lueg: »Wir sind stolz auf unseren kritischen und distanzierten Umgang mit Politik und Politikern.« – Selten so gelacht.

Was darüber also verkommen ist, ist das Große Ganze: die selbstverständliche Achtung der Rundfunkgesetze, die, würden sie respektiert, die Verständigung zu beider Vorteil zwischen Fernsehjournalisten und Politikern mit all ihren Auswirkungen aufs Programm gar nicht zuließe. Noch weitgehend unter dem Einfluß der westlichen Siegermächte entstanden, weht durch diese Gesetze ein Geist der Demokratie, der sie nicht nur vom Staatsrundfunk der Nazis absetzen sollte (auch der Weimarer Rundfunk litt bereits unter dirigistischen Einflüssen des Staates). Je mehr sich die Besatzungsmächte aus dem Rundfunk zurückzogen, um so mehr wurde ihr Erbe vertan. Die Gesetze sind geblieben – auf dem Papier. »Das deutsche Rundfunkwesen ... wird sich nicht den Wünschen oder dem Verlangen irgendeiner Partei, eines Glaubens, eines Bekenntnisses oder bestimmter Weltanschauungen unterordnen. Es wird weder mittelbar ein Werkzeug der Regierung, einer besonderen Gruppe oder einer Persönlichkeit sein, sondern in freier, gleicher, offener und furchtloser Weise dem ganzen Volk dienen« (aus § 2/2 der Satzung des Süddeutschen Rundfunks). So oder so ähnlich steht es auch in den Satzungen der anderen Rundfunksender, wenn auch vielleicht nicht so pathetisch. Wenn der NDR-Justitiar Klaus Berg schreibt: »Um den Grad der Rundfunkfreiheit wird die Bundesrepublik noch immer in vielen Nachbarländern beneidet, in denen beispielsweise Rundfunk-›Reformen‹ nach der jeweiligen Wahl nicht nur Mode sind, sondern vor allem als ›Beuteprämie‹ für den Wahlsieger erfolgen« – so läßt sich doch nur rückfragen, was unveränderte Gesetze, die ignoriert werden, beneidenswert macht. Wir brauchen nicht einmal bessere, so wenig wie einige Diktaturen neue Verfassungen brauchen, da die bestehenden fabelhaft demokratisch klingen. Wir brauchen auch keine neuen Atommüll-Gesetze, sagte die Bundesregierung nach Entdeckung des Nukem-Skandals, die existierenden müßten nur eingehalten werden. Wunderbar, dieses nur – es ist der Unterschied ums Ganze.

Der unversöhnliche Widerspruch zwischen Norm und Wirklichkeit kennzeichnet auch die Rundfunk-Lage, und er betrifft nicht nur das Politische. Auch wenn's um Geld geht, sinkt die Moral vor der Sonne. Daß Werbung vom Programm klar erkennbar zu trennen ist, steht auch in allen Vorschriften. War das in früheren Jahren schon nicht immer der Fall – wenn zum Beispiel Bundesministerien Vorabendserien mitfinanzierten mit allen Auswirkungen, die das haben kann –, so ist die einst so genannte »Schleichwerbung« inzwischen zum »product placement« anglisiert, stilisiert und perfektioniert worden. Selbst (aber was heißt hier schon *selbst*) die Aufsichtsgremien von ARD und ZDF haben inzwischen Richtlinien gutgeheißen, die man nur bei schlampiger Auslegung der Rundfunkgesetze als legal bezeichnen kann. Darob sind Industriefirmen, für deren Produkte unterschwellig geworben wird, zu Co-Produzenten der Rundfunkanstalten geworden. Würden wir auf diese Zubringerdienste

131

verzichten, argumentieren die Rundfunkanstalten treuherzig, müßten die Gebühren erhöht werden. Aber ob den Zuschauern dies nicht noch lieber wäre, als daß ihre Gutgläubigkeit ausgebeutet wird, wäre doch immerhin eine Frage an sie wert. Die Anarchie, ein Millionengeschäft. Die normative Macht des Faktischen hat auch hier die Gesetze unterhöhlt, und von einer Scham kann nicht mehr die Rede sein.

Mit Recht hat Friedrich Wilhelm von Sell Ende 1987 in einem Vortrag festgestellt, daß sich von 1961 (dem sogenannten 1. Fernsehurteil) bis 1986 (dem sogenannten Niedersachsenurteil) selbst die Rechtsprechung des Bundesverfassungsgerichts den Gegebenheiten angepaßt hat. »Die Karlsruher Kapitulation des November 1986 ist die der Anpassung der Normen an die Fakten, an den kommerziellen Lebenssachverhalt. In einer Art petitio principii ist aus der durchaus unbedenklichen Feststellung im 61er Urteil, auch Private könnten den Rundfunkauftrag in der BRD erfüllen, wenn die Demokratiegewährleistungen stimmen, eine Ziellinie der Ermöglichung für privaten Rundfunk geworden. Und in der durchaus realistischen Einschätzung, daß die Gesetze des Marktes über die Figur der Außenpluralität die in Karlsruhe gesetzten hohen normativen Standards gar nicht erreichen und verwirklichen können, muß halt ein Austausch erfolgen der normativen Kategorie gegen die empirische der Anpassung sprich Senkung des Standards.«

Die Frage, ob nicht die privaten Veranstalter ohne die meist von Parteienvertretern beherrschten Aufsichtsgremien wenigstens ein Stück politische Kultur zurückerobern könnten, stellt sich allerdings nicht ernsthaft. Aus kommerziellen Gründen auf Konfliktlosigkeit angelegt und von Parteien ebenfalls nicht unabhängig (Lizensierung, Reichweiten und so weiter), haben sie die Gefälligkeitsdarbietungen der öffentlich-rechtlichen Anstalten durch eine weitgehende gesellschaftspolitische Abstinenz komplettiert. Die Hoffnung, daß sich mit ihnen wieder eine weniger von falschen Rücksichten bestimmte Publizistik etablieren würde, war von Anbeginn naiv.

Kommt hinzu, daß die konservative Presse in Zeiten konservativer Regierungen einen »Enthüllungsjournalismus« solange verhöhnt und den Ausgewogenheitsfetischismus der Rundfunkanstalten stützt, bis auch sie, wie im Fall Barschel, am Ende kleinlaut beigeben muß, daß er von bitterer Notwendigkeit für das Gemeinwesen ist. Doch auch danach noch schrieb der intelligenteste und immerhin unberechenbarste Vertreter der Traditionalisten, Johannes Gross, am Beispiel des Watergate-Enthüllers Bob Woodward vom »Star der flott-trabend investigativ journalism genannten Art von Literatur«. Trabte sie nur flott im Fernsehjournalismus, beschränkte er sich doch nicht nur, so wichtig auch dies ist, auf Maden im Fisch und Texapon in der Zahnpasta. Prinzipiell herrscht hier jedoch die Devise des »Regierens statt Agierens«. So ist es denn alles andere als Zufall, daß kein einziger der erschütternden Skandale dieser Republik von Fernsehsendern mit ihren ungleich großen redaktionellen Apparaten erfahren, recherchiert und aufgedeckt worden ist: Neue Heimat, Parteispenden, Barschel, Atommüll, alle nicht. Sogar den Fall Höfer ließ man schwelen. Und noch aus dieser eigenen Angelegenheit machte man durch rigoroses Fehlverhalten des Rundfunkrats erst eine Affäre. Der Journalistik-Professor Siegfried Weischenberg nannte das nachfolgende »Spiegel«-Zitat die Ausstellung eine »Blindenausweises«: »Keine der großen politischen und gesellschaftlichen Streitfragen der letzten Zeit wurde kompetent, mit angemessener Gründlichkeit und Tiefenschärfe aufgearbeitet: weder die zivile Nutzung der Atomkraft noch das Waldsterben und andere vergleichbare Umweltschäden, nicht der liederliche Umgang der Regierung mit Datenschutz und Volkszählung oder die Bürgerängste und die Friedensbewegung im Gefolge der Raketenpolitik, ebenso wenig . . . die Flickaffäre« (1984).

Es wäre jedoch abermals eine schreckliche Vereinfachung, diese Konfliktscheu alleine den Rundfunkmachern in ihrer peinlichen Lage zwischen Rundfunkgesetzen beziehungsweise Richtlinien und den Binnen- und Außeneinflüssen zuzuschreiben. Es kommt nämlich eine zunehmende Intoleranz in unserer Gesellschaft hinzu, die ihre Ursachen wiederum in der neuen sozialen Unsicherheit haben dürfte. Wenn von den etwa 250 000 Zuschriften und etwa 150 000 Anrufen, die 1987 das ZDF erreichten, eine galoppierende Anzahl aggressiv war und das bereits bei weitgehend ausgewogenen Programmen, so wäre es unbillig zu verlangen, der beziehungsweise die Sender sollten sich dagegen völlig unempfindlich zeigen. Ihre psychologische Bereitschaft zu kontroversen und polarisierenden Beiträgen wird dies nicht eben steigern. Früher kamen solche Anpöbeleien anonym, inzwischen mit voller Adresse, die sogar stimmt. Man weiß, daß man sich nicht mehr tarnen muß. Auch wenn man

Zuschauerpost nicht als repräsentativ nimmt - weil empörte Kunden häufiger reagieren als zufriedene –, so ändert das nichts an der Ten- denz. Welches Toleranz-Beispiel aber geben Politiker den Bürgern? Indem sie es zitieren, schinden sie schon das bekannte Rosa-Luxemburg-Wort, daß »Freiheit immer die Freiheit des Andersdenkenden« sei. In ihrer anmaßenden Selbstzufriedenheit haben sie noch nie zu gemeinnütziger Kritik, sondern stets zur Anerkennung ihrer Programme aufgefordert, nicht zuletzt das Fernsehen als einflußreichsten Multiplikator. Der unerschrockene Dagobert Lindlau, der sich inzwischen vom Posten des Chefreporters beim Bayerischen Rundfunk auf die geruhsamere Korrespondenz aus Wien zurückgezogen hat – und wer will es ihm verdenken –, hat einmal auf den ewigen Ruf nach dem Positiven mit einem ewigen Vergleich geantwortet: »Der Ruf nach der positiven Realität ist deshalb so perfide, weil für die Fabrikation von heiler Welt auf dem Bildschirm sicher wesentlich mehr Geld ausgegeben wird als für eine realitätsnahe Berichterstattung. Der Ruf nach dem Positiven im Fernsehjournalismus ist ähnlich berechtigt wie die Forderung an einen Klempner, sich doch bitte nicht andauernd nur um die paar tropfenden Wasserhähne zu kümmern, sondern endlich um die Millionen, die einwandfrei funktionieren.«

Am Ende aber bleibt als allseitiger Grund für den Niedergang der politischen Kultur im Fernsehen die deutsche Hasenherzigkeit. Eine Fernsehdiskussion über das Schreiben im Nationalsozialismus beendete Hansjürgen Rosenbauer mit dem Satz: »Eines wünsche ich Ihnen zu Hause und mir als Journalist: Mut.« Und das im Jahre 1988.

Jochen Bölsche/Hans Werner Kilz

Rufschädigung im demokratischen Auftrag

Investigativer Journalismus am Beispiel
Barschel, Flick und Neue Heimat

Zur Jahreswende 1987/88, als die monströsen Machenschaften des Uwe Barschel beim schlechtesten Willen nicht mehr geleugnet werden konnten, machten sich vor allem konservative Politiker und Publizisten daran, der Kieler Affäre wenigstens *einen* positiven Aspekt abzugewinnen.

In keinem anderen politischen System, behauptete Bundestagspräsident Philipp Jenninger, wäre der Barschel-Skandal so schnell und so präzise aufgeklärt worden. Der unionsnahe »Rheinische Merkur« rühmte in höchsten Tönen die Funktionsfähigkeit des Bonner Gemeinwesens und die Tüchtigkeit deutscher Journalisten: »Wenn die Mechanismen menschlicher Selbstkontrolle versagen – dann reinigt sich das System selbst.« Schließlich habe die Affäre bewiesen, »daß die Medien, alles in allem, aufgepaßt haben«. *Die* Medien?

In scharfem Kontrast zur Selbstgefälligkeit der konservativen Urteile stehen die Ansichten linker und liberaler Kommentatoren über die Berichterstattung der westdeutschen Presse im Fall »Waterkantgate«. In der Hamburger Wochenzeitschrift »Die Zeit« stellte Cordt Schnibben der Branche ein Armutszeugnis aus: »›Die freie Presse‹ tat zunächst alles, um die Aufdeckung der ganzen Wahrheit zu erschweren.« Im »Vorwärts« kam Klaus Staeck zu einem ähnlich niederschmetternden Ergebnis: »Die Berichterstattung und Kommentierung der Affäre Barschel in vielen Zeitungen und im Fernsehen waren der letzte Höhepunkt des Niederganges von beachtlichen Teilen des journalistischen Berufsstandes.«

Sicherlich hat Waterkantgate wie kaum ein anderes Ereignis in der Geschichte der Bundesrepublik das Selbstverständnis der Medienbranche zum Medienthema gemacht, ähnlich wie Watergate in den USA. Nie zuvor jedenfalls ist öffentlich so intensiv die Frage diskutiert worden, was Journalismus kann – und was Journalismus darf.

Was kann Journalismus? Das gegen Ende der Kieler Affäre von konservativer Seite angestimmte Hohelied auf die Funktionstüchtigkeit und Kontrollfähigkeit der freien Presse ist sicherlich, zum einen, Ausdruck von Unwahrhaftigkeit – wenige Wochen zuvor nur hatte es ganz anders geklungen. Da wetterte Gerhard Stoltenberg gegen die »linke Kampfpresse«, ganz im Stile von Otto Graf Lambsdorff, dem während der Parteispendenaffäre das Wort von den »journalistischen Todesschwadronen« entfahren war.

Und da urteilte Helmut Kohl, der Erfinder der Injurie »Kloaken-Journalismus«, zu einem Zeitpunkt, zu dem die Machenschaften des Ministerpräsidenten längst bloßgelegt und auch nachgewiesen waren: »Die Hetzjagd auf den lebenden Uwe Barschel, *bei der es nicht um die Wahrheit ging, sondern um Fertigmachen – die Hetzjagd war schlimm.*«

Doch die *nach* der Affäre gesprochenen Lobesworte für die Enthüllungstüchtigkeit der westdeutschen Presse sind nicht nur geheuchelt – sie sind in ihrer Pauschalität schlichtweg falsch. In Wirklichkeit hat der Barschel-Skandal deutlich gemacht, daß das Kritik- und Kontrollpotential der bundesdeutschen Medien beängstigend gering ist, daß womöglich nur eine Verkettung von günstigen Umständen und Zufällen die Aufdeckung des Kieler Skandals ermöglicht hat.

Eindeutig versagt hatte, bevor die Medien sich des Falles Barschel annahmen, die klassische Gewaltenteilung. Durch die Verfilzung der Kieler CDU-Regierung mit der Regierungsfraktion war jede effektive Kontrolle verhindert worden. Auch die sozialdemokratische Opposition im Landtag unterließ es aus wahlkampftaktischen Opportunitätserwägungen, die Affäre umgehend publik zu machen, nachdem Pfeiffer sie über die Machenschaften in der Staatskanzlei informiert hatte.

Hat nach dem Versagen der klassischen »zweiten Gewalt« wenigstens die gelegentlich zur »vierten Gewalt« hochstilisierte Presse funktioniert? Vor dem Hintergrund der Waterkantgate-Erfahrungen kommt der Medienwissenschaftler Siegfried Weischenberg zu einem bemerkenswert negativen Urteil: »Die Legendenbildungen um ›Watergate‹ und andere große ›scoops‹ in den letzten Jahren«, schreibt er, »verleiteten zu dem Mißverständnis, die Medien seien eine eigenständige Macht geworden, die selbst die Wahrheit herausfindet . . . Das Konzept, das dahinter steckt, wird ›Enthüllungsjournalismus‹ oder ›Investigativer Journalismus‹ genannt. Wie ist die Situation wirklich? Nur wenige Blätter – ganz zu schweigen vom öffentlich-rechtlichen Rundfunk – drängen sich überhaupt danach, hin und wieder die Funktion einer ›vierten Gewalt‹ im Staate zu übernehmen. Oft geraten sie sogar eher unfreiwillig in diese Situation – wenn ein Mitarbeiter aus einer unteren Behördenetage mit einem Koffer voll Material aufkreuzt.«

Weischenberg geht sogar soweit, es als »Legende« zu bezeichnen, »daß Reporter Affären selbst aufdeckten und dann sozusagen die Ermittlungen führten«. Unterstellt, es wäre in vielen Fällen so – die Selbstreinigungskraft des bundesdeutschen Systems hinge dann weitgehend von *einem* Faktor ab: ob sich eine hinreichende Zahl von Medien bereitfindet, die ihnen zugetragenen affärenträchtigen Informationen zu veröffentlichen, die damit verbundenen juristischen und ökonomischen Risiken auf sich zu nehmen und notfalls die Informanten gegen berufliche und sonstige Nachteile wirtschaftlich abzusichern.

Die journalistischen Risiken sind bisweilen nicht unbeträchtlich. So liegt es in der Natur politischer Konspiration, daß sich bestenfalls mal *ein* Mitverschwörer bereitfindet, seine Beteiligung öffentlich einzugestehen. Die zu Beginn der Barschel-Affäre von Leitartiklern verbreitete Ermahnung, der »Spiegel« hätte seine Enthüllungen nicht nur auf seinen Zeugen Reiner Pfeiffer stützen dürfen, mutet naiv an: Die Annahme, zwei oder gar mehr Konspirateure ließen sich dazu bewegen, an Eides Statt zu versichern, kriminelle Taten verabredet zu haben, verrät ein erstaunliches Maß an Weltfremdheit.

Gewiß: Risiken liegen nicht selten in der Person von Zuträgern – allerdings, und das ist das Vertrackte, geschieht es bisweilen, daß gerade zweifelhafte Informanten mit Informationen aufwarten, von denen sich hinterher herausstellt, daß ihr Wahrheitsgehalt über jeden Zweifel erhaben ist.

Gewiß auch: Die vor allem von Illustrierten genährten Hoffnungen auf hohe Honorare mobilisieren immer wieder auch Betrüger und Fälscher. Von der Faustregel, daß für die solidesten Informationen am wenigsten Geld gefordert wird, gibt es allerdings – wie von jeder Regel – Ausnahmen. Auch dieser Umstand erschwert redaktionelle Entscheidungen.

Um so wichtiger ist, daß der investigierende Journalist nicht nur die Plausibilität der ihm zugetragenen Informationen prüft, sondern durch gezielte Recherchen auch flankierende Fakten zusammenträgt (was im Fall Barschel auf vielerlei Weise möglich war). Zweifellos notwendig, wenn auch häufig unergiebig ist es, den Beschuldigten die zur Veröffentlichung vorgesehenen Vorwürfe vorzuhalten. (Der Kieler Untersuchungsausschuß hat mittlerweile herausgefunden, daß Barschel mehreren einschlägigen Versuchen von »Spiegel«-Redakteuren gezielt aus dem Wege gegangen ist und daß von seinem Pressemann – und Mitverschwörer – Ahrendsen erbetene und versprochene Rückrufe ganz bewußt nicht getätigt wurden.)

Die Reaktion der westdeutschen Medien auf die ersten »Spiegel«-Veröffentlichungen über Engholms Bespitzelung und über »Barschels schmutzige Tricks« erlauben eine Antwort auf die hypothetische, dennoch fundamentale Frage, was geschehen wäre, wenn der »Spiegel« (ebenso wie zuvor die schleswig-holsteinische SPD) den Informanten Pfeiffer abgewiesen hätte: Die Barschel-Affäre wäre kaum aufgedeckt worden, jedenfalls nicht zu diesem Zeitpunkt, möglicherweise nie.

Die Kommentare aus jenen Tagen lassen wenig vom Glanz, dafür viel vom Elend des westdeutschen Journalismus erkennen: ein weithin überwunden geglaubtes Obrigkeitsdenken, übergroße Risikoscheu und ein vordemokratisch anmutendes journalistisches Selbstverständnis.

Wenig überraschend war, daß Partei-Publikationen sogleich befanden, der »Spiegel« habe sich »einmal mehr disqualifiziert«: »Aufklärender Journalismus ist das ganze jedenfalls nicht«, schrieb der »Deutschland Union Dienst« der CDU/CSU; mit dem »notwendigen Wächteramt von Presse, Rundfunk und Fernsehen« habe die Enthüllung des Skandals am Wahlwochenende »nichts mehr zu tun«, urteilte das gleichfarbige »Deutsche Monatsblatt«, ganz auf der Linie von Helmut Kohl, der in der Aufdeckung der Affäre einen »grandiosen Anschlag auf die politische Kultur unseres Landes« sah.

Daß die Union ein gestörtes Verhältnis zur Pressefreiheit hat, ist spätestens bekannt, seit Franz Josef Strauß den »Spiegel«-Redakteur Conrad Ahlers 1962 wegen angeblichen Landesverrats von der Polizei des faschistischen Franco-Regimes verhaften ließ und damit die »Spiegel«-Affäre auslöste. Arnulf Baring beschrieb dieses Defizit der Adenauerschen Staatspartei mit den

Worten: »Konrad Adenauer (hatte) die Funktion der Publizistik in einer freiheitlichen Demokratie nie begriffen, vielleicht nie begreifen wollen. Er bestreitet ihren Mitgestaltungsanspruch, ihre Kontrollaufgabe, ihr Recht auf Kritik.«

Der Barschel-Skandal und die Reaktion der CDU/CSU auf seine Enthüllung haben nach Ansicht des Publizisten und SPD-Abgeordneten Freimut Duve gezeigt: »Barings Verdikt gilt auch heute noch für die Union.« Politiker wie Barschel könnten Journalisten »nur als teuflische Gegner« wahrnehmen (wie etwa die »Spiegel«-Redakteure) oder als »käufliche Spießgesellen« (wie Pfeiffer und andere Springer-Journalisten). Duve: »Wer versucht, einen ganzen Sender mit seinen Leuten zu besetzen, den Journalisten also Karrieren bastelt, der kann sie nur nutzen oder verachten.«

Schlimmer als solches Presseverständnis bei Politikern ist, daß es auch außerhalb der Parteimedien nicht an Journalisten mangelt, die selber die Funktionszuweisung verinnerlicht haben, die ihnen von konservativer Seite zugedacht ist. Die Barschel-Affäre hat offenbart, daß Presseorgane, die sich als Kontrollorgane verstehen, in der Bundesrepublik eine ziemlich schlechte Presse haben.

Der konservative Publizist Paul Pucher etwa – der schon 1984 den »Moralaposteln in den einschlägigen Magazinen« wegen der Flick-Enthüllungen »geistige Umweltverschmutzung« attestiert hatte – warf im Fall Barschel dem »Spiegel« »Gangsterjournalismus« vor. Der »Nürnberger Zeitung« fiel es »schwer, den ›Spiegel‹-Stil noch innerhalb der Grenzen eines fairen Journalismus einzuordnen«, der »Westfälische Anzeiger« rügte, »einige Presseorgane« seien »in puren Enthüllungsjournalismus abgeglitten«, das Berliner »Volksblatt« riet: »Vielleicht hätte der ›Spiegel‹ besser geschwiegen«, das »Westfalen-Blatt« rief nach der Polizei: »Sie müßte sich mit dem ›Spiegel‹ und dem ›Stern‹ anlegen.«

Zugleich skizzierten viele Leitartikler ein journalistisches Selbstverständnis, das an Selbstverstümmelung erinnert. »Ein Journalist soll informieren und kritisieren. Ein Kontrolleur ist er nicht«, postulierte die »Frankfurter Allgemeine Zeitung«. Laut »Westfalen-Blatt« müssen sich Journalisten »in einer kriminellen Affäre« sogar »jeglicher Schuld- *oder auch nur Verdachtszuweisung* enthalten«.

Der industrienahe Branchendienst »Medienkritik« tadelte schon 1984 investigativ arbeitende »Journalisten, die nur gesinnungsethisch vorgehen«: Diese Moralisten »gefährden den gesellschaftlichen Konsens« und »bringen den demokratischen Rechtsstaat in Gefahr, von seinen erklärten Feinden ausgehebelt zu werden«. Denn wenn »der investigative Journalismus nur Mängel und Mißstände anprangert, alles Positive aber beiseite läßt«, werde »das Bild unserer Gesellschaft verzerrt«, und »die fortwährende Publikation des Normenbruchs führt zur Auflösung der Norm«.

Solches Verständnis von der Rolle des Journalismus mag dazu beigetragen haben, daß bei einer Umfrage des Fachblattes »Journalist« kein einziger der befragten »Chefredakteure namhafter Tageszeitungen« die Frage eindeutig bejahen mochte, ob der »Spiegel« mit der Veröffentlichung der Pfeiffer-Vorwürfe »recht gehandelt« habe. Typisch vielleicht Joachim Sobotta, »Rheinische Post«: »Ich besitze nicht die Mittel des ›Spiegel‹ und würde sie auch nicht, falls ich sie besäße, einsetzen.« Oder Werner Giers, »Münchner Merkur«: »Die Chefredaktion des ›Münchner Merkur‹ hätte mit Sicherheit anders entschieden als der ›Spiegel‹«; eidesstattliche Erklärungen bestimmter Anbieter seien »erfahrungsgemäß nicht mehr wert als ein Stück Toilettenpapier«.

In Schleswig-Holstein selber hätte, wie der »Journalist« eine Diskussion unter Kieler Redakteuren resümierte, »wohl kein regionales Medium« die Affäre aufgedeckt: Die Medienlandschaft im Norden bestehe aus »durchweg in Monopolgebieten träge gewordenen und konservativ ausgerichteten Tageszeitungen« und einem »unbeweglichen und ebenfalls konservativ dominierten Norddeutschen Rundfunk«. In Kiel komme außerdem auf ein »Häuflein von vielleicht einem Dutzend kontinuierlich arbeitender Journalisten ein ungleich größerer – weil aus Steuergeldern finanzierter – Pressestellenapparat« mit »eher 100 als 50« Bediensteten, der geprägt sei vom »Glauben an die fast totale Manipulierbarkeit der Medien im Lande«.

Wenn die journalistische Bewältigung der Barschel-Affäre ein Prüfstein ist für die publizistische Kontrollkapazität der westdeutschen Medien, dann bieten die Blätter des Axel-Springer-Verlages das weitaus düsterste Bild. Mit Ausnahme lediglich des »Hamburger Abendblattes« haben es die Springer-Medien nicht nur unterlassen, zur Aufhellung der Affäre beizutragen. Sie haben vielmehr gezielt Desinformation betrieben, das Opfer Engholm systematisch zum Täter umgelogen und den Täter Barschel zum Opfer stilisiert.

Einseitig wurde kolportiert, unter anderem mit Hilfe von Zitaten aus anonymen Briefen und anonymen Anrufen, was den Zeugen Pfeiffer belasten sollte. Um Barschel als verfolgte Unschuld hinzustellen, wurde der Hauptbelastungszeuge wochenlang demontiert: »Dieser Pfeiffer hat schon früher gelogen, verleumdet«, schrieb beispielsweise »Bild«: »Er ist die zwielichtigste Figur, die in Politik und Medien der deutschen Nachkriegsgeschichte ihr Unwesen trieb.« Daß eben diese Figur vom Axel-Springer-Verlag an die Kieler Staatskanzlei ausgeliehen worden und zeitweise sogar im Gespräch gewesen war als künftiger Politik-Chef von »Bild«, der größten Zeitung Westeuropas, erfuhren Leser von Springer-Blättern entweder sehr spät, in Nebensätzen oder gar nicht.

Allerdings: Auch große liberale Blätter taten sich wochenlang schwer, die Affäre richtig einzuschätzen. Beim »Stern«, noch traumatisiert von dem Wirbel um die gefälschten Hitler-Tagebücher, hätte Pfeiffer mit seinen Enthüllungen kaum Gehör gefunden. Die »Bild«-Zeitung ließ Henri Nannen nach den ersten »Spiegel«-Veröffentlichungen zu Wort kommen: »Der Vorgang ist für die gesamte Presse nicht gerade ein Erfolgserlebnis. Dies wäre dem ›Stern‹ nicht mehr passiert.« »Stern«-Chefredakteur Heiner Bremer kommentierte noch am 24. September, »daß Barschels Glaubwürdigkeit höher zu bewerten ist als diejenige des windigen ›Spiegel‹-Kronzeugen Pfeiffer«. Auch aus Leitartikeln der »Zeit« sprach wochenlang die Überzeugung: »Das war kein Fall Barschel, sondern ein Fall ›Spiegel‹« (Herausgeber Gerd Bucerius).

Sicherlich hatte die »Zeit« recht, als sie – am 11. Dezember 1987, nach der weitgehenden Aufklärung des Falles – den Wunsch äußerte: »Man sollte . . . nicht allzu hämisch auf den Irrwegen der ersten Tage herumtrampeln.« Zuzustimmen ist aber auch ihrer Schlußfolgerung, Journalisten müßten aus dem Skandal »fürs Leben lernen, daß Ministerpräsidenten prinzipiell nicht glaubwürdiger sind« als Informanten wie Pfeiffer.

Solchen Lerneffekten stehen bei manchem deutschen Journalisten Eigenschaften entgegen, von denen sich schwer sagen läßt, ob sie eher »typisch deutsch« oder »typisch Journalist« sind: beispielsweise der Glaube, selber mächtig zu sein, wenn man den Mächtigen nur nahe genug komme. Von dem deutschen Journalisten Kurt Tucholsky stammt der Satz: »Der deutsche Journalist braucht nicht bestochen zu werden, er ist so stolz, eingeladen zu sein, er ist schon zufrieden, wie eine Macht behandelt zu werden.«

Zum Kontrollfaktor im demokratischen Spiel der Kräfte taugen wohl auch kaum Journalisten, die dem Verfassungsschutz Zuträgerdienste leisten (wie in Niedersachsen geschehen) oder die für eine Landesregierung gegen Honorare Pressemitteilungen verfassen, die sie sodann in der Zeitung unterbringen, bei der sie als Redakteur angestellt sind (wie in Berlin publik wurde).

Politiker machen sich solche Anfälligkeiten von Journalisten gezielt zunutze – bisweilen so penetrant, daß andere Politiker Anlaß zu öffentlichen Rügen sehen. Im November 1987 zeigte sich der Münchener Oberbürgermeister Georg Kronawitter in einer Rede zur Verleihung eines Journalistenpreises angewidert von solchen Praktiken. Kronawitter: »Nie zuvor wurde versucht, die Rathauspresse so persönlich und massiv in (das kommunalpolitische) Machtgewinn- und Machterhaltungssystem einzubauen. Nie zuvor wurde den Journalisten so aufdringlich nachgelaufen, wie das heute der Fall ist. Nie zuvor haben sich Stadtpolitiker so angebiedert, bis hinein in die Privatsphäre. Selbstverständliche Distanz wird aufgegeben.«

Musterbeispiel jenes Typs von Politiker, der sich's nicht gern mit der Presse verdirbt, ist Bundesbildungsminister Jürgen Möllemann. Er hat den Medien viel zu verdanken. Kaum ein Politiker versteht es so gut, Journalisten für seine Zwecke einzuspannen.

Möllemann redet gern mit Journalisten, das bringt ihn in die Schlagzeilen. Möllemann informiert auch gern über Hintergründe, damit macht er sich Journalisten gewogen. Beide, Politiker wie Journalisten, seien »in hohem Maße aufeinander angewiesen«, sagt Möllemann. Die *»Verwandtschaft der Berufe«* erleichtere die Verständigung.

Diese Verwandtschaft birgt Gefahren, vor allem für den Journalisten: Einige Tugenden, die jeden Journalisten auszeichnen sollten, werden vernachlässigt. Deshalb kommt häufig der Vorwurf, Journalisten recherchierten und reflektierten zu wenig, sie fragten nicht nach, gäben sich zu schnell zufrieden. Sie kungelten mit den Mächtigen, hielten die Obrigkeit nicht auf Distanz. Sie reproduzierten, was andere produzieren, und seien es auch nur die sattsam bekannten Sprechblasen von Politikern.

Zwar kann ein Journalist den Service, den Leser zu informieren, besser erbringen, wenn er Politiker wie Möllemann zu seinen Informanten zählt. Aber das methodische Mißtrauen, das er gleichzeitig gegenüber allen Inhabern von Macht haben sollte, geht durch die Nähe zum Informanten verloren.

Zum Service, zur Dienstleistung, gehört es, den Leser, Fernsehzuschauer oder Rundfunkhörer umfassend und objektiv zu informieren, Nachrichten zu recherchieren und zu verbreiten. Journalisten müssen aber auch Anstoß erregen, sie sind keine Wasserträger für die Mächtigen.

Der Journalist muß aktiv, mit Hingabe und mit der Bereitschaft zur Provokation daran mitwirken, politisches Geschehen zu gestalten und zu verändern. Das muß nicht Systemveränderung bedeuten. Aber Konflikte in der Gesellschaft durchsichtig zu machen, die Gesellschaft insgesamt konfliktfähig zu machen, das ist eine der Aufgaben von Journalisten. Eine allzu große Nähe zu Politikern gefährdet diesen Auftrag.

An diesem Punkt wird die von Möllemann behauptete Verwandtschaft zum Problem. Politiker sind für all diese Aufgaben wenig geeignet, beweisen sie doch täglich ihre Unfähigkeit zur ausgewogenen Darstellung von Sachverhalten. Jene Überzeichnung, die sie Journalisten tagaus, tagein vorwerfen, dient Politikern als Instrument, um beim Bürger anzukommen, für ihre Partei und ihre Person Vorteile zu erlangen, letztlich Wählerstimmen zu gewinnen.

Zwei journalistische Regeln würden in der Bundesrepublik zu wenig befolgt, sagt Warren Getler, Frankfurter Wirtschaftskorrespondent der »International Herald Tribune«:

- »Wenn etwas nicht stimmt, frage nach, warum das so ist.«
- »Glaube nicht, daß Beamte immer alles besser wissen.«

Der US-Journalist sieht den Unterschied: In Amerika würden »Beamte und Offizielle« zwar härter, aggressiver angepackt, aber sie haben auch keine Scheu, sich in den Medien zitieren zu lassen. In Deutschland wolle sich im Wortlaut kaum einer lesen.

Das erschwert das Anliegen der Journalisten, Bindeglied zwischen den Bürgern und den Institutionen zu sein. Ohne eine starke und vertrauenswürdige Presse hätten die Wähler kaum eine Möglichkeit, dafür zu sorgen, daß ihre Regierungen und andere wichtige Institutionen wie Parlamente, Gerichte, Behörden, Firmen oder Banken ehrlich bleiben.

»Journalisten«, sagt Manfred Buchwald, Fernseh-Chefredakteur des Hessischen Rundfunks, »müssen bei der umfangreichen

Korrumpierung der Politik Kontrollorgane sein, weil nicht das Vertuschen, sondern das Aufdecken von Konflikten die Demokratie fördert.« Wie der Fall Barschel, so ist zu vermuten, wäre auch die Flick-Parteispendenaffäre ohne die Veröffentlichungen im »Spiegel« *so* nicht publik geworden.

Schon 1977 und 1981 hatte es zwischen CDU/CSU, FDP und SPD, den Nutznießern der illegalen Parteienfinanzierung, geheimgehaltene Absprachen gegeben, um die anhängigen Ermittlungsverfahren durch eine Gesetzesänderung aus der Welt zu bringen. Eine weitere Aufklärung des Sachverhalts sollte verhindert werden, wäre dann auch nicht mehr möglich gewesen. Die gleichen Politiker, die jahrelang illegal Spenden der Großindustrie akquirierten und kassierten, allen voran die Schatzmeister Walther Leisler Kiep (CDU), Alfred Nau (SPD) und Heinz-Herbert Karry (FDP), waren auch die aktiven Wegbereiter einer Amnestie. Dieser versuchte Amnestie-Streich, den einige wenige SPD-Abgeordnete (unter ihnen Jürgen Schmude) nicht mitmachten und dadurch vereitelten, hätte jahrzehntelanges gesetzes- und verfassungswidriges Verhalten der Parteien vertuscht.

Dem »Spiegel« ging es nicht darum, der Staatsanwaltschaft und dem Bonner Landgericht ins Handwerk zu pfuschen. Aber ohne die wörtliche Wiedergabe der Zeugenvernehmung und der Ermittlungsprotokolle, mit der sich die verantwortlichen »Spiegel«-Redakteure zweifelsohne strafbar machten, wären die Verfehlungen der Spender und Politiker nicht glaubwürdig und vollständig darzustellen gewesen. Der Paragraph 353d des Strafgesetzbuches verwehrt es, amtliche Schriftstücke aus Ermittlungsakten »ganz oder in wesentlichen Teilen« im Wortlaut zu veröffentlichen.

»Die Demokratie der Bundesrepublik und das unabweisbare Bedürfnis der Öffentlichkeit, die Umstände dieses Falles aufgedeckt und beschrieben zu wissen«, formulierte Herausgeber Rudolf Augstein in seiner Vernehmung vor der Staatsanwaltschaft, »machten es der deutschen Presse, nicht nur dem ›Spiegel‹, zur Pflicht, alle Einzelheiten zu recherchieren und der Öffentlichkeit zugänglich zu machen.«

Eine Veröffentlichung in indirekter Rede oder gar nur gerüchteweise hätte die in solchen Fällen übliche Dementierpraxis aller beteiligten Parteien in Gang gesetzt und die Dokumente in ihrem – für die Öffentlichkeit – entscheidenden Wert gemindert. Die »Spiegel«-Redaktion entschloß sich in Kenntnis der Strafgesetzvorschrift zur Veröffentlichung, weil das im Grundgesetz kodifizierte Recht der Meinungsfreiheit von ihr höher veranschlagt wurde als der Straftatbestand des Paragraphen 353d.

Bei dieser Abwägung war sich auch ein Hamburger Amtsrichter nicht sicher. Er ließ den strittigen Paragraphen vom Bundesverfassungsgericht auf seine Verfassungsmäßigkeit prüfen. Die Karlsruher Richter aber wollten die unsinnige, unpraktikable und abschaffungswürdige Vorschrift nicht für untauglich erklären. Letztlich wurden die Verfahren gegen drei Redakteure des »Spiegel« gegen Zahlung eines Bußgeldes eingestellt.

Welche Zeitungen aber sind bereit und in der Lage, langwierige Rechtsstreitigkeiten mit Politikern, Firmen oder Verbänden durchzustehen? Gute Rechtsanwälte und Gutachter kosten Geld, ein funktionierendes Justitiariat auch. Ohne die wirtschaftliche Kraft, die den »Spiegel« unabhängig macht, wäre das »Sturmgeschütz der Demokratie« (Rudolf Augstein) als Waffe im Kampf gegen Korruption längst wirkungslos geworden.

Journalisten machen sich unter Politikern keine Freunde, wenn sie Affären wie Flick, Neue Heimat oder Waterkantgate aufdecken. Den Mächtigen zu gefallen, ist auch kein vorrangiges Ziel. Politiker sollten Journalisten fürchten – und nicht umgekehrt. Dann ist eine demokratische Gesellschaft in Ordnung. Wo aber sind die Politiker, die dafür kämpfen, daß der Schutz der Presse – auch des Enthüllungsjournalismus, ihrer schmerzlichsten Erscheinungsform – einen wesentlichen Teil der Pressefreiheit ausmacht?

Da sind die Erwartungen inzwischen auf Oggersheimer Format reduziert: Kohls Äußerungen über eine journalistische »Hetzjagd« auf Barschel, meint der Bundesvorsitzende des Deutschen Journalisten-Verbandes, Werner A. Rudolph, nährten den Verdacht, daß sich der Bundeskanzler »an Vorgänge dieser Art im politischen Leben durchaus gewöhnen kann oder schon gewöhnt hat, nicht aber an deren Publikation«.

Im bundesdeutschen Journalismus sind investigative Recherche und kritische Berichterstattung, die bilanzsichere Dokumentation unsauberer politischer Vorgänge, viel zu wenig entwickelt, wie nicht nur die Reaktionen auf den Fall Barschel gezeigt haben. Die Deutschen sind Weltmeister im Meinungsjournalismus, der Leitartikel wird als Ausweis höchster Kompetenz angesehen. Die Kommentatoren haben es einfach, sie bekommen hinterher keine Gegendarstellung und keinen Widerruf – sie äußern nur Meinungen über Fakten, die andere herangeschafft haben.

Vom Katheder aus läßt sich im Stile eines Präzeptors selbstherrlich und besserwisserisch über Ethik und Moral im Journalismus räsonieren. Ein Journalist aber, der den Stoff besorgt, der die Dokumente und Informationen beibringt, arbeitet mit erhöhtem Risiko, läuft ständig Gefahr, in irgendeinem Punkt widerlegt und bloßgestellt zu werden. »Scoop« und »flop« liegen dicht beieinander.

In deutschen Blättern schreiben vorzügliche Reporter, in den Feuilletons kompetente Kritiker, in den Wirtschaftsspalten gut informierte Redakteure. Aber die Zeitungen beschäftigen nur wenige Rechercheure, die Enthüllungsstorys liefern – die Sparte ist unterbesetzt.

Rundfunk und Fernsehen, die sich in Amerika am »investigative journalism« lebhaft beteiligen, fallen in der Bundesrepublik weitgehend aus. Schon in der Flick-Affäre hatte sich gezeigt, daß die öffentlich-rechtlichen Anstalten ARD und ZDF ihrem gesetzlich fixierten Auftrag, umfassend zu informieren, nicht ausreichend nachkommen. Erst als der Bonner Untersuchungsausschuß zur Flick- und Parteispendenaffäre seine Arbeit aufgenommen hatte, als die Staatsanwaltschaft bereits Anklage gegen Otto Graf Lambsdorff, Hans Friderichs und Eberhard von Brauchitsch erhoben hatte, sendete die ARD einen längeren Beitrag über den Flick-Skandal. Keine Zeile im dargebotenen Text beruhte auf eigener Recherche, alles war Wochen und Monate vorher von »Spiegel« und.»Stern« enthüllt und veröffentlicht worden.

Wenn in den Fernseh-Magazinsendungen »Panorama« und »Monitor«, in denen noch Reste von kritischem, gut recherchierendem Journalismus spürbar sind, ein für Politiker abträglicher Beitrag gebracht wird, werden die Parteiaufpasser in den Gremien aktiv. Deren Einschüchterungsversuche erfüllen häufig ihren Zweck, die Schere im Kopf der Redakteure funktioniert. Die leitenden Positionen in den Sendeanstalten werden ohnehin nur noch an Journalisten mit Parteibuch vergeben.

Die politische Berichterstattung im Fernsehen ist zu einer besonders gräßlichen Variante von Verlautbarungsjournalismus verkommen. Interviews mit Außenminister Genscher an der

Gangway des Flughafens, drastische Beispiele journalistischer Servilität, tendieren in ihrem Informationswert gegen Null. So bekommt Journalismus eine Propagandafunktion, dient nur noch der Selbstdarstellung von Politikern. Journalisten lassen sich bei Interviews und Diskussionen selbst im Studio zu Marionetten degradieren, sind Staffage, willfährig, laden durch miserable Fragen auch noch zu belanglosen Statements ein.

Investigativer Journalismus muß den Politikern unangenehm sein: Der Journalist sucht Mißstände im politischen Apparat, recherchiert von unten, zapft Quellen an, die offiziell nicht zugänglich sind, stellt Sachverhalte in Frage, die andere ungeprüft übernehmen oder aus Gefälligkeit verbreiten. Diese Art des Journalismus gibt sich nicht mit dem zufrieden, was Politiker in Pressekonferenzen und Verlautbarungen offiziell mitteilen. Es gehört zum Wesen des investigativ arbeitenden Reporters, sich nicht mit der Verbreitung von bequem zugänglichen Informationen zu begnügen. Rufschädigung, wenn sie berechtigt ist, geschieht im demokratischen Auftrag.

Viele Journalisten könnten mutiger, manche könnten redlicher und fast alle könnten mißtrauischer sein. Gutgläubigkeit ist eine journalistische Todsünde. Eines haben Affären wie Neue Heimat, Flick, Parteispenden-Mauscheleien oder Barschel doch gezeigt: Ohne Rechercheure, die Mißstände aufspüren und aufdecken, welche andere verhüllen wollen, bleibt Journalismus eine Volkshochschul-Veranstaltung.

»Wo immer im Staat etwas faul ist«, hat der Presserechtler Martin Löffler den Verfassungsauftrag der Presse einmal umschrieben, »soll die Presse Laut geben und so nach dem Willen der Verfassung das Amt eines öffentlichen Wächters ausüben.« Daß »die Gefahr einer um sich greifenden Korruption gebannt wurde«, sei »mit ein Hauptverdienst der Presse«. Das war 1963, lange vor Flick, Barzel und Barschel.

Vielleicht ist es eine Folge dieser Affären, daß Politiker, aber auch Verfassungsrechtler heute weniger geneigt scheinen, den Journalisten diese Aufgabe und dieses Verdienst zuzubilligen. So fand es auch der Publizist und Staatsrechtler Professor Theodor Eschenburg in der Diskussion um die Barschel-Berichterstattung anmaßend, daß sich Journalisten öffentlich eine Kontrollfunktion zurechneten. Aufgabe der Presse sei es allenfalls, »den Staatsbürger zu informieren, auch meinungsbildend und kontrollhelfend«. Aber die Kontrolle auszuüben, sei »Sache des

Parlaments, der Gerichte und des Rechnungshofes«. Aus der Kontrollhilfe könne »*kein* besonderes Presserecht abgeleitet werden«.

Sicher ist umstritten, ob Journalisten ihre Rolle so großzügig interpretieren dürfen, wie das »Stern«-Redakteure nach den Aktionen in Barschels Genfer Hotelzimmer getan haben. Wenn der frühere »Stern«-Herausgeber Henri Nannen zum Fall Barschel sagt: »Wir müssen uns unsere Freiheit und Unabhängigkeit bewahren, und sei es um den Preis, daß die Mächtigen sich zu Tode fürchten müssen«, so mag das in diesem Zusammenhang makaber klingen, trifft aber in der Zuspitzung den Kern der Sache: Wer Informationen über vermutete Skandale oder Affären erhält, muß versuchen, die Wahrheit herauszufinden, auch wenn sich die Betroffenen gequält und belästigt fühlen. Hier vertritt der Journalist quasi als Treuhänder die Interessen der Bürger, weil sie selber nicht die Mittel haben, Fakten zu recherchieren und zu überprüfen.

Dabei muß der Journalist, wie jeder andere auch, die Gesetze achten. Sonderrechte gibt es für Journalisten nicht. Doch »begrenzte Regelverstöße« sind, wie »Stern«-Chefredakteur Bremer in der Barschel-Affäre sagte, »manchmal unvermeidbar, aber auch gerechtfertigt, um Mißstände, Skandale und ungeklärte Affären aufzuhellen«. Sicher war der Anlaß für diese Äußerung, das Herumstöbern und Fotografieren im fremden Hotelzimmer, nicht der passende. Die »Stern«-Leute taten mehr, als generell erwartet wird. Aber jeder Journalist, der schon einmal in ähnlicher Situation war, weiß, wie verführerisch, auch wie unerbittlich ein journalistischer Auftrag bei der Recherche vor Ort sein kann.

Das Bundesverfassungsgericht hat, am Beispiel des »Einschleichjournalisten« Günter Wallraff, vor Jahren schon festgeschrieben, daß selbst die Veröffentlichung »rechtswidrig beschaffter und erlangter Informationen« vom Schutz der Meinungsfreiheit (Artikel 5 des Grundgesetzes) gedeckt sein kann. Die Ausnahme gilt dann, »wenn die Bedeutung der Informationen für die Unterrichtung der Öffentlichkeit eindeutig die Nachteile überwiegt, welche der Rechtsbruch für den Betroffenen und für die Rechtsordnung nach sich zieht«.

Wallraff hatte sich unter falschem Namen als »Bild«-Redakteur anheuern lassen und hinterher in einem Buch (»Der Aufmacher«) die fragwürdigen Arbeitsmethoden der »Bild«-Redaktion gegeißelt. Der »Aufmacher« war eine schwere Anklage und eine vernichtende Abrechnung mit den Recherchiertricks und der mangelnden Wahrheitsliebe des Boulevardblattes.

Der Axel-Springer-Verlag wollte Wallraff die Verwertung seiner Erkenntnisse verbieten lassen und warf ihm vor, er habe sich die Informationen durch subversive Recherchen unter Tarnnamen erschlichen. Doch Wallraff, entschied der Bundesgerichtshof (BGH), durfte – jedenfalls in diesem »Bild«-Fall. Die bemerkenswerte höchstricherliche Entscheidung zeugt von einem erstaunlichen Presseverständnis, grenzt aber auch genau ab, was Journalisten erlaubt und was ihnen untersagt ist.

Wallraffs Tarnung, sein Einschleichen bei der »Bild«-Zeitung und das Verschweigen seiner Identität, werteten die Richter als anstößig und rechtswidrig, als unerlaubtes journalistisches Arbeitsmittel. Doch diesen »Makel eines Täuschungsmanövers« und die »anstößige Strategie« wog der BGH gegen Wallraffs Anspruch ab, die Arbeitsweise der »Bild«-Zeitung zu entlarven. Die Anprangerung der Mißstände war für die Richter bedeutsamer als der Mißbrauch des Vertrauensverhältnisses in der Redaktion.

In ihrem Urteil zeichneten die BGH-Richter das deprimierende Bild eines kaltschnäuzigen und berechnenden Auflagenjournalismus, der »mit den Aufgaben der Presse schwerlich in Einklang zu bringen« sei. Weder der Einschleichjournalismus Wallraffs noch der Sensationsjournalismus einer Boulevardzeitung wie »Bild« haben etwas mit jenem – in Deutschland unterentwickelten – kritischen Journalismus zu tun, der dem US-Vorbild des »investigative journalism« entspricht. Eines hat das Wallraff-Urteil klargemacht: Informationen, die Journalisten sich illegal beschaffen, dürfen in der Regel nicht veröffentlicht werden. Ausnahmen allerdings sind möglich, und die eklatanten Mißstände in der »Bild«-Redaktion waren aus der Sicht des BGH eine solche Ausnahme.

Wann das Veröffentlichungsinteresse überwiegt und wann das Schutzinteresse etwa eines Unternehmens, läßt sich nur von Fall zu Fall und bei Abwägung beider Rechtsgüter entscheiden. Doch eine Prognose darf gewagt werden: Hätten die Firma Flick oder die Neue Heimat geklagt, weil der »Spiegel« unrechtmäßig in den Besitz von Akten gekommen sei (was nicht der Fall war), dann hätten die Richter sicher ebenfalls dem Veröffentlichungsinteresse den Vorrang eingeräumt.

Investigativer Journalismus schließt keine illegalen Recherchen ein. Aber vom Karlsruher Urteil dürfen sich Journalisten ermuntert fühlen, sich nicht mit jenem Verlautbarungsjournalismus zufriedenzugeben, den so mancher Politiker und so manche Staatskanzlei gern für verbindlich erklären würden.

Soviel steht fest: Höchste Richter billigen dem Journalismus ungleich mehr Rechte zu, als viele Journalisten selber für sich beanspruchen.

Sommer-ZEIT-Vergleich

Die verlorene Ehre des Uwe Barschel

oder: Wie falsche Vergleiche entstehen und wohin sie führen können

Sven Papcke

Der Skandal
Von der Schönwetter- zur Allwetterdemokratie?

> *»Wo Politik ist oder Oekonomie,*
> *da ist keine Moral.«*
> *Friedrich Schlegel: »Ideen« (1800)*

Wir alle ärgern uns inzwischen darüber, daß hierzulande ein Skandal den anderen ablöst. Was diese Störfälle allerdings für unsere politische Landschaft bedeuten, darüber sind wir uneins. Leider fehlt bisher eine systematische Beschäftigung mit diesem dunklen Kapitel der Politik. Skandale erzeugen starke Gefühle, oftmals bleibt dabei die Urteilsfähigkeit auf der Strecke. Entsprechend heftig fallen die Äußerungen über die vielen moralischen Entgleisungen der letzten Zeit aus, man spricht schon wieder von *Sittenverfall*. Aber auch die Politikverdrossenheit nimmt bei der Wählerschaft zu, Skandale fördern bei uns die Ohnemichelei, vergrößern die »Partei der Nichtwähler«, die bei den letzten Bundestagswahlen wieder auf 16 Prozent (1972: 9 Prozent) gestiegen ist. Solche bedenkliche Auswirkung läßt sich auch daran ablesen, daß 88 Prozent der Bevölkerung im vergangenen Oktober der Meinung waren, die Affäre in Kiel werde wohl kaum vollständig aufgeklärt. Die neuerliche Skandalhäufung offenbart freilich, indem sie unpolitisches Verhalten stärkt, unsere mangelnde Demokratietüchtigkeit. Wenn sich die Resignation ausbreitet, weil allzuviele die Existenz von Skandalen der Staatsform als Schwäche ankreiden, droht uns eine politische Krise. Zu Ende gedacht, führt solche Haltung dazu, daß die Regierenden, da sie zukünftig auf Gleichgültigkeit stoßen, bald tun und lassen können, was ihnen beliebt.

Sollen wir also vorsorglich die Pressefreiheit beschneiden, nur um uns Ordnung vorgaukeln zu können? Derartige Scheinlösungen werden durchaus verlangt. Wir huldigen – rechts wie links – auch nach fast vierzig Jahren Bundesrepublik offenbar noch immer einer Schönwetterdemokratie, die von der vordemokratischen Erwartung ausgeht, daß »die da oben« es besser richten können als wir, und wir lassen die Eliten mit ihren menschlichen Schwächen darum noch immer gern allein.

Rückblick

Ein Bestseller des europäischen 18. Jahrhunderts, die seit 1751 erschienene »Encyclopédie«, notierte nur das Adjektiv »scandaleux« und beschäftigte sich unter diesem Stichwort noch vor allem mit religiösem Fehlverhalten, »qui cause du scandale«. Als skandalös empfunden wurde seinerzeit die Ablehnung des Widerstandsrechtes durch die Jesuiten, die Korruption bei Kirchenmännern oder deren ungebührliches Benehmen. Von Politik war noch nicht die Rede. Das lag wohl kaum daran, daß öffentliche Mißstände fehlten. Bestechung, Erpressung, Unterschlagung, Ämtermißbrauch, Vetternwirtschaft und ähnliche Regelwidrigkeiten sind seit Cicero bekannte Begleiterscheinungen der Staatsgeschäfte. Eher umgekehrt: Jacob van Klaveren, der Altmeister der Korruptionsforschung, hat nicht zu Unrecht darauf hingewiesen, daß erst durch die Philosophie der Aufklärung die verwaltete Bevölkerung überhaupt Rechte erhielt und Ansprüche stellen konnte. Erst jetzt mußte »skandalös« wirken, was vordem alltäglich war, etwa die Auspressung der Untertanen. Erst jetzt konnten also mit Jean Paul auch »edle Staatsbedienstete« Anerkennung finden, die »alle Goldadern durch ihre Hand laufen lassen und doch diese nicht damit füllen, sondern tugendhaft verarmen«, wie es im »Komischen Anhang zum Titan« heißt.

In diesem Mammutroman wurden zu Beginn des 19. Jahrhunderts zugleich aber auch die Schwierigkeiten solcher Ehrsamkeit im Zeitalter der Raffgier ausgebreitet: Denn jetzt erst, nachdem mit der Durchrationalisierung der Welt die Bürokratie eine öffentliche Angelegenheit wurde, war auch die Politik ein Tummelfeld für die vielen Interessen und wurde damit zum Raum der offenen Machtkonkurrenz. Das 19. Jahrhundert erscheint daher als Blütezeit der Affären und Skandale. Dieser Eindruck wiederum vermittelt sich uns Heutigen nur durch die Karriere der Presse in jener Zeit, sie diente der bürgerlichen Öffentlichkeit als wirksames Sprachrohr und spiegelte einen Dauerkonflikt über die Zielrichtung der Politik. Seither führen Meinungen zu Mehrheiten und setzen sich um in Macht. Diese Macht mußte sich nun aber auch gegenüber abweichenden

Wahrnehmungen von Wirklichkeit rechtfertigen. Und wer entzieht sich dem nicht gerne, wenn er kann? Politische Skandale sind also eine Begleiterscheinung der Massengesellschaft.

Der politische Skandal

In einem brillanten »Exkurs über die Negativität kollektiver Verhaltensweisen« hat Georg Simmel in seiner »Soziologie« (1908) darauf hingewiesen, daß die theoretische Verständigung, »ohne die es überhaupt keine menschliche Gesellschaft gäbe, auf einer kleinen Zahl allgemein zugegebener – wenn auch natürlich nicht abstrakt bewußter – Normen ruht«. Sie bilden mithin »das Minimum dessen, was von allen, die überhaupt miteinander verkehren wollen, anerkannt werden muß«. Auf dieser Grundlage basiert »das flüchtigste Übereinkommen der einander fremdesten Individuen«, ohne welches Sozialität nicht möglich ist. Einen Bruch dieses Mindestübereinkommens stellt der Skandal dar. Er verrät »Asozialität« im eigentlichen Wortsinn, da nur »der Gehorsam des Vorstellens gegen diese einfachsten Normen« einen Handlungsrahmen schafft. Nur die Verinnerlichung der maßgebenden Mindestanforderungen durch jedermann ermöglicht ein gedeihliches Zusammenleben. Ein politischer Skandal liegt mithin immer vor – ob offenkundig oder nicht –, wenn und wo

– Subsysteme sich der Politik bedienen, ohne die geltenden Spielregeln einzuhalten; dabei ist es nachrangig, auf welchem Wege sich diese Einwirkungen – Geld/Extramacht/Privilegien/Prestige – durchsetzen;
– die Politiker ihre Startvorteile einsetzen, um irgendwelcher Sondervorteile habhaft zu werden;
– die Politik unlautere Konkurrenzmethoden anwendet, um Macht zu erhalten oder auszubauen.

Nun sind nicht alle politischen Skandale Verletzungen einer Verantwortungsethik; es gibt auch weniger prinzipielles Fehlverhalten von Politikern, das als skandalös empfunden wird, wie der Profumo-Skandal in England aus dem Jahre 1963 belegt. Skandal-Stoff ist überreich vorhanden, und die Skandale sind auch nicht immer nur politischer Natur. Jedes soziale Subsystem verständigt sich von Zeit zu Zeit durch Skandale über seine Normen, man denke nur an wissenschaftliche (»Lyssenkismus«; »Fall Margaret Mead«), ökologische (verstrahlte Molke 1986), medizinische (Contergan-Katastrophe 1957), literarische (»Fall Georg Forestier« 1955), gewerkschaftliche (Neue Heimat 1982), wirtschaftliche (Herstatt-Krach 1974) oder journalistische (»Fall Höfer« 1987) Sittenverstöße. Skandalfälle wie diese beschäftigen die Öffentlichkeit ganz unterschiedlich. Die vielen Ökologiepannen der letzten Jahre aber zeigen, daß sie, wenngleich indirekt, das politische Klima nachhaltig beeinflussen können.

Skandalchronik

Betrachten wir einmal die Flick-Affäre, um bei diesem Beispiel zu bleiben und vom »Berliner Sumpf« ebenso zu schweigen wie vom »Hamburger Filz«. Der Flickskandal ist *das* bundesrepublikanische Politspektakel der vergangenen zwanzig Jahre, das sich in seiner Bedeutung nur mit dem Eklat um den »Spiegel« im Oktober 1962 vergleichen läßt. Um jener »Kuvertokratie« (»wg.«) ein Ende zu machen, mit der nicht nur Eberhard von Brauchitsch jahrelang wirtschaftliche in politische Macht umzumünzen wußte, gilt seit Januar 1984 das »Parteienfinanzierungsgesetz«. Diese Reformfrucht des Flickskandals kann aber nur wirken, falls sich alle Parteien nun tatsächlich an ihre Pflicht zur Offenlegung von Spenden halten. Nur wenn Transparenz gelingt, mündet die lobbyistische »Pflege der Bonner Landschaft« nicht in der Balkanisierung« der öffentlichen Angelegenheiten. Die Lehren, die aus dem Flick-Kommissions-Bericht gezogen werden müssen, dürfen also nicht nur formalrechtlicher Art sein, wie etwa die Abschaffung des Bescheinigungsverfahrens bei Befreiungsanträgen nach § 6b des Einkommensteuergesetzes. Konsequenzen müssen die Untersuchungsergebnisse hauptsächlich für das Verhalten der Verantwortlichen in Politik und Verwaltung haben. »Die parlamentarische Demokratie basiert auf dem Vertrauen des Volkes«, so hat das Bundesverfassungsgericht anläßlich eines Urteils (BVerfGE 40/327) über die Abgeordneten-Diäten befunden und hinzugefügt, daß »Vertrauen ohne Transparenz, die erlaubt zu verfolgen, was politisch geschieht, nicht möglich ist«.

Eine schöne Formulierung, die freilich im Paragraphenhorizont der Verfasser befangen bleibt. Denn nicht das *Vertrauen,* sondern die organisierte (Opposition) beziehungsweise etablierte (Medien-)*Kontrolle* ist das Sine qua non der modernen Demokratie. Überdies haben wir seit langem damit zu leben, daß die politischen Verhältnisse schon durch ihre schiere Komplexität wirkliche »Transparenz« verhindern, auch wenn der Wille zur Offenlegung vorhanden ist. Nicht nur die Normalbürger, auch die Politiker sind kaum mehr in der Lage, alle politischen Entscheidungen zu überblicken, geschweige denn zu dirigieren. In der Politik kann von eigenständiger Handlung keine Rede mehr sein, die Sachzwänge rauben den Entschlüssen immer mehr den Spielraum. Genau das aber mag erklären, wieso die traditionelle Nahbereichsmoral im Flickskandal versagt hat: Es ging bei den Zuwendungen weniger um die Einhaltung oder Verletzung vertrauter Beziehungsregeln, als vielmehr um die Steuerung von Opportunitätsgütern.

Aufgedeckt fand sich eine Bestechlichkeit hiesiger Politik, die mit der Würde des Hohen Hauses nicht vereinbar sein darf. Die Wirtschaft zielte mit ihrer Gebefreudigkeit auf die Lenkbarkeit der Volksvertreter. Der Skandal lag jedoch nicht einfach im »Chrysotropismus«, wie Upton Sinclair mit Blick auf amerikanische Zustände die Geldfixierung der politischen Würdenträger einmal genannt hat. »Platte Habgier war die treibende Seele der Zivilisation«, schreibt Engels im »Ursprung der Familie, des Privateigentums und des Staates« (MEW 21, S. 171). Wohl wahr. Sie berührt zudem, wie alle Korruption, einen funktionellen Zentralnerv der Demokratie und war darum keineswegs nur die »comédie humaine« der Politiker. Die Orientierung auf das »Gemeinwohl« fällt offenbar zunehmend schwerer. Im Zeitalter des Pluralismus ist jenes mystische »bonum commune« überdies zur Auslegungsfrage geworden. Höchstens läßt sich noch das für alle Notwendige bestimmen, mehr aber auch nicht. Konrad Adenauer hat den moralischen Dämmerzustand der Gegenwartspolitik treffend ausgedrückt, wenn er meinte, es komme nicht darauf an, »Recht zu haben, sondern Recht zu behalten«.

Man lese mit Blick auf diesen beklagenswerten Zustand nur Wolfgang Koeppens Roman »Das Treibhaus« (1953), oder eben, um aktuell zu sein, die 903 Seiten zählende Urteilsbegründung der 7. Großen Strafkammer des Bonner Landgerichtes im Parteispendenprozeß (1987). Noch deutlicher erhellen die Aktenvermerke des Flick-Chefbuchhalters Diehl die Einstellung hiesiger Politik zur Moral: »Lahnstein steht uns jederzeit zur Verfügung«, »Genscher ist bereit zu helfen«, »Kiep kümmert sich um den Vorgang«, »Friderichs stünde uns zu jeder Tages- und Nachtzeit zur Verfügung«. Oder: »Ich beabsichtige dann, Kohl in gleicher Weise auszustatten wie inzwischen die anderen Herren in Bonn«, heißt es in einer typischen Aktennotiz vom 8. November 1976.

Skandale – warum?

Skandale begraben nicht nur die Illusion, daß die Gestaltung gemeinschaftlicher Anliegen interessenfrei möglich ist. Sie zeugen vor allem von dem zweifelhaften Rohstoff, aus dem politische Entscheidungen geformt zu sein pflegen, und sie decken die Verlockungen im Machtgetriebe auf. »Die Wirtschaft beherrscht die Welt«, so hat Werner Sombart die Verhältnisse einmal drastisch vereinfacht, »und läßt unsere Staatsmänner wie Marionetten am Drahte tanzen.« Diese Sicht der Lage ist keine Verschwörungstheorie, denn sie benennt wichtige Abhängigkeiten in der Epoche der Marktgesellschaft. Jene oft zitierte »Normativität des Faktischen« beschneidet fraglos die Handlungschancen der Politiker. Wo aber nichts mehr öffentlich zu regeln wäre, könnte es auch kein skandalöses Verhalten geben, es sei denn, man wollte in der Tatsache der wechselseitigen Beeinflussung von Rendite- und Politik-Entscheidungen selbst den eigentlichen Skandal der Fabrikära sehen.

Der durch Konkurrenz verstärkte Druck in der Moderne zur »Appropriation der sozialen und ökonomischen Chancen« (Max Weber) schränkt die Beteiligung am politischen Wettbewerb ein. Keine zwei Prozent der Bevölkerung sind am politischen Leben in irgendeiner Art und Weise beteiligt, der Kreis der Entscheidungsträger ist noch viel kleiner. Dieser Druck verleitet also immer wieder zum Griff nach unlauteren Extrachancen. »Grenzmoralisches Handeln« (Goetz Briefs) kann sich ausbreiten, wo die Kräftebalance versagt und wo unkontrollierte Machenschaften möglich sind. Darüber mag man sich aufregen. Seit aber in der Mitte des vorigen Jahrhunderts Lorenz von Stein »das Interesse als Prinzip der Gesellschaft« beschrieben hat, fördert dies Interesse nach allgemeiner Ansicht zwar die gesellschaftliche Wohlfahrt, steht aber zugleich auch in einem Spannungsverhältnis zur Moral. Und wo der »cash nexus« den Ton angibt und damit das Geschehen beeinflußt, ist es einfach nicht ausreichend, mit Wilhelm Hennis einen Amtsgedanken in der Politik hochzuhalten, um sich vor Korruption zu schützen.

Dieser Appell an das Pflichtgefühl kann nur Illusionen schüren. Im Computerzeitalter scheint eine »Ethocratie« hoffnungslos altmodisch, wie sie der Baron d'Holbach 1776 als »gouvernement fondé sur la morale« dem »Projekt Moderne« mit auf den Weg geben wollte. Veraltet nicht etwa, weil die Gegenwart ihrer als Utopie von einer befriedigenden Zukunft nicht mehr bedürfte, ganz im Gegenteil. Die »Ethocratie« muß mehr denn je zur Vision werden, die durch Daueranstrengungen aller Beteiligten angestrebt wird. Wenn aber im Sinne von Hegel Sein und Sollen für daselbe gehalten werden, können die vertrauensvoll delegierten öffentlichen Angelegenheiten die privaten Wünsche auf eine heile Politik nur enttäuschen.

»Gewiß ist die Politik kein ethisches Geschäft. Aber es gibt immerhin ein gewisses Mindestmaß von Schamgefühl und Anstandspflicht«, so hat Max Weber hervorgehoben, »welche auch in der Politik nicht ungestraft verletzt werden.« Diese Betrachtung stellt uns das Sittliche dar als Interesse der Gesellschaft. Im Zeitrahmen einer Politikerkarriere kann solches Interesse freilich mit einem »Nach-mir-die-Sündflut!« außer Kraft gesetzt werden. Bereits Thomas Hobbes schrieb ernüchtert, man könne diejenigen Politiker an den Fingern abzählen, die das Gemeinwohl vor den Eigennutz setzten, solche Tugend sei eine »gallantness rarely found«. Die Chance, Schamlosigkeiten dennoch zu verhindern, liegt also in der Furcht des Politikers vor der Ächtung, die nach einem Skandal droht.

Im nüchternen Alltag der Länder des Westens war der Argwohn immer gegenwärtig. Man unterstellte dort von Edward A. Ross (»Sin and Society«, 1907) bis Amitai Etzioni (»Capital Corruption«, 1984) die Skandalträchtigkeit aller Politik. Gerade die geringeren Anforderungen an die menschlichen Tugenden erlaubten es dann aber auch, sich des Skandals pragmatisch zu bedienen, ihn etwa als Reformimpuls zu nutzen: Da er die Hintertreppen des gesellschaftlichen Gebäudes beleuchtet, lassen sich mit seiner Hilfe die Kontrollinstrumente der Sozialbeziehungen verfeinern.

Skandalkunde

Ideal wäre sicherlich, es gäbe nichts Skandalöses bloßzustellen. Im politischen Raum ringen aber nicht nur Macht und Finanzkraft miteinander, beide gesellschaftlichen Extrachancen verlocken auch zu Handlungen, die die Demokratie tendenziell einschränken. Um jede Sondermoral des Staates zu verhindern, muß dieser ständig öffentlich beaufsichtigt werden, wie es im Modell der parlamentarischen Demokratie angelegt ist. Der Skandal ist somit als *erfolgreiche Kontrolle* gleichsam nur ein Alarmzeichen, daß Reibungen im sozialen Getriebe vorhanden sind. Er besitzt freilich auch genügend Dramatik, um gesetzgeberische Energien freizusetzen und so das freie Spiel der demokratischen Kräfte beweglich zu halten.

Im Falle des Flickskandals führte er immerhin zu Reformen, erhöhte die Sensibilität der Bürger für das politische System und stärkte die Rolle der Medien als vierte Gewalt. Auch mochte er die Politiker Mores lehren: Honesty is the best policy. Auf die Erhaltung oder Wiederherstellung von allgemeinverbindlichen Richtlinien kann in der Moderne eben nur die öffentliche Meinung noch Einfluß nehmen. Richtig verarbeitet, vermag der Skandal aber noch mehr: Er kann auch dazu führen, daß sich die Öffentlichkeit mit dem Verhältnis von Politik und Moral auseinandersetzen muß; so mag er zu weniger Stimmungsanfälligkeit im demokratischen Miteinander erziehen. Die Skandale selbst bezeugen zwar einen Mangel an öffentlichem Pflichtgefühl; solange ihre Anlässe aber enthüllt werden, beweisen sie den Erfolg der Kontrolle. Folglich hat man den Skandal nicht unzutreffend als demokratisches Notwehrinstitut bezeichnet.

Gibt es einen Ausweg aus dem hausgemachten Dilemma, daß Skandale zur Belebung der Demokratie zu nutzen wären, sich hierzulande aber praktisch-politisch als deren Gefährdung entpuppen? Entwickelt der Skandal in unserer Demokratie also genügend selbstheilende Möglichkeiten? Er kann es nur, wenn unsere Realitätstüchtigkeit mit dem Allzumenschlichen rechnet. Es muß ein Ziel der politischen Pädagogik und der Medienaufklärung werden, uns für den vernünftigen Umgang mit dem täglichen Skandal zu befähigen. Die erstrebenswerteste Wirkung einer aufgedeckten Korruptionsaffäre oder anderer politischer Skandale ist die enttäuschungsfeste Haltung der Bürger, die ihre vielbeschworene Mündigkeit beweisen, indem sie durch Ärgernisse zur Mitarbeit und nicht zur Abwendung von der Politik angeregt werden. Sind wir doch alle Betroffene der schwierigen Verwaltung dieser Moderne. Sie kann nur in gemeinsamer Anstrengung einigermaßen gelingen und scheint uns doch immer wieder zu überwältigen.

Günter Grass

Geißlers Schüler

Nachdem die Stadt Kiel gegen Ende des Ersten Weltkrieges durch einen Matrosenaufstand, der die kaiserliche Flotte lahmlegte, gewissermaßen weltberühmt wurde, doch diese Berühmtheit, wie vieles in Deutschland, in Vergessenheit geraten war, ist die Stadt an der Förde abermals weltweit in die Schlagzeilen geraten: Seit Ende August 1987 füttert sich eine Affäre, die anfangs Pfeiffer-, dann Pfeiffer-Barschel-, schließlich Barschel-Affäre genannt wurde, wie selbstätig mit immer neuen Enthüllungen, halbwegs klärenden Informationen und gezielten Desinformationen; sie wollte und will kein Ende nehmen. Der Rücktritt und, mehr noch, der Tod des Ministerpräsidenten Uwe Barschel gaben dieser Affäre besonderes Gewicht, wenngleich der eigentliche Vorgang, die gezielte Diffamierung des politischen Gegners, nur Varianten bekannter Methoden bot. Anschläge dieser Art auf die politische Kultur hat es von Anbeginn in der Bundesrepublik gegeben. Konrad Adenauer, der erste Bundeskanzler der noch jungen Republik, sah Gegner generell als Feinde an und entwickelte Verleumdungspraktiken, die nicht nur Schule machten, sondern später auch als politische Alltäglichkeiten akzeptiert wurden, besonders dann, wenn es »Könnern«, wie dem christlichen Politiker Heiner Geißler, gelang, die Praxis der Verleumdung bis zur Vollkommenheit zu entwickeln.

Uwe Barschel, der Karrierepolitiker, der unaufhaltsam aufsteigende junge Mann, machte sich zum Schüler von Konrad Adenauer und Heiner Geißler, indem er versuchte, erfolgreiche Verleumdungsmethoden zu übernehmen, zu variieren und, jenseits aller Bedenken, zu steigern. Er umgab sich mit seinesgleichen und holte sich mit schlauem Kalkül einen geeigneten Mann aus jenem Pressekonzern, dem die Verleumdung politischer Gegner seit jeher Fingerübung ist. Wäre Barschel, wie vordem Adenauer und Geißler, mit seiner Verleumdungskampagne erfolgreich geblieben, das heißt, hätte Pfeiffer, sein eingekaufter Mann, nicht gepfiffen, und hätte »Der Spiegel« diese bis dahin bewährten Machenschaften nicht an die Öffentlichkeit gebracht, stünde Uwe Barschel heute noch als halbwegs erfolgreicher, also angesehener Politiker da.

Aber er war ein schlechter Schüler Konrad Adenauers. Die verfeinerte Kunst des Verleumdens, die seinem Vorbild Heiner Geißler geläufig ist, mißriet ihm zur groben Machenschaft, zur offenkundigen Stümperei. Was er tat, war, von der Zielsetzung her, üblich. Erfolg hätte seine Methoden wenn nicht geheiligt, so doch gesellschaftsfähig gemacht: Die politische Kultur in der Bundesrepublik war schon schwerbeschädigt, als Uwe Barschel sie zusätzlich demolierte; er scheiterte nur aus Gründen mangelnder Geschicklichkeit.

Seit zwanzig Jahren bin ich alle vier Jahre im nördlichsten Bundesland zwischen Küste und Küste unterwegs gewesen: anfangs mit Siegfried Lenz und dem Historiker Eberhard Jäckel, vor vier Jahren und im Spätsommer '87 gemeinsam mit Johano Strasser. Bei all diesen Wahlkämpfen mißriet der CDU immer wieder die politische Auseinandersetzung mit ihren Gegnern, insbesondere mit den Sozialdemokraten, zur Schlammschlacht. Wenn es an Argumenten fehlte, wurden auf Flugblättern und in Broschüren Verleumdungen, die man für schnellfüßig hielt, in Umlauf gesetzt. (Ich erinnere an den ehemaligen sozialdemokratischen Oppositionsführer Jochen Steffen, den die Christdemokraten, im natürlichen Bündnis mit der Springerpresse, als »Ulbricht-Deutschen« titulierten und geradezu zum Abschuß freisetzten.)

Der Tiefpunkt politischer Unkultur wurde jedoch im zurückliegenden Wahlkampf erreicht: um Björn Engholms, des sozialdemokratischen Oppositionsführers hohes Ansehen zu trüben, wenn nötig zu brechen, scheute die CDU sich nicht, dessen Steuergeheimnis zu verletzen, regelrecht Spitzel auf ihn anzusetzen und sogar kriminelle Methoden einzuleiten. Ein Teil dieser Ungeheuerlichkeiten war, seitdem der Wahlkampf lief, bekannt. Schließlich befanden sich seit Wochen und Monaten Broschüren und Flugblätter in Umlauf, aus denen sich für jeden, der bereit war, kritisch zu lesen, die gezielte Verleumdung mit all ihren Variationen ablesen ließ. Doch außer den Verleumdeten, den Betroffenen, den Getroffenen schrie niemand auf.

Während mehrerer Wahlveranstaltungen habe ich vor Publikum aus diesen Flugblättern zitiert. Anwesende Journalisten wurden von mir aufgefordert, von der laufenden Kampagne Kenntnis zu nehmen, ihrer Journalistenpflicht nachzugehen und – im Sinne politischer Kultur – Öffentlichkeit herzustellen. Nichts geschah. Das war doch schon immer so, hieß eine der Ausreden. Erst als »Der Spiegel« spät, sehr spät, schon längst fällige Journalistenarbeit leistete, den Dreck und dessen Schleudergeräte ans Tageslicht brachte, das heißt, das demokratisch Selbstverständliche tat, indem er berichtete, erst dann gab es eine Vielzahl von Zeitungen und Rundfunkanstalten, die ihren Anteil haben wollten, an der unerhörten Neuigkeit.

In diesem Sinne ist die Affäre Barschel-Pfeiffer auch eine Affäre des Journalismus, gleich welche Medien er bedient. Schlimmer noch: Die jahrzehntelange Vernachlässigung journalistischer Pflicht hat Heiner Geißler und seinen Schülern unausgeleuchtete Spielräume geschaffen, in denen die Treibhauskulturen schnell nachwachsender und schier unausrottbarer Verleumdungen besonders in Wahlkampfzeiten ihre Konjunktur hatten.

»Ein Kind seiner Partei«

(. . .) Sicher hat Barschel – vor allem aus Machtbesessenheit – gegen Gesetze verstoßen und Intrigen gesponnen. Dies taten ohne besondere Karriere- oder gar Lebenseinbuße andere Politiker vor ihm. Schon der legendäre Adenauer malte für den Fall eines SPD-Wahlsieges den Untergang des christlichen Abendlandes an die Wand und verlor wiederholt Verleumdungsprozesse. Nur, nach von ihm gewonnener Wahl interessierte dies niemanden mehr. Aber es ermutigte Unions-Christen wie Heiner Geißler, durch verbale Entgleisungen unermüdlich weiter zur Pervertierung der Begriffe von Anstand und Moral im politischen Umgang beizutragen. So entstand unter anderem der ideologische Nährboden, auf dem Uwe Barschel groß geworden ist. Er ist wie kein zweiter seit seinem 16. Lebensjahr buchstäblich das Kind seiner Partei und zudem das Produkt eines speziellen politischen Umfeldes in Schleswig-Holstein, wo Staat und CDU seit Jahrzehnten in festgefügter Symbiose eine trauliche Gemeinsamkeit pflegen. Ihre Herrschaft sicherten sie systematisch durch die Besetzung aller Schlüsselfunktionen und legitimierten das Ganze durch eine Art Gottesgnadentum, das nur sie befähigte, vernünftig und christlich zu regieren. Der auf Machtwechsel angelegte Parlamentarismus war hier eher störend. Selbst der liebe Gott hatte die Partei zu favorisieren und nur den rechten Wählern gnädig zu sein.

Julian Witt, Kiel

Peter Rühmkorf

Auf ein Neues – auf ein Andres

Meine sehr geehrten Damen und Herren,

als wir uns das letzte Mal auf schleswig-holsteinischem Boden begegneten – in Heide, in Husum, in Schleswig, in Flensburg, in Kiel –, hieß dieses schöne Land noch meerumschlungen, nicht sumpfumfangen, und über den schrittweisen Übergang vom Meer zum Sumpf möchte ich zu Ihnen reden. In den ersten Vorwahlwochen sah uns der deutsche Norden ja noch ziemlich ungetrübt an. Unter einer Landesregierung von beinah feudalem Zuschnitt und mit einem eigenen Hausmeiersystem bis tief in Verwaltung, Wissenschaft, Justiz hinein hatte sich sogar eine ganz spezielle Kulturszene entwickelt bis hoch in die Herrenhaussphäre hinauf; nur daß da etwas faul war an dieser Sphärenharmonie von Parteipolitik und Musentreiben, wollte selbst der oppositionellen SPD nicht so recht ins Bewußtsein. Der seltsame Interessenfilz gehört auch heute noch zu den schwer zugänglichen Verschlußsachen der Barschel-Ära. Die »Spiegel«-Enthüllungen hatten sich mit anderen Aspekten des christlich denunziantischen Unterwanderungswesens befaßt als der Vermischung von Macht und Musik – es war von verdeckten Lauschangriffen und geheimem Beschattungswesen die Rede gewesen. Auch der hochehrenwerte Untersuchungsausschuß hatte andere Sorgen gehabt, als die Festivalsstimmung von gestern noch einmal kritisch zu auskultieren – es ging um etwas so Handfestes wie die unzulässige Vermengung von Regierungsgeschäften und Parteiinteressen. Wie gesagt also, was zur Debatte stand, war christdemokratische Unterbodentätigkeit in ihren vermeintlichen Erblanden, was beinah vergessen ließ, daß das subversive Treiben die ganze Zeit lang von Musik untermalt, mit Musik überkront, ja durch Musik verbrämt und ummäntelt gewesen war.

Damit wir uns jetzt nicht mißverstehen. Natürlich bin ich – und das fast vorbehaltlos – für solche menschen- und küstenverbindenden Konzerte, die den Geist unserer Großen Meister ausbreiten helfen. Und natürlich will ich es gern als erstklassigen

Kultivationserfolg verbuchen, wenn ein ganzes Bundesland zum Resonanzboden für überirdische Schumann-Sonaten und Schubert-Sinfonien wird – so möge es ewig weiterschwingen. Man kann nur leider mit der Macht des Gesanges auch politischen Machtmißbrauch verschönen und übertönen, zumal wenn die Konzertagenten den Schein der Überparteilichkeit zu wahren wissen. Da ich selbst von den schönen Künsten herkomme und meine Lyra gelegentlich für meine Lieblingspartei ertönen lasse, bin ich auf dieser Anklangsebene vielleicht besonders feinfühlig, das heißt, ich lasse mir nicht gern ein U für ein E vormachen. Schon bevor wir uns in den schleswig-holsteinischen Wahlkampf einmischten, hatten wir uns in meiner Heimatstadt Hamburg ziemlich ungeschützt aus dem Fenster gehängt, um dem ewig unfruchtbaren »Au Backe« oder »Ob das wohl gut geht?!« ein positives Paroli zu entbieten. Und vielleicht hatte wirklich jede Stimme von uns zehn weitere mitgerissen und ein paar verräusperte Kehlen zum Akkordieren veranlaßt, wir wollen uns ja nicht gleich als die großen Stimmungsdirigenten aufspielen. Als wir nach dem halben Hamburger Erfolg jedenfalls ganz frohgemut die Landesgrenzen überschritten, um auch hier ein paar Stimmbänder zu lockern, ein paar törichte Befangenheiten zu lösen, waren da schon überall ganz andere Musikanten durchgezogen, international renommierte Taktstöcke und garantiert unabhängige und überparteiliche Superstars, *nur,* seltsam, aber wahr: Was scheinbar dem zweckfreien Wohlgefallen gedient hatte, klang immer noch heimlich nach als Lob und Preisgesang auf das Dioskuren-Paar Justus Frantz und Uwe Barschel.

So etwas kann vorkommen, und Schirmherrschaft ist an sich noch nichts Verwerfliches. Es hatte nur unter dem Schutz dieses Schirms noch ein ganz anderer Widergänger seinen Weg machen können, das war des Medienspektakels subversiver Begleiter, das war des Konzertlebens heimlicher Mitkantonist und Medienreferent, kurz, der bekannte Swinegel, und, was soll ich Ihnen sagen, wo immer wir einen öffentlichen Tanzboden betraten, scholl uns ein mißtöniges »Ick bün all door« entgegen. Anders gesagt, es hing da noch was in der Luft rum. Deutlicher: Es war da noch etwas im Umlauf, Drucksachen, Broschüren, Flugblätter, Wahlkampfzeitschriften, die erschienen mir im Umkreis vom Flensburger »Deutschen Haus« und vom »Ballhaus Tivoli« in Heide dann fast wie des musikalischen Maskentreibens dunkler Folgeschatten. Dabei war der Gegensatz von himmelhoch strebender E- und nachgelieferter Untergrundmusik dissonanter kaum vorstellbar. Auf der einen Seite noch die auslaufenden Tonschwingungen von Mendelssohn, Tschaikowsky, Haydn und Chopin, auf der anderen, von der gleichen Schirmherrschaft bedeckt: »Engholm bläst die Posaune des Ostens« – »Engholm, der Rot-Grüne, strebt im rot-grünen Bündnis Schulterschluß mit Kommunisten an« – »Engholm gehört zu jener Kategorie von Politikern, die über ihrem Drang zur politischen Macht alle Grundsätze über Bord werfen« – »SPD und Grüne wollen Sex mit Kindern« – »Straffreiheit für sexuelle Handlungen an Jungen und Mädchen ab 14 Jahren« – »Eine Mehrheit von Rot-Grün bedeutet freie Abtreibung bis zur Geburt auf Kosten der Krankenkasse« – »Chaotentum und Terrorismus« – »Gefängnisse leeren« – »Verkehr der Zukunft ohne Auto« – PASS AUF, SCHLESWIG-HOLSTEIN – »Mogelpackung, dein Name ist SPD«.

Doch halt, wir wollen hier nicht selber mogeln. Der Name Pfeiffer war in den Monaten vor der Wahl so gut wie unbekannt. Bekannt waren eher so Namen wie die des Pressesprechers Günter Kohl und des CDU-Generalsekretärs Rolf Rüdiger Reichard, die hatten den ganzen angehäuften Schmutz zu verantworten und betrieben das Geschäft der Gifteinleitung so gekonnt, daß es eines Pfeiffers kaum noch bedurft hätte. Trügerisch wie ihr Spiel mit gezinkten Karten war letzten Endes aber auch das Spiel auf den präparierten Musikinstrumenten. Mochten unschuldsvolle Virtuosen immerhin in dem guten Glauben gewesen sein, daß sie dem Siegeszug der Frau Musica dienten, für den musikalisch noch nicht einmal oberflächlich gebildeten Musikliebhaber Uwe Barschel war alles die gleiche süße Wahlkampfwerbemelodie. Wo immer die internationale Konzertwelt uns einen nassen Sommer vergoldete, fiel ein Teil des Strahlenglanzes auch auf den Kuratoriumsvorsitzenden Barschel. Wo immer sich im Musikfestival ein Taktstock hob, war der Dirigentenstab des Ministerpräsidenten nicht fern und die Leuchterscheinung eines Bundesverdienstkreuzes in greifbare Nähe gerückt. So kamen Macht und Musik sich gelegentlich so nahe, daß kaum noch zu unterscheiden war, wo die Macht des Gesanges aufhörte und das parteipolitische Platzkonzert begann, ein unentwegtes seliges Geben und Nehmen beiderseits, was schließlich zu einem fast verwechselbaren Conquistadoren-Idiom führte. »Schleswig-Holstein soll in diesem Sommer auf einer Musikwelle schwimmen, die von Föhr bis Lübeck, von Westerland bis Schloß Wotersen reicht«, tönte der Ministerpräsident am 19. März 1987 in Kiel. Und sein musikalischer Landnehmer Justus Frantz akkordierte kurz darauf: »So rollen wir langsam das ganze Land auf.« Der imperiale Impetus griff schließlich so weit Platz, daß der Kassenwart der Unternehmung und Staatssekretär im Finanzministerium geniert einräumen mußte: »Die heimische Kulturszene erlebt das Festival als Dampfwalze.« Allerdings – und das ist bei einem aufgesetzten Kulturbegriff wohl die Regel – »ihre Einbeziehung ist nur sehr schwer möglich«.

Musik als die Fortsetzung von Machtpolitik mit anderen Mitteln, das ist ein bekanntes Lied, nur haben wir es selten so unverschämt intoniert gehört. Während das Land unter der Werften-, der Fischerei-, der Agrarkrise ächzte, wurde ihm von ganz hoch oben ein Kulturbegriff übergestülpt, der die reine Verschwendung war. Die Schutzbehauptung vom selbsttragenden Festival war insofern ein weiterer Camouflagetrick. Es trug zwar den Schirmherrn in der Gunst des Publikums nach ganz hoch oben, nur sich selbst eben nicht, weshalb die Öffentlichkeit von hinten durch die Münzwaschanlage zur Kasse gebeten wurde. Dabei lagen die stillen Immissionen eigentlich auf der Hand. Über eine »Kulturstiftung des Landes Schleswig-Holstein« wurden die Einnahmen aus einer staatlichen Rubbelfix-Aktion so verdeckt in den »Schleswig-Holstein Musikfestival e.V.« infiltriert, daß kein Außenstehender mehr zu sagen wußte, nach welchem Schlüssel die für allgemeine Kulturaufgaben bestimmten Lotteriemillionen eigentlich verteilt und wem sie im Zweifelsfall vorenthalten wurden. Da die SPD (»Wir dürfen dies Musikfestival nicht der Landesregierung überlassen«) sich auf die Rolle des mitzahlenden und mitapplaudierenden Publikums beschieden hatte, blieb das schwärende Finanzleck auch von dieser Seite her ohne die gewünschte Kontrolle. Nur ganz selten meldeten sich empörte oder doch bedenkliche Stimmen vom Rande der Jubelszene her ins Konzert, so der Ratzeburger Domorganist Neithard Bethke, so der Leiter des Flensburger Bach-Chors Matthias Janz oder der Galerist Hannes Albers, die Segensgüsse mal etwas gerechter zu verteilen – es mochte sich nur niemand zum Anwalt solcher scheinbar lokalpatriotischen und ressentimentalen Einwände machen.

Daß des Meeres und der Musi Wellen den Ministerpräsidenten schließlich doch nicht in die erwünschte Höhe trugen, hing nicht mit einem entlarvenden Kassensturz, sondern mit einem

Flugzeugabsturz zusammen. Am 31. Mai des Jahres verunglückte Uwe Barschel bei einem riskanten Landeanflug auf den Flughafen Lübeck, was allgemein bekannt ist, bekannter jedenfalls als die postwendende Stillhalteofferte des Oppositionsführers Björn Engholm, »die schleswig-holsteinische SPD werde im Wahlkampf bis zu seiner Genesung die gebotene Zurückhaltung üben«. Das war sicher einerseits nobel. Andererseits gestattete es dem unsanft aus der Bahn geratenen Wellenreiter, nun die Krankenstube unbehelligt zum Fernsehstudio umzuinszenieren und seine Liegestatt in eine werbewirksame Position zu rücken. Derart schamlos wie Uwe Barschel hat wohl selten ein Geradenochdavongekommener sein persönliches Schwein zu einem Especially-for-You-Angebot des Himmels umzumünzen verstanden; so bedenkenlos kaum je ein Unfäller seine zufällige Verschontheit zu einem beifälligen Fingerzeig Gottes umgebogen. »Ich bin geduldiger, dankbarer, bescheidener, gelassener geworden«, ließ der alte Trickser über seine alten Vorzugsmedien verlautbaren, was bedeutete, daß statt öffentlicher Feierlaune jetzt öffentliches Mitleid angesagt war. Während der »Schleswig-Holstein Kurier« sich weiter über den »Täufling Engholm« mokieren durfte, meldete Barschel sich über die »Welt am Sonntag« mit seiner »schönsten Bibelstelle« zu Wort: »Wer Dank opfert, der preiset mich. Und da ist der Weg, daß ich ihm zeige das Heil Gottes«, was in den besagten Zusammenhängen freilich eher wie ein »Undank ist der Welten Lohn« zu lesen war. Der musikalische Wahlverein gab ohnehin seinen Segen dazu und sein musikalisches Opfer zum Besten – Brahms' »Akademische Festouvertüre« und Edward Elgars »Pomps and Circumstances« –, wobei die Aura eines kunstsinnigen Landesfürsten übergangslos mit dem Heiligenschein des geretteten Erwählten verlief.

Vergessen bei dem ganzen medialen Spuk um ein Krankenbett haben wir allerdings – und hatte der Ministerpräsident schon lange – dessen ungeraden Zwilling, seinen Undercover-Partner, den Maulwurf. Wer umständehalber Zwiesprache mit dem Himmel hält (egal, ob guten oder eingebildeten Glaubens, was meist auf dasselbe hinausläuft), der neigt dazu, sein irdisches Vorleben zu verdrängen, von seinem unterirdischen ganz zu schweigen. Es scheint mir insofern durchaus glaubhaft, daß der dämmerungs- und nachtaktive Pfeiffer diesen neuen Rummel um einen Geretteten als besonders aufdringlich, ja beleidigend empfand, beleidigend für einen überflüssig gewordenen

Mitmischer. Sein in einem »Spiegel«-Interview geäußertes und nachfolgend vielfach variiertes Absprungsmotiv – »diese berechnende politische Vermarktung von Barschels Flugzeugabsturz, das fand ich einfach widerlich, wie da geredet wurde« – verrät dabei wohl weniger moralische Sensibilität als einfach Witterung – bei so viel nachgeputztem Heiligenschein ließ sich Handlungsbedarf in der Drecklinie eigentlich gar nicht mehr nachweisen.

Daß der egomanische Machtmensch Barschel übersah, daß auch professionelle Ehrabschneider ihren eigenen Ehrbegriff

---

war sint die eide kommen?

Nibelungenlied 562,3

---

und ihren eigenen Ehrgeiz haben, zählt wohl zu seinen verhängnisvollsten taktischen Fehlern. Geradezu leitmotivisch ziehen sich durch die Selbstauskünfte und Selbstanpreisungen des Reiner Pfeiffer Begriffe wie »Ehre«, »Ehrgeiz«, »Ruf«, »optimaler Arbeitseinsatz«, »optimale Zusammenarbeit«, »potentieller Olympiasieger«, was nicht nur nachträglich hätte zu denken geben können. In einem Brief an Uwe Barschel vom 24. April 1987: »Sehr geehrter Herr Ministerpräsident: Ich bin bereit, für Sie und Ihren Wahlsieg bis zum Umfallen zu kämpfen. Um dies optimal zu erreichen, wünsche ich mir allerdings, nicht – wie bisher – unter Wert eingesetzt zu werden.« »Nicht unter Wert«, das war – obwohl es der MP wohl eher als aufdringliche Eigenwerbung empfunden haben mag – bereits eine deutliche Vorwarnung. Das war, in Anbetracht des Kontextes und (auch) der Pfeifferschen Vita, sogar eine dringende Abmahnung von gewissen unbeglichenen Außenständen, unbefriedigten Erwartungen, ungestillten Hoffnungen, denn so wie die graue Maus mit ihrem MP zu reden gewohnt war, muß ihr Ehrgeiz schon früh auf den Rang und die Stellung einer grauen Eminenz gezielt haben. »Die Ihnen unterstellten Minister agieren zu autonom und nicht selten gegen die von Ihnen vertretenen Interessen«, heißt es weiter in dem erwähnten Schreiben, und dann – als ob es um das Amt eines Überministers und obersten Kehrmeisters ginge –: »Sie müssen deshalb schärfer an die Kandare genommen werden.« Weiter im Text: »Es geht nicht an, daß Herr Schleifer letztlich zu Ihren Lasten publizistische Nachbesserungsversuche unternimmt... Es erscheint mir dringend geboten, daß vor wichtigen Entscheidungen politischer Tragweite schon im Vorbereitungsstadium ein fähiger journalistischer Berater Ihres Hauses hinzugezogen wird... Bei aller Würdigung der Verdienste Ihrer Minister und Staatssekretäre sehe ich unter ihnen keinen, der zu einer solchen Prophylaxe fähig wäre«: Wer so spricht, so zu sprechen wagt, der muß sich wohl etwas ganz besonders Hohes für sich selber ausgerechnet haben, und es ist auch kein abseitiger Niemand, den man hinterher kaum gekannt haben mag. Im Überschlag: Der umgedrehte Pfeiffer, an dessen Charakterologie sich später die Presse abrätseln sollte, war an allen Ministern vorbei der besonders geheime Rat des Ministerpräsidenten, sein vertrauter Mitverschwörer und konspiratives alter ego; aber auch der Absprung, der Dissens, die Entzweiung des Zwillingsgestirns waren schon lange vorprogrammiert, das hätte man eigentlich sehen müssen.

Daß der MP es nicht sah, hatte vermutlich nicht einfach mit Blindheit, es hatte mit seinem eigenen verspannten Selbstverständnis zu tun. Ähnlich wie Pfeiffer kam auch er aus beengten kleinbürgerlichen Verhältnissen – er hatte allerdings statt gefälschter Schulabgangspapiere einen doppelt gemoppelten Doktorhut vorzuweisen. Ähnlich wie Pfeiffer hatte auch er diesen unerbittlichen Drang in die Höhe und den Wunsch, nie wieder nach unten zu müssen – er war nur eben schon Ministerpräsident eines Bundeslandes und durch die Ehe mit einer Freya von Bismarck auch privat in die Nobelsphäre vorgestoßen. Auch Überkompensation ist eine Form des Vertuschens, das ist gewiß, und das doppelte Ehrenwort (»ich wiederhole: mein Ehrenwort«) belegt im Nachhinein einen beinahe kranken Wiederholungszwang. Es ist nur eben so, daß er sich in der Stunde der Anfechtung und der Abstiegsfurcht mit einem Mann gemein gemacht hatte, den er selbst für einen gemeinen Domestiken hielt und dessen eigener Drang nach Legitimation so unerbittlich am Arbeiten war wie Barschels Zwang nach Aufrechterhaltung der Fassade.

Pfeiffers Blütenträume aus dem Mai des Jahres sind im August allerdings bereits der Schnee vom vergangenen. Als der Ministerpräsident am 10. August seine Regierungsgeschäfte wieder aufnimmt, und er merkt, die Erde hat ihn wieder, muß er gleichzeitig feststellen, daß er auf der Verliererstrecke ist. Die Stoltenbergischen Steuerreformen werfen ihre Schatten bis hoch in den Norden hinauf. Die Werften haben sich durch bloße Liegezeit nicht erholt, und die Bauern und die Fischer sind auch nicht friedfertiger geworden. Dagegen hat der gefürchtete Nebenbuhler Björn Engholm mächtig an Sympathie gewonnen, und die neuesten Wahlprognosen verzeichnen ein scharfes Kopf-an Kopf-Rennen, was Wunder, wenn er zwangsläufig nochmal nach seinem halb vergessenen Pfeiffer ruft: nicht als Oberkämmerer jetzt, sondern als klammheimlichem Kammerjäger.

Auch Schmutzagenten haben eine Seele, das wollen wir bloß nicht vergessen, man dechiffriert sonst leicht an der Wirklichkeit vorbei. Mögen der Hintertreppenagent (pardon, der »Hintergrundrecherccheur par excellence) und der Winkeladvodakt (Verzeihung, der Doktor der Rechte und der Politischen Wissenschaften) eine Zeitlang vom gemeinsamen, vom gleichen Kellerloch operiert haben, in den Keller möchte der Erstere nun weiß Gott nicht zurück, und mit »Wanzen« möchte er schon gar nichts zu tun haben. Als Barschel ihn also am 8. September in sein neues Komplott einweiht – die Zielperson Engholm erläuterte gerade in Heide die ersten »Spiegel«-Enthüllungen, und wir sekundierten ihm mit unserem »Komm raus«-Programm –, hat der Medienreferent schon lange auf stille Obstruktion geschaltet, was nicht mit einem plötzlichen Sinneswandel zu tun hat, sondern mit der Verweigerungsabsicht eines unsanft aus dem Himmel der Ministrabilität auf den Boden der Standesunterschiede heruntergeholten Aufstiegsphantasten. Daraus wollen wir ihm keinen Lorbeerkranz winden. Nur noch einmal hervorheben, daß in dem Moment, als der Springer-Agent seinen Auftraggebern aus dem Ruder lief, die Zersetzungstätigkeit wieder voll von der Zentrale aufgenommen wurde, und zwar mit allen Mitteln, die man bald mit den Begriffen »schlammig« und »sumpfig« belegen sollte.

Der sogenannte schleswig-holsteinische oder Kieler Sumpf war insofern auch gar keine klärende oder treffende Metapher, sondern eine zusätzlich verwirrende. Das Land lag immer noch relativ säuberlich zwischen seinen beiden Meeren, und auch die Landeshauptstadt ordnungsgemäß an der Förde – nur auf der politischen Rechten und im Springerlager hatte sich ein Pfuhl aufgetan, der nach Bezeichnung schrie und der durch die allumfassende Sumpfmetapher eher wieder gnädig verdeckt wurde. Da nahezu die gesamte Bundespresse an dieser ungenauen Bildgebung partizipierte, ist sie von dem Vorwurf unnötiger Bewußtseinstrübung nicht ganz zu entlasten. Wo wir statt von einem

Rechtsmorast lieber von einem allgemeinen politischen Sumpf zu sprechen beginnen, befördern wir damit nichts als das wertlose Unbehagen an der »schmutzigen Politik« und dem »häßlichen Politiker«, was in der Folge wieder Täter und Opfer in einer gemeinsamen Brühe schwimmen läßt, die Stinker und die Angestunkenen auf der gleichen Sünderbank vereinigt.

Hinter dem ideologisch präparierten Paravent von der charakterlosen Politik und dem zwangsläufig verstrickten Volksvertreter können sich Schuld und Unschuld sogar verhängnisvoll verkehren. Während die Unschuldsvermutungen im Falle Barschel bis zur Vermummung seiner bösen Werke vorgetrieben wurden, fanden andererseits Umschuldungsprozesse statt, die aus Übeltätern arme Geschädigte und aus wirklichen Opfern Mordverdächtige machten. Das allerdings scheint mir das eigentliche Lehrstück in einem Drama von Machterhalt und Machtmißbrauch; und wo wir noch lernen wollen, soll es uns als bleibende Warnungstafel dienen.

Erhard Eppler

Jenes pathologisch gute Gewissen

Manchmal konzentrieren sich in einer grotesken, vielleicht sogar perversen Szene Sachverhalte, denen nachzugehen sich lohnt.

Wer immer künftig das Verhältnis zwischen Religion und Politik, christlichem Glauben und politischem Handeln in der Bundesrepublik Deutschland beschreiben und analysieren will, wird schwerlich an jener Szene vorbeigehen können, die am Montag, dem 30. November 1987, die Chefsekretärin Brigitte Eichler und ihr Anwalt vor dem Untersuchungsausschuß des Kieler Landtags geschildert haben. Niemand unterstellt Frau Eichler, sie habe die Unwahrheit gesagt, und die Geschichte, die ihr Anwalt zu berichten hatte, war von der Art, die man nicht erfinden kann.

Da versuchte am 16. September 1987 der mächtige Chef einer Landesregierung, seine Mitarbeiterin zu einer eidesstattlichen Erklärung anzustiften, von der beide, der Chef und die Sekretärin, genau wußten, daß sie falsch, gelogen war. Brigitte Eichler sollte an Eides Statt versichern, sie, nicht der Ministerpräsident, habe den Zeitpunkt für die Überprüfung des Diensttelefons festgelegt. Frau Eichler, seit Jahren gewohnt, die Weisungen ihres Chefs zu befolgen, immer durch und durch loyal, weigerte sich. Sie war bereit, sich für diesen Ministerpräsidenten und seine Karriere abzurackern, aber einen Meineid schwören – nein, das wollte sie nicht. Man mag erahnen, wie schwer der Frau ihr Nein gefallen sein muß.

Darauf fragt sie der Chef: »Sind Sie religiös?« Wer den Fortgang der Geschichte nicht kennt, wird diese Frage nur so deuten können: »Glauben Sie denn so fest an Gott, daß Sie vor seinem Angesicht nicht lügen können? Hindert Sie Ihr Glaube am Meineid?« Wäre die Frage so gemeint gewesen, so hätte die Reaktion des Ministerpräsidenten auf die vorsichtig bejahende Antwort der eingeschüchterten Frau nur lauten können: »Nun gut, dann verstehe ich, daß Sie keinen Meineid auf Ihr Gewissen laden wollen.« Allerdings hätte er dann damit eingestanden, daß er selbst über solche Skrupel längst hinaus, also nicht »religiös« sei. Aber es kam ganz anders. Auf das Bekenntnis der Frau Eichler, sie sei zwar nicht übermäßig religiös, aber sie glaube an Gott, repliziert der Ministerpräsident: »Ja, wollen Sie denn, daß die Sozialdemokraten an die Macht kommen?« Daraufhin hat Brigitte Eichler unterschrieben, sei es, weil das Argument durchschlug, sei es, weil sie es einfach mit der Angst zu tun bekam.

Damit kein Mißverständnis entsteht: Ich halte das, was in Kiel geschah, nicht für die Regel, sondern für die absolute Ausnahme in der deutschen Politik. In keiner anderen Staatskanzlei hätte derartiges geschehen können, nicht in Düsseldorf und nicht in Stuttgart, nicht in Saarbrücken und auch nicht in München, auch wenn Strauß den Kieler Skandal zum Normalfall herunterspielen wollte. Trotzdem lohnt es sich, die Szene zu analysieren.

Da wird also der Glaube der Mitarbeiterin – wobei es hier nicht auf den Inhalt dieses Glaubens ankommt – zum Argument für, nicht gegen den Meineid. Wenn Frau Eichler gläubig, »religiös« sei, dann müsse sie doch begreifen, wie wenig ein Meineid zähle im Vergleich zu der Gefahr, daß die SPD an die Macht kommt. Die Lüge unter Anrufung Gottes wird zur Christenpflicht, wo es um die Macht geht.

In dieser fast schon absurden Szene leuchtet auf, wohin die Instrumentalisierung des Glaubens zum Zwecke politischer Macht in letzter Konsequenz führt. Ein Politiker, der immer Wert darauf legte, als christlicher Politiker wahrgenommen und ernstgenommen zu werden, hält es für seine erste Christenpflicht, dafür zu sorgen, daß keine Nichtchristen – oder auch keine, die er dafür hält oder als solche deklariert – das Land regieren. Die Bewahrung der eigenen Macht und die Pflicht des Christen fallen zusammen, werden ein und dasselbe. Indem er die Macht der christlichen Partei – und damit seine eigene – mit giftigen Krallen verteidigt, erfüllt er seine Pflicht als Christ. Und da kann es dann auf die Mittel nicht ankommen, sie rechtfertigen sich durch den Zweck. Wer da »pingelig« mit moralischen Bedenken kommen will, hat seine religiösen Pflichten nicht begriffen.

Niemand kann ausloten, wieviel von diesem Reden nur zynisches Spiel mit den Wertvorstellungen anderer war und wieviel wirkliche Überzeugung eines von Konkurrenzangst gekränkten Mannes, der sich auf diese Weise ein gutes Gewissen zu machen wußte. Wichtiger ist, wie es zu solch totaler, nicht mehr zu überbietender Perversion christlichen Glaubens kommen kann.

Wer seit 1953 alle Wahlkämpfe zum Bundestag miterlebt und mit ausgefochten hat, und zwar überwiegend in kleinen Dörfern Süddeutschlands, kann ein Lied davon singen, wie der Kampf für die »christliche Sache« manchen Wahlkämpfern jenes pathologisch gute Gewissen verleiht, bei dem es dann auf einen Tritt ans Schienbein mehr oder weniger nicht ankommt. Und der Pfarrer, der solche Fußtritte unschön findet, kann sehr wohl die Frage zu hören bekommen: Ja wollen Sie denn, daß die Sozialdemokraten an die Macht kommen?

Wo es als Christenpflicht erlebt wird, die »Nichtchristen« – die möglicherweise auch noch unter einer Decke stecken mit dem Antichristen im Osten – von der Macht fernzuhalten, darf man nicht pingelig sein. Und man ist es dann auch nicht. Und oft mit bestem Gewissen. Barschel hat diese Versuchung so ins Absurde getrieben, daß jetzt erstmals eine Welle schlechten Gewissens durch die Union geht.

Natürlich: auch andere Parteien, auch meine eigene, können manchmal holzen, Mittel anwenden, die durch nichts zu rechtfertigen sind. Allerdings dann oft mit schlechtem Gewissen. So jedenfalls meine Erfahrung in 35 Jahren.

Wichtiger ist die Frage: Warum hat die Gründung einer christlichen Partei unsere politische Kultur nicht vorangebracht, warum hat sie manchen Streit eher zusätzlich vergiftet? Warum hat das »C« zumindest keine positive Auswirkung auf den politischen Stil in dieser Republik? Warum ist die Verletzung des achten Gebots zur Selbstverständlichkeit geworden, auch und gerade unter christlichem Vorzeichen?

Eine Meditation über die Szene zwischen Barschel und seiner Sekretärin kann darauf auch nur zu einer Teilantwort führen. Aber sie ist der Mühe wert. Erst wo etwas bis zu seiner letzten, verrückten Konsequenz getrieben wurde, wird erkennbar, was im Ansatz nicht stimmt.

Wer sich selbst zum Streiter Gottes ernennt, läßt die Menschlichkeit bald hinter sich. Natürlich: Das tun die wenigsten Christdemokraten. Aber es reicht völlig aus, wenn es immer wieder einige tun.

Jürgen Seifert

Uwe Barschel und die Heldenrolle auf der politischen Bühne

Uwe Barschel war nicht nur Täter. Er ist zugleich ein Opfer der von ihm betriebenen Machtpolitik und einer politischen Kultur, in der Schläge unter die Gürtellinie und die mit Methoden der psychologischen Kriegführung betriebene Bekämpfung des politischen Gegners nur dann tabuisiert sind, wenn sich die Mehrheit der Bevölkerung dagegen wendet. Deshalb genügt es nicht, unglaubwürdig gewordene Politiker zu ersetzen. Es kommt vielmehr darauf an, eine politische Kultur in Frage zu stellen, die einen Barschel ermöglicht hat. Wir müssen prüfen, welchen Anteil haben wir an dieser Form von Politik.

Das Schmierenstück auf der Bühne der Politik

Uwe Barschel war – das hat der Kieler Untersuchungsausschuß nachgewiesen – Dramaturg und Hauptakteur eines auf der politischen Bühne des Landes Schleswig-Holstein inszenierten Schmierentheaters. Das Spiel wurde thesenförmig bereits in einem Wahlkampfpapier der CDU konzipiert. Uwe Barschel hat es jedoch verstanden, dem Stück eine spezifische Struktur zu geben und eigene Akzente zu setzen. Barschel – das stand von Anfang an fest – spielte den Helden, der sich gegen einen Bösewicht zur Wehr setzen muß. Das Stück ist so angelegt, daß der Zuschauer im Laufe der Zeit immer mehr den wahren Charakter des Bösewichtes erkennt (dieser tarnt sich als Ehrenmann) und sich am Ende ganz mit dem Helden identifiziert, der alle Anfechtungen übersteht.

Der Held, daran darf niemand zweifeln, hat sich bewährt. Er war Fraktionsvorsitzender, Innenminister und Ministerpräsident. Er hat schwere Schicksalsschläge (Flugzeugabsturz) hinnehmen müssen. Aber er ist damit fertiggeworden und opfert sich und seine Gesundheit für das Wohl des Landes auf. Nicht jeder vermag gleich den wahren Charakter des Bösewichtes

(Björn Engholm) zu erkennen. Doch der Held sieht sofort, daß es dem Bösewicht nur um das Geldverdienen geht (Aufstellung aus Barschels Hand über Engholms Ministerbezüge und das Gehalt als Oppositionsvorsitzender). Der Held weiß, ein solcher Mann kann nicht ehrlich sein (Anzeige wegen Steuerhinterziehung), er muß zweifelhaften Umgang pflegen (Observation im Hinblick auf Freundinnen und homosexuelle Beziehungen), denn dieser Bösewicht vertritt einen Verein, der für freien Sex mit Kindern ist (CDU-Wahlkampfbroschüre). Für den Helden ist auch klar, daß der Bösewicht das Land zusammen mit den Grünen in ein Chaos stürzen will, zumal diese Grünen zum großen Teil verkappte Kommunisten sind (Anfrage nach der politischen Vergangenheit grüner Politiker). Eine Wanze, die sich im Telefon des Helden finden soll (Telefonüberprüfung), kann nur aus dem Umkreis des Bösewichtes kommen. Dieser Schlußakkord am Ende des Stückes soll den Helden noch strahlender erscheinen lassen. Dieses »nette Aperçu« ist notwendig, da eine böse »Kampfpresse« dem makellosen Helden Intrigen anzudichten versucht. Diese vom Helden selbst eingebaute Szene mißlingt. Dafür aber lenkt die öffentlich bekannt gewordene Überwachung den Blick des Publikums auf die Möglichkeit eines verdächtigen Umganges von Engholm (»Irgend etwas wird ja wohl an dem Verdacht des Helden dran sein«).

Die Struktur des Stückes ist banal. Dennoch schien es zunächst halbwegs gut anzukommen. Lediglich eine bösartige »Kampfpresse« versuchte, es madig zu machen. Alles wäre gut gegangen, wenn sich einige mehr mit dem Helden identifiziert hätten und wenn es gelungen wäre, das Volk daran zu hindern, hinter die Kulissen dieser politischen Bühne zu schauen.

Was dabei passierte, braucht nicht wiederholt zu werden.

Die »publicity-trächtige« Ausschmückung

Es ist lehrreich, sich auch mit dem Detail der Aufführung zu beschäftigen. Für diese Details und für die Inszenierung zeichnete ein Fachmann verantwortlich, der von einem einschlägigen Konzern des Unterhaltungsgewerbes »ausgeliehen« worden war. In dem von ihm verfaßten »Pfeiffer-Papier«, das weitgehend akzeptiert wurde, sind diejenigen Ausschmückungen festgehalten, die als besonders »publicity-trächtig« angesehen wurden und von denen man annahm, daß sie beim Publikum Eindruck

Pfeiffers Katalog für Barschels Wahlkampf

Gliederung nach den publicity-trächtigen Themen
- *Kinder*
- *Frauen/Familie*
- *Tiere*
- *Alte/Arme*
- *Jugendliche und*
- *Sport*

Kinder

MP bezahlt ganz oder teilweise teure Operation für armes Kind, das sonst sterben müßte (Beispiel: Loch im Herz oder schwere Erkrankung im Bewegungs-Apparat)

MP veranstaltet im Landtagsgarten o. ä. Einrichtung Frühlings-/ Sommerfest für Kinder mit besonderer Note, indem er selbst als populäre Figur verkleidet – zunächst – auftritt und sich dann enttarnt

MP besucht Kinder-Kliniken – insbesondere mit unheilbaren kleinen Patienten; MP besucht Kinderheime mit besonders armen Patienten, erkundigt sich persönlich nach Sorgen, hilft umgehend und individuell

MP läßt Kinder-Einladungen organisieren wie zum Beispiel in Freizeitparks, zu Fesselballon-Fahrten oder Segeltörns

Ein Tag mit dem MP für zwei auszusuchende Kinder, die öffentlich erklären, wie der MP schuften muß

MP lädt behinderte Kinder zu Saft und Kuchen ins Landeshaus ein

Frauen/Familie

MP hilft den zehn kinderreichsten Familien (spendet Urlaub, besorgt eventuell neue Wohnung, Kleidung oder Waschmaschine)

MP besucht junge Familien, denen durch das mustergültige Familien-Darlehens-Programm geholfen wurde

MP startet Initiative für Frauenhäuser; MP startet Aktion für alleinstehende Frauen, die sich in besonderen Notsituationen befinden

Tiere

MP sucht und honoriert das schönste Tierfoto; MP startet nach entsprechenden Besuchen Hilfsaktionen für Tierheime

MP bricht Lanze für Tierfriedhöfe

MP nimmt verletztes Tier zu sich daheim auf und läßt es gesundpflegen

MP startet Kampagne gegen Tierversuche

Alte/Arme

Frau des MP eröffnet und leitet einen Alten-Hilfsfonds, der sich aktiv auf besonders arge Einzelschicksale konzentriert

MP lädt in den größten Städten des Landes zu Alten-Nachmittagen ein – Variante: Ausflugsfahrten – vom MP finanziert –, bei denen er kurz als Gastgeber auftaucht

Jugendliche

*MP legt Sonderprogramm für arbeitslose Jugendliche auf – möglicher-
weise mit Unterstützung der Bundesanstalt für Arbeit (Beispiels-Ein-
sätze: Deichbau, Umweltschutz, Denkmalspflege und so weiter)*

MP startet Drogenhilfe-Programm für Jugendliche

*Streitgespräch zwischen MP und Aussteigern wie Punkern oder Skin-
heads*

MP spricht mit Auszubildenden

*MP lädt – möglicherweise während des Musik-Festivals – zu einem
Disco-Abend für Jugendliche ein*

MP verschenkt an Bedürftige Karten für Rockkonzerte

*MP startet Aktion mit Sonderschülern (Anregung zu einem kreativen
Wettbewerb zum Beispiel)*

Sport

*MP nimmt im ganzen Land an Volksläufen, -schwimmen und -wander-
tagen teil, wobei er natürlich immer in der ersten Startreihe steht. Vorbe-
dingung: Durchhaltevermögen. Es gibt ja auch kurze Strecken für Jog-
ger, und als Schwimmer soll er ja noch heute Klasse sein*

*MP wagt einen Fallschirmabsprung (von der Imagebildung bei einem
Großteil der Wählerschaft nicht zu unterschätzen!); Varianten: Teil-
nahme an Motorrad-, Rad- oder Tourenwagen-Rennen, an einem Segel-
flug oder als Skipper an einem Segeltörn sowie als Fahrer an einem Pro-
minenten-Trabrennen in Hamburg*

*MP kickt mit in einer Prominenten-Fußballelf oder spielt eventuell in
einer Handball-Mannschaft*

MP rudert mit bei einer Prominenten-Regatta

machen. Der Hauptakteur sollte nicht nur ein mutiger Held sein,
der Zuschauer sollte auch deshalb auf seiner Seite stehen, weil er
dargestellt wird als gebildeter Kunstfreund, als guter Christ und
als ein wahrer Vater für alle:

– Er ist ein *Kinderfreund,* der sich um Kinderheime und -Klini-
ken, aber auch um die Freuden der Kinder kümmert;

– er ist ein *Freund der Jugend,* der sich selbst um Sonderpro-
gramme für arbeitslose Jugendliche und um Hilfe für Dro-
genabhängige sorgt, der sich nicht zu schade ist, einen Disco-
Abend zu besuchen oder sich die Zeit zu nehmen für ein
Gespräch mit Jugendlichen, die in der Ausbildung stehen;

– er ist ein *Tierfreund,* der sich die Zeit nimmt, die schönsten
Tierfotos selbst auszuzeichnen, der Tierheime fördert und ein
verletztes Tier im eigenen Haus zur Pflege aufnimmt;

- er ist ein *Freund des Sports,* der für die Förderung des Sports sorgt, der selbst Volksläufe organisiert und selbst Sport betreibt;
- er ist ein *Freund der Alten und der Armen,* der zu Altennachmittagen einlädt, Ausflugsfahrten organisiert und selbst »kurz als Gastgeber auftritt«.

Eigentlich ist der Held ein Freund von allen, die für ihn sind. Ganz zufällig wird über solche Aktionen nicht nur in der regionalen Presse berichtet, sondern auch in Funk und Fernsehen. Jeder weiß oder kann – wenn er nachdenkt – wissen, daß ein guter Ministerpräsident eines Landes andere Aufgaben hat, als sich um die persönlichen Probleme einzelner Bürger zu kümmern. Jeder weiß es – und doch kommt so etwas an.

Solche auf ihre Wirkung in der Öffentlichkeit ausgerichteten Aktionen sollen das Gefühl von Nähe und Unmittelbarkeit zwischen Bürger und Politiker hervorrufen und den Eindruck erwecken: Dieser Mann kümmert sich um alles und, wenn es sein muß, auch um Dich!

Das simple Schema funktioniert! Der Schein von Nähe und die falsche Unmittelbarkeit, von den Medien vermittelt, wird von vielen als Realität begriffen. Niemand soll sagen, er sei ganz frei davon. Festzuhalten bleibt: Keine solcher im Pfeiffer-Papier festgehaltenen »publicity-trächtigen« Aktionen macht auf ein politisches oder gesellschaftliches Problem aufmerksam oder zeigt den Weg zu einer Lösung auf.

Warum suchen wir im Politiker einen Helden?

Das Gestalten unseres Zusammenlebens – sei dies politisch oder gesellschaftlich – kostet in der Regel Arbeit, Anstrengung und Phantasie. Deshalb sind wir dankbar, wenn jemand bereit ist, uns von dem etwas abzunehmen, was uns zur Last fällt. Am Anfang freuen wir uns, daß jemand das Organisatorische übernimmt, dann soll er alles Lästige für uns erledigen. Wir wollen es und nehmen es dabei in Kauf, daß jemand anderes für uns handelt. Wir wollen allerdings, daß er die Angelegenheiten in unserem Sinne erledigt, dáß er unsere Interessen vertritt. Deshalb sind wir bereit, sein Handeln – soweit nötig – im eigenen Umkreis zu stützen.

Wir erhoffen, daß derjenige, der für uns handelt, die Fähigkeiten besitzt, das zu schaffen, was wir nicht leisten – oder nicht leisten wollen. Mit anderen Worten: Wir haben eine spezifische Erwartungshaltung. Der Handelnde empfindet dies häufig als einen Erwartungsdruck. Dieser Druck wird um so größer, je schwieriger die Probleme werden, die zu lösen sind.

Jedem Politiker gegenüber, der für uns handeln soll, haben wir eine solche Erwartungshaltung. Jeder Politiker steht unter einem Erwartungsdruck. Zugespitzt formuliert kann man sagen: Je weniger unsere Erwartungen in einem realen Verhältnis zu den tatsächlichen Möglichkeiten stehen, desto mehr brauchen wir einen Politiker, der unsere Erwartungen erfüllt. Wir suchen einen Hoffnungsträger. Damit bringen *wir* – auch wenn wir es nicht wollen – bestimmte Politiker in die Rolle des Hoffnungsträgers, mit anderen Worten: in die Rolle eines Helden.

Der Held soll das bewältigen, was wir selbst nicht schaffen. Er soll die Probleme lösen, die wir selbst nicht lösen können. Er soll es – gerade dann, wenn wir wissen oder wissen müßten, daß er dies nicht kann. Wir bringen Politiker in die Rolle des Helden, weil wir einen Schutzschirm suchen. Wir brauchen Schutz vor Krieg, Schutz vor atomaren, ökologischen und medizinischen Katastrophen, Schutz vor Wirtschaftskrisen, Arbeitslosigkeit, Hunger und Armut, Schutz vor Krankheit und Verlassenheit.

Gewiß, Politiker nutzen die Erwartungshaltung, sie verstärken sie sogar. Durch Wahlkampfparolen versprechen sie selbst Frieden, Sicherheit und Vollbeschäftigung; sie suggerieren, man könne »den Aufschwung wählen«, das Glück oder gar die Rückkehr in eine heile Welt.

Und doch ist es so, daß wir Bürger die Politiker unter Erwartungsdruck setzen. Wir bauen sie als unsere Helden auf. Wir machen sie in dieser oder jener Form zu unserem Ich-Ideal. Wir legen uns keine Rechenschaft darüber ab, was das für uns bedeutet und in uns bewirkt. Aus der Psychologie wissen wir – oder könnten wir wissen–, daß wir uns in den Politiker hineinversetzen, mit ihm fühlen, seine Rolle zu unserer eigenen machen. Weil wir Politiker zu unseren Helden gemacht haben, kommen wir nicht von ihnen los. Wir verändern uns. Die Politiker arbeiten dann nicht mehr *für* uns. Wir lassen es zu, daß sie etwas *mit* uns tun.

Je weniger wir selbst etwas tun und unsere Interessen wahrnehmen, je mehr wir delegieren müssen, desto mehr meinen wir, durch unseren Vertreter zu handeln, durch ihn an der Gestal-

tung unserer Wirklichkeit in Politik und Gesellschaft teilzuhaben. Wenn wir selbst nichts tun (oder meinen, in dieser Sache
nicht selbst handeln zu können), dann versetzen wir uns notwendig in die Rolle des Zuschauers gegenüber einer politischen
Bühne. Das aber bedeutet: Wir sind den Mechanismen einer solchen Bühne unterworfen. Sobald wir zum bloßen Zuschauer
werden, liefern wir uns diesen Mechanismen aus. Wir täuschen
uns, wenn wir meinen, als Einzelperson alten Gesetzen und
Erfahrungen der Bühne überlegen zu sein. Derjenige, der für
uns handeln soll, kommt – weil wir das von ihm erwarten – als
Held zu uns zurück. Das heißt, wir versetzen uns in diesen unseren Helden und sagen uns, so wie er ist, ist er. Bertolt Brecht
beschreibt diesen Vorgang: »Ihm zu widerstehen ist dann einfach unnatürlich, auf die Dauer unmöglich. (. . .) ›Ich bin nur
eure Stimme‹, pflegt er gerne zu sagen, ›das Kommando, das ich
euch zurufe, ist nur das Kommando, das ihr euch selber zuruft‹.«
Brecht fährt fort: »Wer sich in einen Menschen einfühlt, und zwar
restlos, der gibt ihm gegenüber die Kritik auf und auch sich
selbst gegenüber. Anstatt zu wachen, schlafwandelt er. Anstatt
etwas zu tun, läßt er etwas mit sich tun. Er ist jemand, mit dem
andere leben und von dem andere leben.« (Bertolt Brecht: »Der
Messingkauf«)

Abschied von der Heldenrolle?

Immer wieder haben Künstler, Wissenschaftler und Politiker
nach Wegen gesucht, wie Massen zum Handeln kommen können, ohne eine politische Bühne zu brauchen mit einer vorge-
spielten Heldenrolle. Die Antworten sind unbefriedigend. The-
senartig zusammengefaßt lauten sie:
    1. Wir Bürger als Zuschauer der politischen Bühne müssen
hinter dem Helden die Interessengegensätze erkennen und
unsere eigenen Interessen in diesem Widerstreit; wir müssen
unsere Interessen so weit wie möglich selbst wahrnehmen und
darauf achten, daß die für uns handelnden Politiker Sachpositionen vertreten.
    2. Politiker (die leider allzuoft selbst an ihre Heldenrollen
glauben) können Akzente in diese oder in jene Richtung setzen:
Sie können sich entweder darauf konzentrieren, mit Hilfe der
geschilderten Öffentlichkeitsarbeit einen Schein von Nähe zwischen Politiker und Bürger zu erzeugen, oder sie können die

Interessenlage deutlich machen, Sachpositionen vertreten und Wege zur Problemlösung aufzeigen.

Kurz: Bürger und Politiker können darauf achten, daß die inhaltliche Repräsentation nicht durch eine lediglich personelle ersetzt wird. Auch wenn unter den gegenwärtigen politischen und gesellschaftlichen Voraussetzungen das freie Mandat des Politikers und damit ein Stück personeller Repräsentation unvermeidbar ist, kommt es darauf an, daß Politiker sich als Vertreter ihrer Wähler im inhaltlichen Sinn verstehen und dies durch die Form ihres Auftretens deutlich machen. Deshalb ist die Person eines Politikers unter den gegenwärtigen Bedingungen nicht ohne weiteres austauschbar. Der Politiker ist heute zwar notwendig Berufspolitiker, doch es kommt darauf an, daß er spezifische Fähigkeiten besitzt. Er muß nicht nur etwas können, Ideen haben, Lösungen durchsetzen; er muß auch das Koordinatensystem kennen, in dem er operiert und in dem seine Wähler von ihm erwarten, daß er *ihr* Vertreter im *inhaltlichen Sinn* bleibt. Sonst verliert er die Glaubwürdigkeit.

Glaubwürdigkeit ist unbestreitbar eine Eigenschaft der Person. Sie ist nicht meßbar. Wir können uns über die Glaubwürdigkeit einer Person täuschen oder täuschen lassen. Aus jeder Schmierenkomödie wissen wir, daß Spieler uns häufig besser glauben machen können als Gläubige. Wie viele sind nicht auf die schmutzigen Tricks von Uwe Barschel hereingefallen? Wie viele haben nicht gesagt, das kann doch nicht sein, und ihm ein Ehrenwort geglaubt, das auf Lügen gebaut war?

Es gibt kein sicheres Rezept, den glaubwürdigen Politiker von dem zu unterscheiden, der Politik auf Machtpolitik für sich oder für seine Sache reduziert und dabei nach dem Motto verfährt: »Right or wrong my party« (= my country). In der demokratischen Republik gibt es kein anderes Instrument, denjenigen zu entlarven, der nach der Maxime handelt, daß der Zweck die Mittel heilige, als die Aufmerksamkeit des Bürgers.

Der einzige Schutz gegen Leute wie Uwe Barschel ist eine offene, kritikfähige Gesellschaft mit Bürgerinnen und Bürgern, die Interessengegensätze erkennen, ihre Interessen so weit wie möglich selbst vertreten und die die handelnden Politiker im Hinblick darauf kritisieren. Eine solche Gesellschaft wird von denjenigen nicht gewollt, die Gründe haben, ihre Sonderposition und ihre Vorrechte zu verschleiern. Sie müssen ablenken. Sie brauchen die Fixierung auf die Persönlichkeit des Politikers, den

Aufbau einer Person zu einem Helden durch »publicity-trächtige« Aktionen. Sie wollen die Mobilisierung von Affekten mit Methoden der psychologischen Kriegsführung statt die offene Diskussion über unterschiedliche Wege einer Lösung gesellschaftlicher Fragen.

Solche Form der Politik gleicht dem Märchen von einem Drachen, der in einem Brunnen liegt und jeden durch seinen Blick tötet, der über den Brunnenrand blickt. Im Märchen wird der Drache durch einen Spiegel bewältigt, den man über den Brunnenrand schiebt. Der Spiegel wendet den tötenden Blick des Drachen gegen ihn selbst.

Im Fall Barschel hat »Der Spiegel« die Rolle dieses Spiegels erfüllt. Wir können jedoch nicht darauf vertrauen, daß das immer so ist. Deshalb hängt es von uns ab, ob es gelingt, die politische Kultur so zu verändern, daß die vorgespielte falsche Unmittelbarkeit und die mit Methoden der psychologischen Kriegsführung betriebenen »dauernden Appelle an den inneren Schweinehund im Menschen« (Kurt Schumacher, 1932) gegen diejenigen gekehrt werden, die eine Heldenrolle auf der politischen Bühne spielen wollen oder solche Heldenstücke brauchen, um von ihren Interessen abzulenken.

Klaus Staeck

Ein Abgrund von Heuchelei
Notwendige Ergänzung

Langsam kann ich es nicht mehr hören, das Märchen von den guten Menschen und den bösen Politikern. Die immer neuen Auflagen der durch die Generationen geschleppten Behauptung, Politik verderbe den Charakter.

Auf dem Höhepunkt des Barschel-Skandals erschien in der stockkonservativen »Rheinischen Post« folgender Leserbrief: »Politik war, ist und wird immer das dreckigste Geschäft auf Erden bleiben. Das beweisen die Geschichte und jetzt der Skandal in Kiel. Der Bundeskanzler und Bischof Kruse mahnen zum Erhalt der politischen ›Kultur und Moral‹. Wann hat es die je gegeben? Bischof Wilckens endlich sprach es offen aus: Unsere Politiker, gleich welcher Couleur, waten durch einen Sumpf von Machenschaften und Intrigen, der immer tiefer wird. Nur Machtsucht und Eigennutz veranlassen Menschen, Politiker zu werden.«

Fast zeitgleich bilanzierte die »taz« eine kurze Übergabe der Redaktionsarbeit an einige Schriftsteller während der Frankfurter Buchmesse folgendermaßen: »Kultur-Redakteur Mathias Bröckers unterstrich die Absicht, mit der die Affäre Barschel drei Tage lang im Blatt vermieden wurde. Korrupte und verlogene Politiker seien nun einmal kein Skandal, sondern kruder Alltag.« Kein Widerspruch hier, kein Widerspruch dort. Der dumpfe deutsche Stammtisch und der alternative deutsche Hochmut: endlich vereint, Seit an Seit marschierend gegen alles Miese und Fiese?

Machen wir uns nichts vor. Wer derlei Plattheiten heute von sich gibt, kann auf breiteste Zustimmung in fast jeder Runde rechnen. Wenn es gegen die Demokratie geht, waren sich die linken und rechten Spießer bei uns seit jeher auf eine wundersame Weise beklemmend einig. Da kommt Jagdfieber auf. Zumal ja die Politikerkaste eine überschaubare Minderheit darstellt. Da winken Erfolgserlebnisse, zunächst noch nur verbal und im kleinen Kreis.

Bleibt die bange Frage: Ist eine funktionierende Demokratie überhaupt noch vorstellbar in einem »Sumpf von Machenschaften und Intrigen« unter lauter »korrupten und verlogenen Politikern«? Ich weiß nicht, wie das gehen soll. Demokratie ohne Politik ist schließlich wie Empfängnis ohne Befruchtung. Keine Staatsform lebt so sehr vom Engagement der Bürger auf allen Ebenen, ob wir das nun Politik nennen oder nicht, ist zweitrangig.

Aber schauen wir uns doch einmal die andere Seite an, diese vielbeschworene verschworene Gemeinschaft der Edlen, billig und gerecht Denkenden, die sich gelegentlich als Basis, meist als Mehrheit der Anständigen selbst definiert. Hier bedarf der Fall Barschel noch einer entscheidenden, notwendigen Ergänzung.

Zugegeben, was da in Kiel scheibchenweise ans Licht der Öffentlichkeit kam, konnte brave Bürger/Bürgerinnen schon aus den sprichwörtlichen Pantinen kippen lassen. *Eine* Erfahrung ist aber noch gar nicht so recht ins Bewußtsein gedrungen. Da war vor allem bei der CDU von vielen Parteiaustritten die Rede; Politikerbeschimpfungen waren und sind an der Tagesordnung. Interessant sind jedoch die Begründungen für solches Tun. Will man den Medien trauen, waren es zum überwiegenden Teil nicht Enttäuschung, Erschrecken und Verbitterung darüber, mit welchen Menschen man sich hautnah eingelassen hatte, sondern Wut und Zorn über einige Wortführer, die ihren Barschel im Stich gelassen, ihm in den Rücken gefallen seien. Der Verräter war unversehens der trutzige Graf Kerssenbrock, nicht etwa der »in den Tod getriebene« Uwe Barschel. Es bleibt als traurige Bilanz: Die CDU ist um viele ihrer Mitglieder und wohl auch Wähler nicht zu beneiden.

Die rührende Vorstellung, die Dinge kämen schon alle wieder ins Lot, wenn man nur einmal den korrupten Politikern das Handwerk legen könnte, ist schon mehr als naiv. Warum verzichten wir nicht auch auf einen Arztbesuch und verweigern uns der Rechtspflege, solange bis alle »korrupten« Ärzte und Juristen vertrieben wurden? Nein, ich habe einen ganz anderen Verdacht. All die braven Bürger wollen in Mehrheit genau jene Politiker, die sie so wortreich beschimpfen und zu verachten scheinen. Ja, wollen. Wenige Beispiele können das belegen.

Ein Franz Josef Strauß wird mit schöner Regelmäßigkeit von einer soliden Basis mit einem Traumergebnis gewählt, obwohl er die übelsten Diktatoren unter seinen Freunden hat. Spielt etwa bei der überwältigenden Mehrheit, die einen Arbeitsplatz hat, das Thema Arbeitslosigkeit vor der Wahlurne eine entscheidende Rolle? Wünscht sich nicht die brave Mehrheitsbasis möglichst den größten Schwätzer als Umweltminister, damit sie dem eigenen Zerstörungstreiben um so ungestörter nachgehen kann und nicht am Ende noch die Geschwindigkeitsbegrenzung ins Auto wählt? Sprayen nur Politiker Tag und Nacht, damit das Ozonloch immer größer wird? Sind es alles Politiker, die täglich millionenfach dem Lügenblatt BILD zur Auflagensteigerung verhelfen? Kaufen nur Politiker, aus Verwandtschaft gar, Einwegflaschen und lassen die Müllberge ins Gigantische wachsen? Jagen nur Politiker allsilvester für hundert Millionen DM Knallkörper in die verpestete Luft? Es hat noch nie jemand behauptet, daß sich die »Schwarzwaldklinik« nur unter Politikern besonderen Interesses erfreut.

Nein, so mancher tugendhafte Zeitgenosse, dessen laute Klage über die korrupten Politiker schrill zum Himmel klingt, ist kaum besser als die Beschimpften. Demokratie ist eine harte Sache. Die Verantwortlichkeiten sind recht klar geregelt. Natürlich trägt auch der Wähler die Verantwortung für die Gewählten. Erst wenn wir bereit sind einzugestehen, daß sich die Politiker nicht wesentlich von der vielgerühmten Basis unterscheiden, können wir vernünftig miteinander darüber reden, was sich in der Politik alles ändern muß.

Die in der Politik so laut beklagte Heuchelei muß aus *allen* Lebensbereichen verschwinden, soll das Vertrauen wieder hergestellt werden. Tut sie das nicht, ist an einen Neubeginn nicht einmal zu denken. Bleibt es bei dem saudummen Satz »Alle Politiker sind korrupt«, werden Uwe Barschel und Björn Engholm noch nachträglich zu Komplizen gemacht.

Wer am Erhalt der Demokratie interessiert ist, der sollte beim nächsten Mal, wenn die vereinigte Anständigkeit wieder gegen *die* Politik und *die* Politiker höhnisch zu Felde zieht, energisch widersprechen. Wir sollten, wir *müssen* endlich auf Differenzierung bestehen, wenn wir nicht alle gemeinsam in einem Brei von Politik- und damit Lebensverachtung versinken wollen.

Was gibt es bedrohlicheres als Politik? Das heißt aber auch: Was gibt es wichtigeres als Politik?

Friedrich Christian Delius

Strickmuster einer Verstrickung
Deutung und Ausbeutung der Barschel-Affäre in Kommentaren der FAZ

Grundmuster: Alles oder nichts

Monatelang haben die Redakteure der »Frankfurter Allgemeinen Zeitung« die Landtagswahlen in Schleswig-Holstein zu einem für die Republik entscheidenden Datum stilisiert. Noch am Tag vor der Wahl scheint es Friedrich Karl Fromme nötig, die schleswig-holsteinischen FAZ-Leser, als könnten sie Sympathisanten der Grünen oder der SPD sein, zur Stimmabgabe für CDU oder FDP zu drängen:

Für die Bundesrepublik wäre es schädlich, wenn, wie eine quälende Zeit Hessen und Hamburg, nun Schleswig-Holstein das erführe, was man – mit dem Zusatz des Landesnamens – »Verhältnisse« zu nennen sich angewöhnt hat. Die scharfen Linkskurs haltende SPD, deren Kapitän der nachdenkliche Pfeifenraucher Engholm nicht ist, würde nicht anders können, als eine Mehrheitschance zusammen mit den Grünen zu nutzen. Der deutsche Irrationalismus, immer das Gute wollend, aber oft Schlimmes bewirkend, ist wieder auf dem Weg. Ihn nicht »auszugrenzen«, das ist eine das Handeln vieler Politiker bestimmende Formel, in der sich Opportunismus und Pragmatismus auf verhängnisvolle Weise mischen. (12. September)

1. Muster: Dschungel

Am Montag nach der Wahl, am Tag des Erscheinens des »Spiegel«-*»Barschels schmutzige Tricks« heißt es in roten Lettern auf der Titelseite der Wochenzeitschrift im Enthüllungsstil* - ist der Kommentar der FAZ um Worte und Wertungen der noch ganz und gar unglaublichen Affäre nicht verlegen. Er geht offensiv vor. *Es ist eine Räuberpistole, wie CDU-Generalsekretär Geißler sagte. Es ist eine Dschungelgeschichte.* Drei Schuldige werden benannt:

Pfeiffer: *Die jornalistische Enthüllungsarbeit besteht aus den Erzählungen eines einzigen Mannes, der seither von der Bildfläche verschwunden ist. Ob ihm Schmutzarbeit zugemutet, oder ob er sie umgekehrt angeboten, sich mit ihnen wichtig gemacht hat, und schließlich aus Enttäuschung zur publizistischen Abteilung des Gegners überlief, ob gar nichts an der Sache dran ist, ob der Geschichtenerzähler private Schwierigkeiten hatte, vielleicht, weil er sein kreatives Genie nicht in angemessener Weise gewürdigt meinte, das war am Wahl-Vorabend völlig ungeklärt. Vielleicht ging dieser Mohr deshalb erbost, weil er seine Schuldigkeit nicht tun konnte.*

Zweitens der »Spiegel«, der einen *politischen Coup* versucht habe. *(...) der massivste Versuch einer akuten Wahlbeeinflussung durch eine Zeitschrift, die es je gegeben hat. Mit politischen Tricks ist Politik gemacht worden, nicht in Kiel, in Hamburg.*

Drittens die SPD. *Von den führenden Sozialdemokraten, allen voran Engholm und Jansen, waren keine distanzierenden Worte über diese Attacke aus dem Dunkeln, dreißig Stunden vor Schließung der Wahllokale, zu hören.*

Und Barschel? Er wird in einem Satz erwähnt: *Im Dschungel gibt es keine Unschuldslämmer. Diese banale Weisheit kann bewirken, daß auch Barschels Ruf Schaden nimmt.*

Schon am 14. September also hat die FAZ die Rollen in der *Dschungelgeschichte* verteilt. Nach dem Muster »drei links, eins rechts« verteilt sie auch in den folgenden Wochen, allen neuen Informationen zum Trotz, ihre klugen Kopfnüsse. Nur mit der Rolle und Funktion Barschels haben die Frankfurter Schwierigkeiten, er wird unterschiedlich bewertet, mal entschuldigt, mal verurteilt, mal Opfer, mal Täter, und mehr und mehr mit einer tragischen Aura versehen – und diese Wertungen hängen überdies von der Person des Kommentators ab. Zuerst ist man ganz sicher: *Entweder war der Ministerpräsident von allen guten Geistern verlassen oder der Mann* (Pfeiffer) *erzählt Märchen.* (15. September) Da ein deutscher Ministerpräsident, zumal einer der CDU, nicht von guten Geistern, und schon gar nicht von allen, verlassen sein kann, ist klar, daß er nur das Opfer eines Märchenerzählers und/oder einer *wohlvorbereiteten Inszenierung* ist. Diese These hat zumindest den Vorteil, daß man ungestört weiter auf die drei Schuldigen einschlagen kann, bis, am Ende der Woche, sogar der getreue F. K. Fromme ein erstes Fragezeichen hinter den Namen Barschel setzen muß:

Vielmehr wird, je länger sich die Angelegenheit hinzieht, die Verdrießlichkeit in der eigenen Partei gegenüber Barschel wachsen. (...) Und so wird, wenn nicht die Behauptungen der Hamburger

Zeitschrift unter Staub und Qualm zusammensinken, eines Tages der Rücktritt kommen. (19. September)

Am 25. September kann selbst Fritz Ullrich Fack, einer der Herausgeber, die deutlicher werdenden Fakten auch im Kommentar nicht mehr ignorieren und das Unheil nicht mehr abwenden. *(. . .) stets führt eine Art Ariadnefaden in die Kieler Staatskanzlei. Bewiesen ist damit nicht, daß der Ministerpräsident von allen diesen tückischen Operationen gewußt hat oder sie veranlaßt hat. Aber daß leitende Leute aus seiner Staatskanzlei in die Affären verstrickt waren, davon wußten oder hätten wissen müssen, daran kommt Barschel nicht vorbei.*

Als aber am gleichen Tag der Rücktritt kommt, wird Barschel flugs wieder zum Opfer erklärt. *Die Jagd hat vierzehn Tage gedauert, und dann fiel das Opfer. (. . .) es gibt Behauptungen und Gegenbehauptungen, nichts weiter.* Schuld sind diesmal – neben der »öffentlichen Meinung« – auch ein bißchen die CDU und die FDP, vor allem aber die Wähler, weil 1600 Stimmen für die CDU/FDP-Mehrheit fehlen – *dann wäre die FDP weniger unruhig gewesen.* Mit anderen Worten: Bei einer deutlichen Mehrheit, die die törichten Wähler trotz Frommes Rat vom 12. September der bürgerlichen Regierung nicht verschafft haben, wäre Barschel weniger Druck ausgesetzt gewesen und hätte ruhig weiter amtieren können.

Doch Fromme trauert Barschel nicht lange nach, denn er kann endlich Partei für seinen Favoriten ergreifen, den geschäftsführenden Ministerpräsidenten Schwarz.

Schwarz gehört zu denen, vor denen die angemaßte Macht bestimmter Illustrierten aufhört, die gern Politik machen. Schwarz ist unangreifbar.

In den folgenden zehn Wochen preist Fromme seinen Schwarz mindestens siebenmal mit fast gleichlautenden Formulierungen an, widmet ihm eigene Glossen und hübsche Überschriften. Niemals gibt er an, woher er die Argumente für seine Loblieder und die intimen Kenntnisse über Schwarz' Amtsführung als Minister hat, und selbstverständlich spricht der Frankfurter Gentleman auch nicht von den Anschuldigungen, Schwarz habe die Aufklärung der Affäre erschwert. Dagegen wird immer wieder betont, er sei ein Mann, *der unabhängig ist davon, ob er mit der Politik Geld verdient, und er kann es sich leisten, der alten Bürgertugend zu folgen, daß man über Geld nicht redet.* (28. September)

2. Muster: Das tödliche Kraftfeld

Hin und wieder geistert ein Schurke namens Meyer durch den Dschungel. Er kriegt regelmäßig einen Hieb ab und darf dann wieder verschwinden. *Der Däne, der Meyer heißt* (23. September), *der die Landesregierung auszubeuten versuchen wird* (19. September), *der Regierungsverhinderer* (17. Oktober), *das »Waagschei-ßerle« (Theodor Heuss) namens Meyer* (2. Oktober) wird in die Schranken gewiesen, unter anderem mit der Drohung, das Minderheiten-Privileg für den SSW sei abzuschaffen.

Am 9. Oktober helfen alle Strickkünste nicht weiter. *Nicht zu fassen* ist es inzwischen sogar in Frankfurt, als Barschel, *der Mann, der seine Unschuld zweimal ehrenwörtlich beteuert hat, der Lüge in Teilen seiner Aussagen praktisch überführt* ist. *Damit ist, noch ehe die Gerichte gesprochen haben, das politisch-moralische Urteil über Barschel gesprochen. (...) Daß Barschel (...) tatsäch-lich der Anstifter gewesen sei, dies anzunehmen schien Anstand und gesundem Menschenverstand hohnzusprechen. Der Angeschuldigte war schließlich nicht irgendein Winkelfunktionär in einer Bananen-republik, sondern Ministerpräsident des Landes Schleswig-Holstein.*

Endlich wird klar, was das größte Vergehen Barschels ist: den gesunden Menschenverstand der Frankfurter so bitter getäuscht zu haben. Einer, der nicht nur gelogen, sondern das bürgerliche Ehrenwort so durchschlagend diskreditiert hat, ist nun *der in sei-ner bürgerlichen Ehre quasi vernichtete Barschel.* Wer die Leitartik-ler der Nation fassungslos macht, hat den Sturz verdient. Sie sind so fassungslos, daß sie zum ersten Mal die bisherigen Schuldigen der Affäre ganz aus den Augen verlieren, in der Not nur den Schurken Pfeiffer noch mit einem Adjektiv *klebrig* versehen und sein Gewissen, das immerhin jene Machenschaften und Lügen ans Licht gebracht hat, als *vorteilsgesteuert* denunzieren.

Erst der Tod im Hotel gibt den Frankfurter Kommentatoren wieder die Fassung zurück. Jetzt endlich darf nach dem *gewöhnli-chen Menschen* gefragt werden und *ob sein allgemeiner Gesund-heitszustand nach dem Flugzeugunglück Anfang Juni überhaupt schon wieder gut genug war, ihn den Anstrengungen – und Anfech-tungen – eines Wahlkampfes auszusetzen* (12. Oktober).

Die unklare Frage, Mord oder Selbstmord, erlaubt es, die wahren Schuldigen wieder in den Vordergrund zu rücken. *Das Skandalisieren* beziehungsweise *die präzise abgelassenen Dampf-wolken aus publizistischen Sudküchen,* die *nicht nur wahl- sondern lebensentscheidend* sind. Außer dem »Spiegel« ist die SPD für Barschels Tod verantwortlich. *Daß sie kein Sterbenswörtlein verlauten ließ, das für ihn ein Lebenswörtlein hätte sein können...*die SPD hätte also Barschel gewissermaßen vor sich selbst warnen sollen, ihn auf seine Umtriebe hinweisen, die selbst die klügsten Frankfurter Köpfe vier Wochen lang für unvorstellbar hielten... *ein Lebenswörtlein sein können, verschiebt die Bewertung der Vorgänge gründlich.* Und der Kommentator, diesmal Ernst-Otto Maetzke, Spezialist für Militärfragen, zieht über den toten Barschel eine neue Trumpfkarte: *Die Affäre trug seither die Züge einer verdeckten nachrichtendienstlichen Operation.*

Einen Tag später darf Maetzke noch einmal ausholen, denn *Der Tote läßt die Bundesrepublik sehen, wie sie ist.* Er versucht, das *tödliche Kraftfeld* zu beschreiben, dessen Opfer Barschel geworden sei.

Wenn nahezu überall die Mehrheiten von Zehntelprozentpunkten abhängen, wird die Versuchung übergroß, mit allen gerade noch erlaubten, auch mit vielleicht schon nicht mehr erlaubten Mitteln ein paar hundert zusätzliche Wähler für ein entscheidendes Mandat zu gewinnen. Wieder mal ist die Demokratie schuld, die solche Versuchungen schafft.

Ein Zug zur Mitte und zum Ausgleich, ohne den es nur schwer geht, kann sich dann nicht mehr fühlbar machen. Wagenburg-Gesinnung und Lager-Theorien breiten sich aus.

Daß die FAZ selbst täglich alles von der Mitte wegkommentiert, was nicht den Überzeugungen der Redakteure entspricht, daß die meisten ihrer Leitartikel wie aus der Wagenburg heraus geschrieben sind und sie selbst oft die originellsten Lager-Theorien aufstellt (siehe Grundmuster, 12. September), das alles darf Herrn Maetzke nicht auffallen. Er muß Barschels *Anfechtungen* zu Protokoll geben.

Sobald Machterhaltung und Machtgewinn bis in die Bundesländer, in denen mehr verwaltet als regiert wird, zur vermeintlichen Kernfrage verabsolutiert sind, müssen die Anfechtungen für Funktionsträger fast unwiderstehlich werden. Unerfreuliche Zeitgenossen, nicht mit der Feuerzange anzufassende, gewinnen dann als Ratgeber mit unqualifizierten Empfehlungen das Ansehen und die Wirkung von Schamanen. Alles kann dann nur noch schiefgehen.

Welcher politisch agierende Mensch mit *dunklen Machenschaften* ist je mit so vielen Anfechtungen entschuldigt worden? Das Schlimmste in diesem *Kraftfeld* ist jedoch die Presse:

190

Aber auf der Hinterbühne agieren gleichzeitig und unablässig Kräfte, die zwar legitime und unentbehrliche Funktionen haben, aber nicht in die Ausbalancierung der rechtmäßig geteilten Gewalten ein-bezogen sind – als sei die FAZ nicht in jeder Zeile, mit ihrem ganzen Gewicht, um diese Balance bemüht. *Sie können Macht unbeaufsichtigt gebrauchen, also auch mißbrauchen, weil zu jeder Freiheit die Möglichkeit des Mißbrauches unabweislich gehört. So kann mißbrauchte Pressefreiheit einen Staat zur Illustriertenrepu-blik verkommen lassen, ebenso wie mißbrauchte Versammlungsfrei-heit ihn zur Mob-Republik – griechisch: Ochlokratie verformen kann. (. . .) daß Barschel auch ein Opfer der Illustriertenrepublik geworden ist, muß im Sinne bleiben.*

An dieser Verkommenheit ist schließlich der *Umwelt-Faktor Fernsehen* beteiligt, *der (. . .) die Zuschauer, den »Souverän«, mit spannend ins Bild gesetzten Aufbereitungen in Bewußtseinszu-stände (versetzt), die ebenfalls nur die Nervenärzte richtig beschrei-ben können, da die Psychologen sich zur Zeit mit Massenpsychologie nicht beschäftigen wollen.* So stehe ein *Amtsinhaber, der – viel-leicht – etwas getan hat, das er hätte unterlassen sollen, vor dem Volk als der große Schurke da.* Die Folgen dieser *Bundesrepublik, wie sie ist,* sind klar:

Eine Exekution ohne Verteidigungs- und Rehabilitierungsmög-lichkeit hat stattgefunden. Sie kann heute und hier jedem widerfah-ren, der in das Scheinwerferlicht einer jetzt anders als früher zu defi-nierenden Öffentlichkeit gerät. (13. Oktober)

3. Muster: Mehr Licht!

Als die SPD in Verdacht gerät, von einigen Aktivitäten Pfeiffers bereits vor den »Spiegel«-Veröffentlichungen gewußt zu haben, bekommt man in Frankfurt endlich Oberwasser. Jetzt wird triumphierend Aufklärung verlangt: *Aber der Versuch, mehr Licht in dieses Dunkel zu bringen, darf nicht unterbleiben.* (14. Oktober)

Die Fronten sind wieder klar: *Prüfen müssen sich jetzt in erster Linie Politiker und jene Sensationsmacher, denen nichts mehr heilig ist.* (15. Oktober) Unter den Politikern werden aber keine der CDU genannt, sondern die der SPD, die *zu oft der Versuchung erliegt, selbst im Glashaus sitzend, mit Steinen zu werfen* (15. Okto-ber).

Die Frankfurter Redakteure nehmen nun beharrlich die SPD aufs Korn. Am 24. Oktober werden *Helfer wie Pfeiffer und*

Guillaume auf eine Stufe gestellt. Laut wird der Mangel an *kultivierten Politikern* beklagt. Dieser Mangel führe dazu, daß die Auslese der Mitarbeiter und Helfer in den Parteien nicht streng genug sei. Daß Pfeiffer von sich aus für Aufklärung gesorgt und damit der Demokratie einen Dienst erwiesen haben könnte, wird ihm in Frankfurt nicht angerechnet. Im Gegenteil, nachdem sich seine Aussagen weitgehend als richtig erwiesen haben, gibt ihm Fromme noch den Tritt: *Ist es noch erlaubt, wegen des Anfangsbuchstaben »P« sich das Wort »Phantast« einfallen zu lassen?* (29. Oktober)

Die Mahnungen zur Umkehr an die Politiker sind immer recht allgemein und halb entschuldigend formuliert, als wüßten die Frankfurter Journalisten im Gegensatz zu ihren Hamburger Kollegen, daß es hier um Systemfragen geht: *Politik ist eine Arena, in der mit harten Bandagen gekämpft wird. Und die Versprechen der Politiker zu Umkehr und Einsicht werden regelmäßig brüchig, wenn die Mehrheitsverhältnisse knapp sind, wenn im Kampf um die letzten Prozente die Leidenschaften überborden und die Fairneß beiseite gedrängt wird. Ein Systemfehler? Und wenn: Ist er behebbar?* (28. Oktober)

Die Frage wird nicht beantwortet. *Längst noch nicht ist das letzte Wort in dieser morastigen Affäre gesprochen (. . .) Die leidenschaftlichen Debatten dieser Tage münden vielfach in die Frage, wie viele Kiels es eigentlich noch gibt. Ist dies womöglich nur die Spitze eines Eisbergs? Dafür gibt es keinen Anhaltspunkt (. . .) Es besteht kein Grund, die große Staatskrise auszurufen.* (28. Oktober)

Und Barschel? *Auf seinem Angedenken lastet die Verantwortung dafür, daß ein Mensch in den Staatsdienst genommen wurde in Zwecken parteilicher Arbeit, und daß jemand beschäftigt wurde, der bei einiger Menschenkenntnis dem für derartige Leute geeigneten Arbeitsmarkt hätte überlassen werden können.* (24. Oktober) Ansonsten aber wird er reingewaschen, letztlich habe er aus Verantwortungsgefühl gehandelt: *Bei allen Verdachtsmomenten war nichts erwiesen. Es ist zu befürchten, daß der Wahlmißerfolg Barschels seine möglichen Fehlgriffe in härterem Licht erscheinen ließ. Danach hat Barschel gehandelt, bis zur äußersten Konsequenz einer Verantwortung, deren Motive wohl nie in Klarheit zu rücken sein werden.* (27. Oktober)

4. Muster: Stricke

Immer wieder hat man sich in konservativen Kreisen, nicht nur in Frankfurt, um eine Entskandalisierung des Skandals bemüht. Dabei hilft die Sprache. Der simpelste Trick besteht darin, dem Skandal kein handelndes Subjekt zu geben, also möglichst so zu formulieren: *düstere Vorgänge, morastige Affäre, in Kiel hat sich . . .* und so weiter.

Am 6. November ist dann ein Begriff gefunden, unter dem die Affäre zusammengefaßt, verharmlost und abgelegt werden kann: *Verstrickung* oder *Verstricktsein*. Fast in jedem der folgenden Kommentare klammert sich die FAZ an dieses Wort. Wochenlang hatte man versucht, die Affäre Barschel zu einer Affäre Spiegel–Stern–SPD zu verallgemeinern. Nun endlich ist das Bild da, das alles faßt und keinen unschuldig läßt.

Düstere Vorgänge (. . .), die es gegeben hat und bei denen es um das Ausmaß des Verstricktseins der einen oder der anderen Partei geht. (6. November)

So fällt es noch leichter, um Mitleid für die CDU zu werben, deren Obmann Kerssenbrock gerade den Untersuchungsausschuß verlassen hat, (*betrüblich für die CDU (. . .) immer mißlich vor einem wirklichen oder gedachten Publikum, das kühl die Punkte zählt*), und die *Einigkeit* der SPD als verdächtig darzustellen: *Der Partei, die in eine Krise geraten ist, fehlt es an Führung. Die SPD aber ist, wie verstrickt auch immer, geschlossen im Kampf um die Macht.* (6. November) Bei so vielen Stricken kann freilich auch der tote Barschel nicht ganz entlastet werden, aber Fromme drechselt ihm eine neue Entschuldigung. *(. . .) Ministerpräsident ist tot, er bleibt verstrickt in Angelegenheiten, die einem Publikum nicht gefallen, das sonst, je im Privatleben, den Ehrgeiz als Rechtfertigung für den Kampf mit ungewöhnlichen Mitteln als gewöhnlich akzeptiert.* (9. November)

Reumann nimmt sich die Journalisten vor (10. November), Fromme legt noch öfter sein Wort für Schwarz ein (*Schwarz ist nicht verstrickt in die trüben und noch immer ungeklärten Vorgänge.* 10. November), und Fack setzt sich einmal gründlich auseinander mit der *Versuchung, hinter dem Ganzen ein gigantisches Komplott zu vermuten, mit möglicherweise ganz anderen Kausalzusammenhängen, Urhebern und Absichten* (12. November). Nach sorgfältigen Überlegungen zur *uferlosen Affäre* verwirft er allerdings die Komplott-Theorie als wenig tauglich.

Aber: Nicht die CDU, sondern *die Moral ist morsch geworden. Grund genug, in Kiel ein Zeichen der Umkehr zu setzen, wie es am Grabe Barschels von Bischof Wilckens verlangt worden war* (12. November).

Das einzige konkrete Zeichen der Umkehr sieht man in der Person von Schwarz. Fromme stellt ihm ein neues Empfehlungsschreiben aus: *Er bleibt untadelig.* Er habe *vor dem Untersuchungsausschuß des Landtages eine gute Figur gemacht. Daß er (...) Barschel, der in manchem, wie sich herauszustellen scheint, etwas gesagt hat, was nicht stimmt, Loyalität bewiesen hat, kann Schwarz nicht zum Vorwurf gemacht werden (...) Wissen konnte Schwarz damals nichts, allenfalls konnte er es ahnen, daß – vielleicht – Barschels Verhalten nicht mehr rational berechenbar war.* (20. November)

Um Engholm dagegen, der zum Objekt ausgesuchter Ironie geworden ist, steht es schlimmer. *Aber wenn es sich so verhielte, daß Engholm über seinen Kenntnisstand nicht die Wahrheit gesagt haben sollte? Täte er dann nicht besser, wenn er sich nicht so stark als der Moralapostel des »Neuanfangs« aufbliese?* (24. November)

Am 30. November geben Barschels Sekretärin und sein Pressesprecher zu, aus Loyalität für ihren Chef gelogen zu haben. Der Anwalt der Familie Barschel legt sein Mandat nieder. Was für ein Kommentar wird daraus am nächsten Tag?

Die SPD hat es verstanden, ihre »Verstrickung« wegzuschieben. (...) Normal war es nicht, daß eine Opposition ihre von einem Bediensteten der Landesregierung erlangte Kenntnis so lange verbarg, bis der richtige Zeitpunkt gekommen zu sein schien. (1. Dezember)

5. Muster: Happy pills und happy end

Unter dem Titel *Vor dem Ende der Aufklärung* (zu der die Frankfurter keine Zeile beigetragen haben) zieht Fromme dann am 8. Dezember sein Resümee. Zu kritisieren hat er lediglich die allgemeine Verschmelzung von Staat und Parteien, die Pfeiffers Anstellung als ein übliches Vergehen erscheinen lassen soll. Dagegen: *Was Pfeiffer anzettelte, war plump und töricht.* Daß er im Auftrag handelte, wird in Frage gestellt oder in Konjunktive gerückt. *Schwer verständlich bleibt zum Beispiel, was sich Barschel versprochen haben könnte von einer »Ausspähung« des SPD-Spitzenkandidaten ...* Wenn es um Barschels Aufträge geht, stellt

Fromme sich dumm und fragt, was sich der vom Ergebnis versprochen habe und ob es ihm gelungen wäre, *das in irgendeine Zeitung zu lancieren (unwahrscheinlich genug)*. Der Bruch des Steuergeheimnisses und der Wanzen-Auftrag werden verschwiegen, die Aids-Unterstellung als *übler Sekundanerscherz* abgemildert, und die Anstiftung zu falschen eidesstattlichen Erklärungen mit der *Enge* entschuldigt, in die Barschel sich gedrängt gefühlt habe. Statt dessen philosophiert Fromme lange über die *Mimosen-Menschen* von der SPD und hält Machtehrgeiz und Depressionen dafür verantwortlich, daß Barschel *die Grenzen (so weit) überschreiten (konnte), wie es anscheinend geschehen ist.* Was bleibt, ist der Konjunktiv.

Dann aber kommt, auch für die Frankfurter überraschend, das happy end:

Sollte sich das Rätsel um den toten Ministerpräsidenten Barschel auf so einfache wie trostlose Weise lösen: er habe (...) in hohen Dosen Psychopharmaka genommen? Diese Mittel sind ein Segen wie ein Fluch; ihre Wirkungen sind auf besonders anschauliche Weise von Nebenwirkungen begleitet, und die angestrebte Befreiung von Angst läßt sich nicht lenken (...) Bei Barschel vielleicht Angst um die Macht (...), kann die Versuchung zunehmen, Ängste mit Pillen wegzuschlucken. Dabei kann sich Hemmungslosigkeit ausbreiten, Irrationalität das Verhalten bestimmen.

Barschel, ein kranker Mann. Kann das die einfache Lösung eines Rätsels sein, mit der man sich allerseits zufrieden geben muß? Gewiß nicht (...) Wenn sich das Rätselhafte auf die angedeutete Weise erklärt, müßte es wenigstens ein Ende haben mit dem fast kindlichen Rufen nach »Entschuldigungen« – womit sich auf durchsichtige Weise Taktik verbindet. Dann wäre es auch an der Zeit, den toten Barschel, der sich höchst angreifbar verhalten, der aber auch gelitten hat, ruhen zu lassen und sich der unbequemen Aufgabe des Streits um die richtige Politik zuzuwenden. (9. Dezember)

So bleiben nur noch drei Dinge zu tun:

1. Die Werbung für Schwarz und Stoltenberg: *Man darf ihm* (Stoltenberg) *glauben, daß er nichts gewußt hat von den Engleisungen seines Nachfolgers im Ministerpräsidentenamt. (...) Am Anfang der Geschichte gab es für ihn dazu* (zu einer Entschuldigung) *keinen Anlaß, dann aber fielen alle über ihn her, und eine untheatralisch leise Entschuldigung wäre im Geschrei untergegangen. Doch die Gegner forderten und die Parteifreunde empfahlen einen Kotau des Unbescholtenen.* (16. Dezember)

2. Die Voraus-Abwertung der Ergebnisse des Untersuchungsausschusses:

*Wissenschaftliche Mitarbeiter werden aus den 7 000 Blatt Akten
(welcher menschliche Verstand soll daraus den »Inbegriff« ziehen?)
Abschlußberichts-Entwürfe machen. (. . .) Was dann gedruckt wird,
werden immer noch einige hundert DIN-A-4-Druckseiten sein. Wer
wird sie lesen?* (22. Dezember)

3. Der Nachruf auf Barschel, vorsichtshalber an Heiligabend
gedruckt:

*CDU leidet daran, daß einer der Ihren offenkundig gegen die poli-
tische Moral verstoßen hat. (. . .) Eine andere Sache ist, ob der Name
eines Menschen, der auch ein Leidender war, nach dem Tode immer
nur herhalten muß als Kennzeichen dafür, daß Politik und Moral sich
nicht miteinander vertrügen. Das Streben nach politischem Erfolg
und das Bemühen, sich so zu verhalten, daß die gestrengen Sitten-
richter nichts auszusetzen finden, gehen oft auseinander. Zur Gegen-
probe: Wo der Erfolg den Verstoß gegen die Moral rechtfertigt, ist alles
in Ordnung. Die Parteien wiederum versuchen, der Person zuzurech-
nendes Fehlverhalten dem Gegner allgemein zuzurechnen; da versagt die gebetsmühlenhafte Solidarität der Demokraten. Ein
Mensch, der gelitten hat und der gefehlt hat, hat Anspruch darauf,
daß sein (bescheidenes) Bild in der Geschichte beide Seiten zeigt, die
Verdienste und die Verirrungen.* (24. Dezember)

Anmerkungen

Die FAZ ergreift in ihren Kommentaren eindeutig Partei – das
ist nicht verwunderlich. Es entspricht ihrer Linie, Fehler zuerst
bei anderen Gruppen, möglichst nicht bei der CDU zu suchen.
Und wenn dann doch ein prominenter CDU-Mann bei *unverständlich-üblen Dingen* ertappt wird, dann muß es als tragischer
Einzeltäter hingestellt werden – *der eine Fehlgänger Barschel hat
die unverständlich-üblen Dinge ins Werk gesetzt* (21. Dezember).
Nicht verwunderlich auch, daß die Zeitung in den Kommentaren
zur Affäre ständig ihrem eigenen Anspruch widerspricht (*Die
FAZ bekennt sich zur Ausgewogenheit und zur Mitte, zu kritischer
Distanz zu allen Gruppen,* in: »Alles über die Zeitung«, Frank-
furt/M. 1987). Ein Bekenntnis, dessen man sich in Frankfurt
auch nach der journalistischen Bewältigung der Affäre nicht zu
schämen braucht, da die FAZ schließlich selbst bestimmt, was
die Mitte ist. Die *kritische Distanz zu allen Gruppen* wird selbst

einen Fromme nicht erröten lassen: Hat er nicht, dann und wann, auch der CDU ins Gewissen geredet und ihr mit Schwarz den Weg aus der Not gewiesen?

Verwunderlich ist jedoch ein strategischer Aspekt. Warum scheint ein bürgerliches Meinungsblatt kein Interesse zu haben, einen Skandal der bürgerlichen Politik so rasch und entscheidend wie möglich aufzuklären? Warum versucht die FAZ nicht oder viel zu spät, weiteren Schaden von der in ihren Augen einzig staatstragenden Partei abzuwenden? Verwandte Blätter in Westeuropa oder den USA hätten vergleichbare Ereignisse nach der Strategie »Schadensminderung« kommentiert und mit eigenen Recherchen ergänzt.

Gewiß, die deutsche Angst vor der Demontage von Autoritäten spielt hier mit, aber in diesem Fall ist es weit mehr: »Die Angst vor dem Chaos« (Joachim Schumacher), das die Wahrheit, selten genug, anrichten kann.

Ich vermute, die FAZ ist ein Opfer ihrer eigenen Fiktionen geworden. Seit Jahrzehnten hat sie die bürgerliche Mitte definiert als den einzigen Ort der Werte, der Moral, der Sauberkeit und Rechtsstaatlichkeit. Macht in den Händen von Sozialdemokraten oder gar eines Grünen war und ist immer anrüchig, hat stets den Geruch von Inkompetenz, ideologischer Idiotie oder Illegalität. Allein Christdemokraten bürgen für Kompetenz, Effizienz (im Sinn der großen Industrie) und Rechtsstaatlichkeit (im konservativen Sinn). Daß ein Bürger, ein CDU-Christ, ein Jurist, all die Parolen der FAZ, der »Welt« und so weiter ernst nimmt und darüber zum Extremisten wird, ist peinlich genug. Aber die hohe Kunst der Frankfurter Eiertänze (vgl. Enzensbergers Forschungen von 1961) kommt erst dadurch zum Vorschein, daß man leider nicht laut sagen darf: Wir verstehen dich ja, du etwas übereifriger *Fehlgänger!* (So bescheinigt Fromme Barschel einmal, wie aus Versehen, er habe *bis zur äußersten Konsequenz einer Verantwortung* [27. Oktober] gehandelt – und schließlich ist ein Barschel mit Fehlern immer noch besser als ein Engholm.)

Mit Barschels Enttarnung also enttarnt sich, Tag für Tag deutlicher, die konservative Sauberkeit, Rechtsstaatlichkeit und so weiter als Erfindung, als Ideologie. Folglich wachsen nicht nur in Frankfurt Angst und Nervosität angesichts dessen, was da noch ans Licht zu kommen droht. Die Entrüstung über die *Wochenzeitschrift im Enthüllungsstil* und die *Illustriertenrepublik* gilt nicht nur den Methoden der beiden gemeinten Hamburger Blätter, sie gilt denen, die verhindern, daß die Affäre als ein lokales Ereignis heruntergespielt wird, und dient als Vorwärtsstrategie gegen weitere *Enthüllungen*. Denn auch die sonst so feinen Journalisten ahnen zumindest, daß nicht nur in Kiel nach Barschel-Art gearbeitet wird, und sie bangen, anderswo sei man hoffentlich geschickter (sie sind USA-orientiert genug, um zu wissen, was dort vor der Nominierung und Wahl von Senatoren- und Kongreßkandidaten üblich ist). *Plump und töricht* ist denn auch der bitterste und vielfach variierte Vorwurf in Richtung Kiel.

Nachdem die FAZ in den letzten Jahren so viel Mühe darauf verwandt hat, die Regierungsskandale möglichst tief zu hängen, fühlen ihre leitenden Angestellten sich nun berufen, die Fiktion der konservativen Sauberkeit über die Zeit der Enthüllungen, des Untersuchungsausschusses, der nächsten Wahl zu retten. Die Affäre wird so weit wie möglich verallgemeinert, bis sie keinen mehr richtig trifft. Sie wird entsubjektiviert und entpolitisiert. In der größten Not stellt die FAZ mit dem Wort *Verstrickungen* die direkte Verbindung zum Schicksal her. Kein Zweifel, daß sie damit ihre Leser – nur wenige Leserbriefe abweichender Meinung waren zu entdecken – wieder einmal vor dem Schlimmsten bewahrt hat: dem Verlust der Einäugigkeit.

Aufgabe der Journalisten, 1795

Wir (die Journalisten) *haben erkannt, daß die Grundlage einer freien Regierung nicht das Vertrauen, sondern das Mißtrauen ist ... Verfolgen wir also schonungslos die Verfehlungen, die Irrtümer und Verbrechen der Regierung, die kein Recht hat, sich zu beklagen, selbst wenn sie zu Unrecht beschuldigt werden sollte! Ihr untadeliges Verhalten muß immer meinen Vorwürfen standhalten können, denn ein Angestellter hat nicht das Recht, seinen Herrn davon abzuhalten, ihn zu überwachen und ... zu tadeln. Dem Angestellten steht es frei, den Herrn zu verlassen, wenn er ihn zu streng findet und wenn ihm seine Aufgabe nicht gefällt.*

François Babeuf

Klaus Bölling

Die Springer-Connection

Natürlich ist die folgende Szene, in einigen Teilen, frei erfunden: Am 25. August 1986 kam Dr. Dr. Uwe Barschel nach Hamburg und besuchte den Vorstandsvorsitzenden des Axel Springer Verlages, weil er mit ihm eine politische Tour d'horizon zu machen wünschte. Ganz beiläufig fragte er, gleichsam zwischen Tür und Angel, Peter Tamm, ob er einen Journalisten kenne, der bereit sei, für die Dauer des Wahljahres in die Pressestelle der schleswig-holsteinischen Landesregierung in Kiel zu wechseln. Der Verlagschef erkundigte sich bei seinem Gast, was für besondere Qualitäten ein solcher Mann denn mitbringen müsse.

Der Besucher fand diese Frage merkwürdig. Er hatte den wichtigsten Mann im Hause Springer bis eben noch für politischer gehalten. Also mußte er deutlicher werden. Er suche einen Mann, der richtig zupacken könne, mit Worten natürlich. Ja, wen dieser Mann denn packen solle, fragte Tamm, der es bis zu diesem Augenblick vorzog, ganz unpolitisch zu erscheinen, jeder Zoll ein professioneller Verlagsmanager, der sich von Zeit zu Zeit, selbstredend, auch mit »Spitzenpolitikern« anderer Parteien über das Gemeinwesen Bundesrepublik austauscht. Denn nicht nur, daß er das größte Verlagshaus in der Republik als das größte erhalten und es womöglich noch stärker machen möchte – er will auch dessen Unabhängigkeit von den Parteien hüten wie seinen Augapfel, so sagt man doch? Oder vielleicht doch nicht ganz so?

»Na wen schon«, fragte der Gast zurück. »Natürlich den gemeinsamen politischen Gegner.« Da meinte ihn Peter Tamm korrigieren zu sollen: »Sie meinen, Herr Ministerpräsident, Ihren politischen Gegner.« Er nahm es in Kauf, daß sein Gegenüber bei dieser Bemerkung ärgerlich zu werden begann und fragte, schon mit einiger Erregung, den Vorsitzenden des großen Verlages, dem er solche Begriffstutzigkeit eigentlich nicht zugetraut hatte, ob er religiös sei. Peter Tamm, der zur See gefahren ist und weiß, daß man dort allein in Gottes Hand ist, antwortete,

nun seinerseits ziemlich irritiert: »Religiös nicht im engeren
Sinn, aber ich glaube an Gott.«»Na also«, sagte der Gast, »wollen
Sie denn, daß die SPD an die Macht kommt?« Der Vorstandsvorsitzende, den es schon eine Weile gekränkt hatte, daß der Besucher seine, Tamms Intelligenz fahrlässig zu unterschätzen
schien, beendete an dieser Stelle das Gespräch. Die Herren ver-
abschiedeten sich mit einiger Kühle.

Nein, ganz so hat sich das Gespräch an jenem 25. August 1986
wohl nicht zugetragen. Was die Bemerkung Uwe Barschels über
die Religiosität angeht, so tat er sie nicht zu Peter Tamm, sondern
zu seiner Sekretärin Brigitte Eichler, und er wollte ihr plausibel
machen, daß es für den, der an Gott glaube, Christenpflicht sei,
eine falsche eidesstattliche Erklärung zu unterschreiben. Alle
Mitteilungen über die Unterhaltung im Zimmer von Peter
Tamm sind frei erfunden.

Der Vorstandsvorsitzende hat in Wahrheit den »Wunsch« von
Barschel nach einem »geeigneten Journalisten« seinerzeit an die
Vorstandsmitglieder Günter Prinz und Ehrhard van Straaten
weitergegeben. So war es in der vom Springer-Verlag gefertigten
»Dokumentation« zu lesen. Vor dem Kieler Untersuchungsausschuß – und das hat mich überhaupt auf die Idee gebracht, eine
fiktive Unterhaltung zwischen Tamm und Barschel auszuden-
ken – hat der Vorstandsvorsitzende mitgeteilt, sein Verlag stehe,
wie alle Presseunternehmungen, »in regem Kontakt« mit allen
demokratischen Parteien. Mit Helmut Schmidt habe er mal geredet, auch mit Johannes Rau und auch mit Klaus von Dohnany.
Peter Tamm – der Mann, der über den Parteien steht? Das hat er
nun wirklich nicht von sich behauptet. Seine politischen Sympa-
thien gehören allemal der Union. Daran ist ja auch nichts zu
tadeln. Er hätte es getrost sagen können. Es ist die Vorliebe der
»Führungskräfte« des Hauses Springer für den unternehmer-
freundlichen Flügel der Union seit langem Leser-notorisch.
Auch das soll sein.

Was zählt, das ist das Gedruckte. Da läßt Peter Tamm seinen
Redakteuren jede Freiheit. Nur Leute, die keine Ahnung von der
»Liberalität« seines Verlages haben, argwöhnen, daß die »Führungskräfte« in der Vorstandsetage die Redakteure – außer durch
den auf Axel Springer zurückgehenden »Katechismus« – auf
irgendeine Linie verpflichten. Das ist wahr: Solche Instruktio-
nen werden nicht gebraucht. Jene journalistischen »Führungskräfte«, die ihrem Leserpublikum über Monate weismachen

wollten, daß Barschel das Opfer der »linken Kampfpresse« und einer kunstvollen Intrige des Herrn Pfeiffer mit der SPD sei, haben Weisungen von oben nicht nötig. Sie sind Gesinnungstäter. Und was für welche!

Nein, die Gesinnung neidet man ihnen nicht. Journalisten, die über Politik schreiben und nicht wissen, wo sie hingehören, sind mir immer verdächtig gewesen. Bei einigen Redakteuren der »Welt«, die von Peter Tamm, wie dereinst vom Verleger selber, als das »Flaggschiff« des Hauses definiert wurde, war allerdings etwas anderes als eine kämpferische Überzeugung zu beobachten: buchstäblich blinder Haß auf die vermeintlichen Verderber dieser Republik, die sich einen der wenigen CDU-Politiker ins Fadenkreuz genommen hatten, der dem verachteten Zeitgeist der Permissivität mutig widerstehen wollte. Uwe Barschel galt diesen Redakteuren augenscheinlich als einer der wenigen aufrechten Charaktere im Kreis der Führungspersonen der Kanzler-Partei, bei denen man die eigenen Überzeugungen gut und verläßlich aufgehoben meinte.

Eine besondere Form von Paranoia bemächtigte sich im September 1987 einiger der Ersten Offiziere an Bord des Flaggschiffes. Sie fühlten sich mit Barschel solidarisch, weil sie sich selber verfolgt wähnten – durch Rudolf Augsteins »Spiegel« und durch die ganze linke Meute, die einen Ehrenmann zur Strecke bringen und im Verlauf dieser Hetzjagd, wen durfte es wundern, auch das System zerstören wollte.

Betrachtet sich einer die Artikel jener »Welt«-Redakteure, mit etwas zeitlichem Abstand zur Kieler Affäre, die noch bis Anfang Dezember 1987 die trostlose Wirklichkeit zu verdrängen suchten, dann läßt sich ihr Verhalten rational so leicht nicht entschlüsseln. Eigentlich brauchte es da einen Psychoanalytiker, denn die Identifikation mit dem negativen Helden ist nicht allein mit dem Bedürfnis dieser Redakteure zu erklären, den Ministerpräsidenten Barschel gegen einen Mann in Schutz zu nehmen, der plötzlich als notorischer Verleumder erscheinen sollte. Noch dazu als einer, der »von bestimmten Auftraggebern eingeschleust« worden sei.

Es muß noch ein anderes Motiv bei diesen »Welt«-Redakteuren mitgewirkt haben, die Barschels Sache zur eigenen machten, bis es überhaupt nicht mehr ging. Sie schrieben als Betroffene. Oder ist es eine ehrenrührige Behauptung, daß Reiner Pfeiffer um ein Haar zu ihrem Kollegen avanciert wäre? Er wäre, scheinbar unbescholten, nicht irgendeiner unter den fünfunddreißig Redakteuren gewesen, die das Haus Springer für eine neue Tageszeitung in größter Hast zu rekrutieren beschlossen hatte. Mit einem ihm zugesagten Bruttogehalt von 9 000 Mark war ihm eine Tätigkeit in der Politischen Redaktion des geplanten Blattes zugedacht, die sich, wie man vermuten darf, in »zupackenden« Artikeln über die linken Verderber hätte ausdrücken und auszahlen sollen. Da wäre man in wirklich feiner Kollegen-Gesellschaft gewesen. Das mußte, ich kann es verstehen, von den Schlag-Männern der »Welt« erst einmal verdaut werden.

Peter Boenisch, der mit kaum verdeckter Leidenschaft für Peter Tamm die Brust freimacht, wußte Ende Oktober 1987 die »Wahrheit« mitzuteilen: »Der Springer-Verlag hatte Pfeiffer für ein neues Objekt eingestellt (da hat leider keiner gemerkt, daß die Zeugnisse gefälscht waren). Das neue Objekt erschien nicht; für Pfeiffer war kein Job bei Springer frei. Aber Vertrag ist Vertrag; man hätte Pfeiffer ein Jahr fürs Spazierengehen bezahlen müssen. Da ergab sich über einen persönlichen Kontakt: Die Pressestelle der Landesregierung in Kiel sucht einen Mitarbeiter. Der Springer-Verlag konnte Pfeiffer sozusagen ausleihen, mußte aber – Vertrag ist Vertrag – die Differenz zwischen seinem Gehalt und der Bezahlung in Kiel ausgleichen, wie es das Arbeitsrecht vorschreibt. Soweit zum Springer-Verlag, der angeblich Einfluß-Agenten bezahlt.«

Sie erlauben, Herr Kollege, und werden es, ich bitte darum, nicht für unfair halten (wir kennen uns ja eine gute Weile und haben, zuweilen, ganz schön offen über Kohl und die Welt geredet), daß ich über diesen Text, vier Monate nach seiner Veröffentlichung in »Bild am Sonntag«, ein wenig nachdenke.

Erinnere ich mich ganz falsch, daß Sie als Chefredakteur herzlich wenig auf Zeugnisse von Journalisten gesehen und, wie es ein richtiger »Vollblutjournalist« halt tut, Bewerber nach ihrer »Schreibe« beurteilt haben? Nein, so streng sollten Sie mit den Herren im Hause Springer wirklich nicht verfahren. Zeugnisse, ach herrje, Zeugnisse, die sind doch für einen, der spannende Geschichten ins Blatt bringen soll, eher belanglos. Aber hätten Sie, der erfahrene Blatt-Macher, nicht doch nach einigen Arbeitsproben gefragt? Sie nannten Pfeiffer einen Schmutzfinken. Erkennt man einen Schmutzfinken an seinen Zeugnissen? Hätte man ihn nicht vielleicht einigermaßen zuverlässig anhand seiner gedruckten und gelebten Biographie identifizieren können?

Erinnern Sie sich noch, wie Sie die »Spiegel«-Kollegen und »Hilfstruppen« in »Bild am Sonntag« höhnten: »Es wäre ja auch zu schön: Springer bezahlt den Schmutzfinken von Kiel.«

»Rent a Grobian«

»Waterkantgate« gibt für den Vorwurf des Kampagnenjournalismus, für die Klage über »journalistische Todesschwadrone« genauso wenig her wie frühere Polit-Skandale. Bewiesen wurde hier vor allem eine Versippung zwischen Medien und Politik, die noch erheblich weitergeht, als zu befürchten war. Man wußte, wie eng es in Bonn zwischen Spitzenpolitikern und Korrespondenten zugeht, und, zum Beispiel, zwischen Springers Tamm und Helmut Kohl. Man wußte auch, daß die Staatskanzleien und andere Regierungszentralen – wie die großen Industrieunternehmen – Medienprofis einkaufen, um eine gute Presse zu erzeugen. Daß aber Pressekonzerne als Arbeitskräftevermittler für Regierungen auftreten, ist wirklich neu. Die »taz« gab diesem Vorgang die treffenden Überschriften »Barschel leaste Dreckschleuder« und »Rent a Grobian«. Wie man diesem Verstoß gegen alle Regeln mit ethischen Rezepten beikommen will, war bisher nicht zu hören.

Siegfried Weischenberg

Ja, wahrlich, der Mann, als er noch nicht »ausgeliehen« worden war, erschien Ihren Amtsbrüdern im Hause Springer offenbar als ein journalistischer Wahrheitssucher, ein Theodor-Wolff-Preis-Verdächtiger, der beim Bremer »Weser Report« furchtlos für die freiheitlich-demokratische Grundordnung gestritten hatte? Nein, wirklich, wir sollten nicht kleinlich nach Zeugnissen fragen. Da sind Sie mit den Herren, die Pfeiffer für ein neues »Objekt«– sagt man besser »gewinnen« oder schreibt man besser »einkaufen«? –, die ihn also verpflichten konnten, gar zu streng. In der Vorstandsetage hat es damals geheißen, Pfeiffer sei für alle dort sozusagen ein »Nullum« gewesen. Ein ziemlich kostspieliges Nullum!

Ich weiß, wie gut und fest das soziale Netz in Ihrem früheren Verlag geflochten ist. Nun habe ich den Verlag doch noch unterschätzt, denn sein soziales Engagement geht tatsächlich soweit, daß er ein »Nullum« anstellt, ohne zu fragen, wes Geistes Kind der Mann ist, aber dafür gleich mit Weihnachtsgeld. Oder ist das vielleicht ein Zeichen dafür, daß sich die für Vertragsabschlüsse zuständigen Herren aus reiner Überparteilichkeit gar nicht getrauen, einen Bewerber nach seiner beruflichen und politischen Vergangenheit zu befragen? An solcher Sensibilität sollten sich die Verlage der »linken Kampfpresse« mal ein Beispiel nehmen!

Sie meinen, daß sich über einen »persönlichen Kontakt« das Interesse von Barschel nach einem »Mitarbeiter« ergeben habe. Wie zart Sie mitunter Ihre Worte setzen können. Günter Prinz wünschte sich, nach seiner Aussage vor dem Kieler Untersuchungsausschuß, etwas präziser und ehrlicher auszudrücken: Das Wort von einer Wahlkampfzeitung sei im Zusammenhang mit Barschels Wunsch an Peter Tamm nach einem geeigneten Journalisten »irgendwann gefallen«, anders habe das für ihn, Prinz, auch keinen Sinn ergeben. Damit hatte Prinz das Motiv für den Wunsch des Ministerpräsidenten genau beschrieben. Nur Tamm könnte berichten, welches »Profil« sich Barschel bei dem Gespräch am 25. August für den Mitarbeiter wünschte. Schwer vorstellbar immerhin, daß er den Springer-Chef um die Vermittlung eines unbestechlichen Analytikers gebeten hat. Der Mann, nach dem Barschel Ausschau hielt, sollte schon mal hart rangehen und dem »blauäugigen Angsthasen« (Peter Boenisch über Engholm) ein paar Dinger versetzen. Jedenfalls suchte Barschel wohl kaum nach einem »Hörzu-Seid-nett-zueinander«-Redakteur.

Peter Tamm ist Pfeiffer nie begegnet, wie schön für ihn. Doch wie ist zu erklären, daß die Herren, an die er den Wunsch von Barschel weiterreichte, just auf Pfeiffer kamen? Waren da nicht – wenn man der »Dokumentation« von Tamm folgt – noch 34 andere Redakteure, die für eine solche selbstlose, staatsbürgerlich nützliche Tätigkeit in Kiel in Betracht kamen, als das »neue Objekt« vom Verlag abgelegt worden war?

Wodurch hatte sich gerade das mit einem schmucken Gehalt ausgestattete »Nullum« für die Ausleih-Courtoisie von Hamburg nach Kiel empfohlen? Allein durch sein ungemein ehrliches Gesicht? Oder war es, wieder einmal, pure Fürsorge für einen beschäftigungslosen Arbeitnehmer? Oder dauerte die Springer-Leute, wie Peter Boenisch andeutet, einfach das viele Geld, das sie, »Vertrag ist Vertrag«, nicht an einen Müßiggänger überweisen mochten? (Obwohl sich der Konzern das Spazierengehen hochdotierter Angestellter früher einiges hat kosten lassen.)

Richtig hübsch ist – und damit zurück zur Textkritik des Boenisch-Artikels –, daß der Autor sagt: »Der Springer-Verlag konnte Pfeiffer sozusagen ausleihen.« Da wäre wiederum der Psychoanalytiker um Auskunft gebeten. Dieses »sozusagen«, wenn ich es als psychoanalytischer Laie zu deuten versuche, scheint zu signalisieren, daß Boenisch so unsensibel gar nicht ist, wie seine durch ein BILD-Jahrzehnt sublimierte Sprache sonst suggerieren könnte. Der Verfasser selber mag die Erklärung getrost als schmeichelhaft für sich ansehen, daß man unter kultivierten Vorstandsherren Menschen nun einmal nicht kaltherzig aus- oder verleihen mag. Vielleicht aber, es könnte ja sein, hatte Peter Boenisch für einen Augenblick das Gefühl, dieses Leih-Verfahren sei doch nicht der feine Stil, von dem er ja einiges versteht. Die Anfechtung hat nicht lange gedauert.

Pfeiffer als »Einflußagent« des Verlages? Weit und breit war niemand zu sehen, der solchen Unfug behauptete. Bei jenen Begegnungen zwischen Tamm und Barschel, staatsmännisch-elegant als »Tour d'horizon« beschrieben, wird es kaum zu hitzigen Wortgefechten zwischen den beiden gekommen sein. Es wird Peter Tamm doch wohl nicht kränken, wenn einer vermutet, daß es zwischen ihm und dem Gast aus Kiel nicht erst nach hartem Ringen der Argumente zu einem Konsens darüber gekommen sei, wer oder was der Republik und wer im besonderen dem Bundesland Schleswig-Holstein am besten fromme.

Boenisch wußte am 25. Oktober 1987 genau, warum sich Uwe Barschel das Leben genommen hatte, wenn es denn überhaupt ein Selbstmord gewesen sei: weil es ihm »unter dem Druck der Öffentlichkeit« nicht gelungen war, seine Unschuld zu beweisen. Und bedeutungsschwer fragte er: »Oder?«

Nein, da durfte es ein »Oder« nicht geben. Die Philosophie war einfach: Dies war die Stunde, da man sich auf den höchsten Höhen der Moral postieren wollte. Die »linke Kampfpresse« war derweil im Morast der Vorverurteilung und Menschenverachtung versunken. Das war in Blitzesschnelle durch einen der beiden Chefredakteure der »Welt«, Manfred Schell, und durch den für die Kommentarseite des Blattes zuständigen Enno von Loewenstern als Leitmotiv einer Tendenzberichterstattung intoniert worden, wie sie in der Pressegeschichte dieser Republik schon einige Male, aber so unverfroren kaum vorher zu erleben war.

Das sind Journalisten von durchaus unterschiedlicher Konstitution. Schell ein »professional«, der unverwechselbare Typ des Wende-Journalisten, der andere ganz schlicht ein vom Haß gegen alle Liberalen und Linken angetriebener Agitator, ein richtiger »Herrenmensch«, vor dem es auch etlichen seiner Kollegen unter dem Dach der »Welt« seit langem graut.

Weniges nur, was die »Welt«-Leute drucken ließen, soll in Erinnerung gebracht werden, weil sie darauf zu vertrauen scheinen, daß nichts älter ist als die Zeitungen von gestern und vorgestern. In England oder in Amerika müssen Redakteure, die mutwillig oder aus Verbohrtheit ihre Leser so methodisch in die Irre führen, ihren Hut nehmen. Wenn sie es nicht selber täten, würde es ihnen vermutlich von einem ordentlichen Verleger nahegebracht werden. Da können diese »verantwortlichen« Redakteure nur lachen. Natürlich machen sie weiter. Was ist denn schon geschehen? Anders als Gerhard Stoltenberg, nach überlangem Zögern, haben sie nicht im Traum daran gedacht, ihre eklatante Fehleinschätzung des Skandals mit einem einzigen Wort zu bedauern. Den »Spiegel« haben sie sogleich und mit triefender Selbstgerechtigkeit züchtigen wollen, als das Magazin ein dubioses Waldheim-Papier veröffentlichte und nachher auch einräumte, das Dokument sei ominös.

Den Herren, die bei der »Welt« den Ton bestimmen, diesen letzten Aufrechten in dem entsagungsvollen Kampf gegen die »Systemveränderer«, muß man die Kröten noch einmal vorführen, die sie sich zu schlucken weigern.

Zum schönen Auftakt, es war der 15. September, schrieb Schell: »Niemand, der Barschel kennt, traut ihm charakterlich und intellektuell zu, daß er seinen Konkurrenten Engholm durch Detektive bespitzeln ließ oder einen Mitarbeiter beauftragte, ihm eine Abhörwanze zu beschaffen.«

Wahrlich, wahrlich, Schell ist kein »Niemand«; er muß ihn gut gekannt haben. Oder kamen ihm Zweifel? Die bewältigte er nach Art eines gestandenen »Welt«-Mannes: Wenn Barschel vielleicht doch Dreck am Stecken hat, dann die SPD allemal. Schell fragt, am 13. Oktober: »Ist es da noch abwegig, ein Komplott zu vermuten?«

Dann kommt die »Ehrenwort«-Konferenz, und Schells Zweifel, den gradlinigen, christlichen Demokraten im Blick, sind sogleich verflogen: »Die Antwort von Ministerpräsident Barschel werden seine Freunde in Kiel und Bonn mit großer Erleichterung aufnehmen. Seine Eidesstattliche Erklärung ist glaubwürdig und auch in den Details plausibel. (...) Politisch und rechtlich steht Barschel mit dem, was er gestern erklärt hat, jedenfalls sauber da. (...) Und der ›Spiegel‹ muß sich prüfen, ob er nach dem ›Stern‹ nicht der zweitgrößten Zeitungsente aufgesessen ist.«

Ende Oktober sieht sich Barschel-Kenner Schell schnöde getäuscht. Jetzt stellt er sich schützend vor einen, der die Hilfe der »Welt« nötiger hat. Der macht nach Schells bestechlich kritischem Urteil »deutlich, daß er alles getan hat, um Barschel politisch und menschlich beizustehen. Stoltenberg hat sich nichts vorzuwerfen.« Die SPD erscheint dem Verfasser dagegen »in einem immer düsteren Affären-Licht« (23. Oktober). Am Tag zuvor hat man bei ihm lesen können: »Verachtung hat auch die SPD verdient, die hartnäckig versucht, ihren Part in der Affäre im Dunkeln zu halten.« Das Ceterum censeo eines auf »Welt«-Art abwägend urteilenden Chefredakteurs: »Mit Engholm kann sie (die SPD) sich nicht mehr sehen lassen. Die Wähler haben Anspruch auf die volle Wahrheit...« Aus nämlichem Artikel eine Probe von Schells seherischen Fähigkeiten: »Sollte es hie und da das zynische Kalkül geben, die Zeit heile auch diese Wunden schnell, so wird es nicht aufgehen.« Gemeint waren natürlich nicht die »Welt«-Redakteure, sondern die »großen Parteien«, denn vorm Tribunal der »leitenden« Herren der »Welt« standen mittlerweile auch die »politischen Freunde« Barschels in Bonn und an der Förde als Jammerlappen. Auf weiter Flur blieben als charakterstarke Freunde des Verstorbenen nur Schell und Loewenstern übrig, und als deren Gehilfen die Redakteure Diethart Goos, Uwe Bahnsen, Knut Teske und Henk Ohnesorge: »Ehrliche Selbstkritik überall – das sollte die Lektion sein.« (28. Oktober 1987)

Ohnesorges Mahnung gilt nicht den eigenen Leuten. Die schreiben und verleumden ungerührt bis in den November hinein. Nochmals Schell am 2. November: »Im ersten Schwall von Beschuldigungen gegen Barschel ist der Verdacht, daß das Komplott nicht gegen Engholm, sondern gegen Barschel inszeniert worden sein könnte, nicht durchgedrungen. (...) Welche schmutzige Wäsche wurde da (von der SPD, versteht sich) gekocht?«

Der Psychoanalytiker wird wissen, warum Schell so gern den Irrealis verwendet. Seinem Kollegen Loewenstern, der demnächst vielleicht bei Zimmermann eine Neuauflage der Sozialistengesetze anmahnen wird, verstellte der schiere Haß den Blick auf Wirklichkeit total: »Das Ganze ist längst (!) zur ›Affäre Spiegel‹ geworden; der klägliche Auftritt des Chefredakteurs Böhme im Fernsehen unterstreicht das. Wenn der Stuhl eines Herrn B. wackelt, dann jedenfalls nicht der des Herrn Barschel.«

Wenn ich bei einer Fernseh-Diskussion im Zorn über diesen nur noch pathologisch zu fassenden Heuchler gesagt habe, ein Journalist seiner Art könne auch an einer Zeitung wie dem nationalsozialistischen »Angriff« mitgewirkt haben, so will ich mich heute dafür entschuldigen und den Vergleich zurückziehen: Loewenstern paßt zur »Welt«, wobei ich, wie vorhin schon gesagt, nicht übersehen will, daß ihn etliche seiner Redaktionskollegen liebend gern als Nachfolger des alternden Herrn Frey an die »National- und Soldatenzeitung«»ausleihen« würden. Die dürfen ihm das nur nicht sagen.

Klar, daß sich Pfeiffer inzwischen für Loewenstern als »gerissener Mensch erwiesen« hatte. (Vielleicht sollte Tamm den Herrn von L. zum Leiter der Personalabteilung machen, wo es, auch nach Peter Boenischs kompetentem Urteil, an richtig guten Menschenkennern zu fehlen scheint. Ins Dossier des stellvertretenden Chefredakteurs Loewenstern möchte man nur wenige seiner eigenen Sätze aufnehmen, die ihn den »Führungskräften« des Hauses Springer als endlich einmal selbständigen Chefredakteur eines »neuen Objektes« empfehlen.)

Am 13. Oktober 1987 sein schönstes Stück: »(...) Barschel starb zwei Tage nach Bekanntwerden der Tatsache, daß der angebliche Gewissenstäter Pfeiffer schon seit Monaten mit der SPD gekungelt hat. Der hat also gelogen; die SPD auch.« Und mehr: »So verhält sich kein Mensch (Barschel), der sich schuldig weiß, der also weiß, daß es keine Entlastungsbeweise geben kann.« Und besser noch: »Insofern jedenfalls ist klar: Pfeiffer und die SPD (und noch jemand?) ließen Barschel in eine Katastrophe laufen.«

Genug, übergenug. Beim Lesen dieser Infamien überkommt einen noch drei Monate später der große Zorn. Und doch will ich mich auch für das Wort vom »authentischen Neo-Nazi« bei dem Mann entschuldigen und mich präziser auszudrücken versuchen: Loewenstern ist ein Mann, der keine politische Scham empfindet, ein Scham-loser Reaktionär. In Bonn finden ihn einige bloß »bizarr«, einen Clown. Ich kann über solche Clowns nicht lachen. Der Mann, gewiß doch, hat seine Gemeinde bei den unheilbar Gestrigen, und die wollen bedient sein. Da geraten auch die Herren Dr. Kremp und Dr. Zehm beinahe zu Schattenfiguren. Kremp jedenfalls meldete sich in Sachen Barschel auffällig sparsam zum »Welt«-Wort. Altersweisheit womöglich? Das »Hamburger Abendblatt« zügelte sich. Man soll es nicht verschweigen. Beweis für die Meinungsvielfalt im Hause Tamm?

Günter Prinz, der im Machtkampf mit Peter Tamm unterlegen war, hat mir während meiner Bonner Zeit manches Mal versichert: »Bei uns gibt es keine Weisungen von oben. Das können Sie mir glauben, und sagen Sie es auch Ihren Genossen.« Das ist wohl so. Tamm schreibt nicht kleine Zettel an die Herren, deren Artikel er gern liest. Die haben, glückliche Fügung, ganz einfach ähnliche Überzeugungen wie der ehemalige Hamburger Wirtschaftsredakteur, der, wie er mir unlängst schrieb, »auch mal einen Schlag wegsteckt«.

Vor dem Kieler Unterschungsausschuß hat er versichert: »Wir haben nichts zu verbergen.« Das will ich ihm glauben. Der Bundeskanzler hat Tamm vor Jahr und Tag, bei der Jubiläumsgala des Springer-Verlages zur 750-Jahr-Feier Berlins, attestiert, daß er, der einstweilen ziemlich unangefochtene Vorstandsvorsitzende, »das Ruder im Hause fest in der Hand« halte. Das weiß nicht Helmut Kohl allein. Daran orientieren sich auch jene Journalisten im Hause Springer, die in der Gnadensonne zu verweilen hoffen. Andere, gar nicht so wenige, die für den Konzern arbeiten, zeigen sich immer wieder mal bedrückt und gehen gleichsam in die innere Emigration des Professionalismus. Kleines Beispiel: Als BILD am 28. September 1987 als »Thema des Tages« eine besonders hinterhältige Geschichte über »Die Männer, die vor Barschel stürzten« druckte und die Sozialdemokraten Albert Osswald, Klaus Schütz, Heinrich Albertz, Ulrich Klose und Dietrich Stobbe in einer Bildleiste mit Barschel in eine Reihe stellte, meldete sich bei mir ein BILD-Redakteur und meinte: »Das war nicht toll. Ich war sehr bedrückt.«

Nicht dementiert wurde eine »Spiegel«-Notiz, die von erheblichem Unmut im Gesamtbetriebsrat des Verlages berichtete. Die Einstellung Pfeiffers und seine Vermittlung zu Wahlkampfzwekken wurde von einigen Betriebsräten als »Schlag ins Gesicht für all die Kollegen« kritisiert, »die seit vielen Jahren gut und seriös arbeiten«. Die Betriebsräte verurteilten »auf das Schärfste« die »Verquickung von Verlags- und Parteiinteressen« und forderten, daß »in diesem Hause Moral nicht nur ein geschriebenes Wort bleibt«. Peter Tamm, dem die Betriebsräte »ein gerüttelt Maß Mitschuld an den bösen Schlagzeilen über den Verlag« gaben, zeigte sich, wie es in der Meldung des »Spiegel« Ende Dezember

1987 hieß, »verwundert darüber«, daß »auch unsere Journalisten die Überparteilichkeit des Hauses bezweifeln – durch diesen einzigen Fall«.

Zu diesem »einzigen Fall« hatte ich Peter Tamm (nach einem »Stern«-Interview) brieflich gefragt, ob der von ihm eingeleitete Transfer des Reiner Pfeiffer mit dem Wechsel von Conny Ahlers, von Kurt Becker und meiner eigenen Person in die Dienste der Bundesregierung vergleichbar sei. Tamm hielt mir eine »polemische Konstruktion« vor. Er schrieb von einer »fatalen Ahnungslosigkeit« bei »gewissen Kollegen aus der Branche« und den »Mitgliedern Ihrer Partei im Kieler Untersuchungsausschuß«. Oh wir Einfaltspinsel: Wurden wir ausgeliehen, ohne es zu merken? Zahlten die Gerd Bucerius KG oder Radio Bremen heimlich Weihnachtsgratifikationen auf unsere Konten?

Für Tamm war das alles ganz einfach: »Es gibt keinen berufsethischen Grundsatz, daß Journalisten nicht in Regierungen oder zu Parteien wechseln dürfen.« Unsicherheit und Dünnhäutigkeit hat mir Tamm vorgehalten, als ich Ahlers und Becker und mich selber gegen das zur Rechtfertigung des Springer-Verlages benutzte »Beispiel« in Schutz nahm. Ich will solche Vorhaltungen nicht kommentieren. Fragen aber möchte ich, dieses Mal öffentlich, ob nicht auch der Mann, der den Konzern führt, wenn er mit etwas Abstand auf den »einzigen Fall« zurücksieht, einsehen sollte, daß ihm etwas Dünnhäutigkeit, sprich Sensibilität, bekömmlich wäre, auch etwas Unsicherheit im Urteil über das eigene Handeln, vielleicht ein paar Zweifel daran, ob die »Überparteilichkeit des Hauses« während der Barschel-Affäre glaubwürdig gewesen ist. Gelinde Zweifel nur. Mehr kann man wohl nicht erwarten.

Carl Amery

Voll tiefen Mitleids
Bayerische Reflexionen zur Kieler Affäre

Wenn man als Hiesiger, das heißt von den Ufern des Mains, der jungen Donau, der Isar einen Blick nach Kiel wirft; wenn man die Gärungsblasen beobachtet, die ihr Faulgas in üblen Vapeurs über die Republik pusten; wenn man die unbegreiflichen Torheiten betrachtet, die dort im Sinne (oder auch im Unsinn) des Machterhalts begangen wurden, so kann man nur den Kopf schütteln und in tiefes Mitleid ausbrechen. Wie, um Himmelswillen, ist dergleichen möglich? Welch klägliche Regie war da am Werk? Wie konnte nach 37 Jahren des mehr oder weniger ungestörten Regierens derartig dilettantisch verfahren werden? Ja, der schreckliche Verdacht wird unabweislich, daß es die da droben (oder vielmehr drunten, geographisch sieht das nämlich anders aus als auf der abstrakten Landkarte, und allmählich, wenn auch ungern, lernen's ja die Deutschen, wo heute wirklich oben und unten ist...), daß es also die da drunten nie, nie wirklich lernen werden.

Ja, ein gesamt-europäisches Gefälle ist hier zweifellos anzusetzen; ein Gefälle, innerhalb dessen das bundesdeutsche seine Gradienten und seine Wirklichkeit hat. Das fällt sichtbar von Palermo nach Bergen, Upsala oder Edingurgh; je weiter man in die Regionen des Nordlichts vordringt, desto ungelenker, naiver, schüchterner wird die Strategie des Machterhalts, desto unfähiger wird der Staatsbesitz dem Zugriff unbedarfter Frechlinge ausgesetzt. Man sehe sich das an: ein ausgeborgter Giftkoch der Springerpresse, eine dämliche Glaubensfrage an eine vage gottgläubige Sekretärin, ein...

Aber halt, hier kommen wir schon ins Detail. Klären wir zuerst einiges Grundsätzliche.

Zunächst und vor allem: Der Schöpfer hat uns Bayern nicht nur die Farben seines Himmels weiß und blau geschenkt, wie es in der Bayernhymne heißt, sondern auch (wofür wir wahrhaftig nichts können) mit einer besonders günstigen Polit-Lage begnadet. Wir siedeln nördlich der Alpen, also schon in Gefilden relativ straffer staatlicher Organisation und Tradition – aber stehen, insbesondere an Föhntagen, immer noch unter dem Einfluß lachender mediterraner Himmel. Während im Norden kantisch-hegelianische Abstraktion mehr oder weniger glücklich den Staat geformt hat, ruht er im Süden seit Jahrtausenden auf den humanen Grundlagen der Klientel und der Patronage. Es ist die Verschmelzung dieser beiden Politwelten, welche die Realität Bayerns zu der heutigen Perfektion gebracht hat.

Hinter den paar Regierenden stehen eben nicht nur ein Kopfschaum-Tycoon und ein paar Telefone der Staatskanzlei; hinter ihnen steht oder breitet sich in Bayern ein tiefgestaffeltes System von Verteidigungsgräben: ökonomischen, ästhetischen, religiösen, tiefenpsychologischen. Es ergibt das, wie Gramsci (und anhand Gramscis der pathetisch-tapfere Diaspora-Sozi Glotz, in Bayern geschult) erkannt hat, aus solch tiefgestaffeltem System eine fast unbesiegliche Hegemonie – kurz, eine durch und durch Ehrenwerte Gesellschaft.

Sicher, dieser Gesellschaft fehlt ein wenig der kämpferische Elan, der solche Formationen in Apulien oder in Sizilien auszeichnet; und das mag manchen nördlichen Beobachter täuschen, mag ihn dazu verführen, Bayerns Ehrenwerte Gesellschaft für weniger wirkkräftig, weniger effizient zu halten. Er übersieht das, was wir oben betont haben: eine beachtliche Staatstradition, die des napoleonischen Königreichs, brachte der Gesellschaft den Konsens vieler aufbauender Kräfte ein und wog die Wirkkraft von ein paar Todesschwadronen reichlich auf.

Der Ehrlichkeit halber ist hinzuzufügen, daß wir mehr Zeit als der Norden hatten, stabile Machterhaltungsstrategien auszuarbeiten – doppelt so viel, um fast genau zu sein. Etwa um 1905 setzte die Durchdringung bayerischer Staatlichkeit durch die Interessen und Techniken des Populismus ein – sie zielte von Anfang an auf eine gelungene Synthese von Parlamentarismus, Bürokratie und Beziehungswesen ab. Rapide beschleunigt wurde diese Entwicklung durch die Ereignisse von 1918 bis 1920: Da stellte sich erfreulicherweise ein »rotes Berlin« als Watschenmann für alle Fehlentwicklung zur Verfügung, und so gelang es der Rechten, ihre eigenen Bedürfnisse nach Staatsbesitz als tiefenideologischen Wunsch des ganzen weißblauen Volkes darzustellen. Das unüberholbare Dokument jener Jahre ist Lion Feuchtwangers Roman »Erfolg«. Wen es wundert, daß, sagen wir, Friedrich Zimmermann den Machtgestalten Feuchtwangers heruntergerissen gleich schaut, hat nichts von der tiefen Kontinuität bayerischer Gesellschaft und Politik begriffen. Im übrigen gehen alle diese Gestalten auf einen Archetyp zurück: den »Roßober«, Max Graf Holnstein, den Oberstallmeister Ludwigs II., der mit Bismarck den entscheidenden Deal fixierte: 300 000 Mark jährlich für seinen König (abzüglich 30 000 Provision für ihn selber) als Preis für den Brief, der Wilhelm von Preußen aufforderte, deutscher Kaiser zu werden. Ein Zeitgenosse charakterisiert ihn so: »Holnstein war eine bemerkenswerte Persönlichkeit von herkulischem Körperbau und von großer Energie. Furcht kannte er nicht. Er neigte stark zum Jähzorn und konnte dann auch brutal werden. Sonst war er jedoch wohlwollend und kameradschaftlich gegen jeden, der seine Kreise nicht störte . . .«

Das ist also bayerische Konstanz geblieben: dieser Politikertyp – und dieser Deal von 1870/71, der Bayerns Souveränität verkaufte, aber gut, sehr gut honoriert wurde. Fügen wir dem die traditionelle Verachtung der Beamtenschaft für das ungewaschene Volk hinzu; andererseits die Hartnäckigkeit von katholischen Prälaten, die seit Napoleons Zeiten die einzige wirklich nennenswerte Opposition organisieren konnten – jene Opposition, die sich zunächst Patriotenpartei, dann Zentrum nannte. Die Prälaten mögen aus dem bayerischen Landtag und aus dem Reichstag (wo sie noch in der Weimarer Republik existierten) verschwunden sein – das, was man politische Kultur nennen muß, haben sie bis in unsere Tage hinein beeinflußt. Nicht im Sinne einer besonderen Anhänglichkeit Bayerns an christliche Grundsätze, um Gottes willen! Aber im Sinne eines Diskussions- und Argumentationsstils, der nach wie vor (wenn auch bescheidene) Wählerfrüchte bringt und, vor allem draußen im Lande, die Täuschung aufrechterhält, daß das große C noch irgendwelche Zusammenhänge mit dem entsprechenden Adjektiv aufweist; somit Teil jenes tiefgestaffelten Grabensystems ist, von dem die Rede war.

Man vergleiche mit diesem System der Ehrenwerten Gesellschaft die Ereignisse in Kiel! Da fällt zunächst schon Eines auf: die Klemme, in die Uwe Barschel persönlich durch die Kandidatur Engholms geraten ist. Alle kenntnisreichen Beobachter der Kieler Szene stimmen darin überein, daß der Auftritt Engholms dem MP physische und psychische Qualen verursachte – und wohl zurecht: als Herausforderer war ihm der SPD-Führer mehr als gewachsen. Letzten Endes läuft die ganze dilettantische Hektik dessen, was da zwischen BILD und Barschel-Image abschnurrte, auf den (vergeblichen) Versuch hinaus, die eklatante Asymmetrie dieser beiden Figuren wenigstens in etwa auszugleichen.

Schwenk auf Bayern. Mir ist Herr Hiersemann nicht unsympathisch; aber als Herausforderer tritt er nicht nur dem übermächtigen FJS (der ja nicht mehr der Jüngste ist), sondern dem Grabensystem der Ehrenwerten Gesellschaft entgegen. Tricks und Querschneidereien wie im meerumschlungenen Norden sind hier an der Isar völlig unnötig; sie werden im tiefen gesellschaftlichen Vorfeld abgefangen – im Vorfeld der längst kodifizierten Absprachen.

Natürlich sind auch in diesem Milieu Skandale möglich; aber es sind durch die Bank systemimmanente und damit systemfestigende Skandale. Da dies ein heiterer Beitrag werden soll, sei hier kurz des Sturzes von Ludwig Huber gedacht – jenes Präsidenten der Landesbank, der vorher der Herr verschiedener bayerischer Ministerien gewesen war, seinen Namen als rigoroser Vorkämpfer klerikaler Werte gemacht hatte und nun, mit lächerlichen drei Millionen Abfindung, in den Limbo des Privatlebens entweicht. Wer damit rechnet, daß er nun »auspacken« wird, kennt die Gesetze der Ehrenwerten Gesellschaft nicht: das *regolamento dei conti,* der »Kontenausgleich«, wie dies in der italienischen Presse heißt, hat stattgefunden, jeder weiß ziemlich genau, was der andere über ihn weiß, und damit sind die »Enthüllungen«, mit denen indirekt ja auch Huber gedroht hat, ungefähr so praktikabel wie eine Wasserstoffbombe: Sie würden, hintereinander gezündet, den totalen moralischen Winter in der bayerischen Politik auslösen, womit niemandem gedient wäre.

Eng damit zusammen hängt wohl auch der hohe Unterhaltungswert, den system-immanente bayerische Skandale zu haben pflegen. Der fromme Bankpräsident und die knallharte blonde Sirene; der gestürzte Brathendl-Kaiser und die österreichische Connection: Das Ganze harrt geradezu der Vertonung durch Franz Lehár oder Leo Fall. Man vergleiche damit die Details der Kieler Ereignisse, die (bis auf den wahrhaft furchtbaren Schluß, der wiederum an Schloß Helsingør erinnert . . .) das Aroma von dürrem Klippfisch verströmen. Wer möchte das schon gern auf der Bühne oder auf dem Bildschirm sehen – diese hohlen oder teigigen Gesichter, diese schwachen kriminellen

Versuche, mit denen kein TATORT-Autor durch die ARD-Redaktionen käme und deren Unhaltbarkeit wohl Herr Pfeiffer als einziger Hauptbeteiligter durchschaut hat - nein, die Eintrittskarte zu diesem Stück würde sich hierzulande keiner kaufen.

Bleibt zum Schluß trotz allem die Notwendigkeit, Gemeinsamkeit aufzuzeigen. Was München und Kiel eint (oder einte), war das Prinzip der Ehrenwerten Gesellschaft. Daß dieses Prinzip im Süden (infolge uralter Traditionen, günstiger Ausgangslage und längerer Kontinuität) wesentlich effektiver ausgebaut ist; daß es in Schleswig-Holstein (vorläufig) gescheitert oder doch auf Eis gelegt worden ist, ist eben der spezifische Nachteil des Nordens, der in einer Welt, die demnächst wohl nur noch von Ehrenwerten Gesellschaften regiert wird, seine gewohnte politische Hegemonie verlieren dürfte. (Tendieren nicht auch die USA zur Politik der Ehrenwerten Gesellschaft – mit entsprechendem Aufstieg Kaliforniens und des Südens?)

Unfreiwillig genau hat dieses Mafia-Prinzip (sagen wir zum Schluß kürzehalber so) Herr von Lojewski aus dem Sack gelassen - ja, der Münchener REPORT-Lojewski, der uns leider jetzt verlassen hat. In einer »Brennpunkt«-Sendung spätabends im November 1987 sprach er, im Zusammenhang mit den Kieler Ereignissen, von »Pfeiffers Verrat«. Ja, genau so, ihr sollt es lassen stahn. Logische Frage: Was hat Pfeiffer verraten? Und warum heißt es »Verrat« und nicht etwa »Enthüllung«, »Entlarvung« oder dergleichen? Die Vokabel setzt voraus, daß a) Pfeiffer Tatsachen enthüllte, und daß b) die Enthüllung dieser Tatsachen verwerflich war. Verwerflich vor welchem Tribunal? Doch wohl nur dem der Ehrenwerten Gesellschaft. Doch wohl vor einem Ehrenkodex, dessen wichtigste Werte Geschlossenheit und Verschwiegenheit sind. (Letztere nennt man in Sizilien *omertà).*

Ich schrieb daraufhin dem Intendanten des Bayerischen Rundfunks, den ich kenne, und erkundigte mich nach seinem Standpunkt in dieser Angelegenheit. Er antwortete mir (nach einer Interpellation des Schriftsteller-Vertreters im Rundfunkrat), daß ihm Herr von Lojewski versichert habe, daß er dies heute »nicht mehr so« formulieren würde. Wie großzügig, kann man nur sagen – und wie unlogisch angesichts der Tatsache, daß im November, dem Zeitpunkt der Sendung, sämtliche relevanten Tatsachen auf dem Tisch des Kieler Hauses lagen! Aber Logik ist nicht die starke Seite der Ehrenwerten Gesellschaft, braucht sie auch gar nicht zu sein. Hauptsache, das Grabensystem bleibt intakt, und der Intendant des Bayerischen Rundfunks gehört, wie die überwältigende Mehrheit seiner Mitarbeiter und Strukturen, längst dazu. Die Antwort des Intendanten blieb im Geiste der *omertà* – schließlich wurde er ja auch mit zwei Dritteln der Stimmen des Rundfunkrats im Februar wiedergewählt. Wohlgemerkt: Unter den Intendanten, wie sie heute innerhalb der ARD und des ZDF gehandelt werden, ist er keineswegs eine verächtliche, wohl sogar eine respektable Figur. Hier geht es nur darum, seine relative Stellung und Funktion im Grabensystem zu illustrieren ...

Zum Schluß eine Moral: Mit Rückfällen in kantianische Pflicht-Lauterkeit, wie sie etwa der Untersuchungsausschuß des Kieler Landtags erlitt, wird sich die Schere zwischen nordischer Rückständigkeit und süddeutscher Modernität immer weiter öffnen. Wie will das Meerumschlungene eigentlich ins 21. Jahrhundert kommen? Es verdient unser volles Mitleid.

Lothar Baier

Genfer Träumereien
Auch die politische Kultur braucht Harmonisierung

Schön war es nicht am Ufer des Genfer Sees, vor dem Hotel »Beau Rivage«, an einem nebligen, kalten Novembersonntag. Aber schöne Autos standen vor der Tür, Rolls Royce mit Liechtensteiner Kennzeichen und Schweizer Sonderanfertigungen, bei denen ich mich nicht auskenne. Im »Beau Rivage« veranstaltete Sotheby's eine Auktion und daneben im Hilton Christie's, oder vielleicht umgekehrt, jedenfalls schien trotz Börsenkrise allerhand freies Geld zur Disposition zu stehen. Das war ein beruhigender Gedanke in diesen unruhigen Wochen. Ich konnte meiner Neugier nicht widerstehen und fragte an der Rezeption des »Beau Rivage«, ob denn das Appartement 317 zu mieten sei. Im Prinzip schon, hieß die Antwort, nur im Augenblick stehe das Appartement 317 wegen Renovierung nicht zur Verfügung.

Der Blick von der Uferpromenade auf den dunstverhangenen See hinaus konnte eine Ideenassoziation nicht verscheuchen, die der Trübnis entstieg. Geld, Macht, Wasser, Tod. Im Frühjahr 1977 war zum Beispiel die Leiche eines Geschäftsmanns namens Charles Bouchard aus dem Wasser des Genfer Sees gezogen worden. Fast gleichzeitig wurde der Genfer Geschäftsmann Bertrand de Muralt erschossen aufgefunden, von eigener Hand, wie die Polizei herausfand. Die beiden Toten waren zu ihren Lebzeiten der Genfer Privatbank Leclerc verbunden gewesen, der eine als Gesellschafter, der andere als Bevollmächtigter. Die Bank hatte kurz zuvor pleitegemacht, und die Pleite stand offenbar in Zusammenhang mit einem weiteren Todesfall. Ende 1976 war ein sehr enger Geschäftsfreund der Genfer Bank Leclerc, der Parlamentsabgeordnete Jean de Broglie aus der Normandie, in Paris erschossen worden, und der Widerhall der Pariser Schüsse war bis an die Ufer des Genfer Sees gedrungen.

Geld, Macht, Wasser, Tod. 1980 wurde die Leiche des gaullistischen Arbeitsministers Boullin aus einem Teich bei Fontainebleau gezogen. Ertränkt in einem Anfall von Depression, hieß die offizielle Auskunft. Hatte sich der Arbeitsminister aus Verzweiflung darüber umgebracht, daß die Arbeitslosigkeit unter der Regierung Raymond Barre, zu der er gehörte, kräftig zunahm? Und wenn er mit seinem Selbstmord ein Fanal setzen wollte, warum hatte sich der Minister dann in einen abgelegenen Teich gestürzt, der nur etwas mehr als einen halben Meter tief ist? Woher rührten die Verletzungen an der Leiche, da sich die Erklärung der Polizei, sie seien bei ihrer Bergung durch Berührung mit dem felsigen Untergrund des Gewässers entstanden, als falsch herausstellte, denn der ganze Teich ist auf Sand gebaut?

Ach Seele des Menschen, wie gleichst du dem Wasser! Die Familie des Arbeitsministers Boullin hat acht Jahre nach dem Tod im Teich den Versuch aufgesteckt, den Fall vor Gericht zu bringen. Schicksal des Menschen, wie gleichst du dem Wind! Für den Mord an dem Fürsten Jean de Broglie sind zwar drei Männer in Paris verurteilt worden, aber der Vorsitzende des verurteilenden Schwurgerichts war von der gerichtlichen Wahrheitsfindung so wenig überzeugt, daß er später seine eigene Theorie zu Papier brachte. Der Mord war ein Staatsakt, so der Richter, an höchster Stelle beschlossen und in seiner Ausführung von einem zweiten Kommando überwacht; kein Wunder, daß nur vorgeschobene Leute zur Aburteilung freigegeben wurden. Und warum mußte der Politiker Jean de Broglie weg, der 1966 die Partei Giscard d'Estaings, die »Unabhängigen Republikaner«, mitgegründet hatte? Es war etwas schiefgelaufen mit der Geldbeschaffung für die Partei, bei der Jean de Broglie seine guten Beziehungen zu der spanischen Schwindelfirma MATESA und der luxemburgischen Holding SODETEX hatte spielen lassen. Deren Genfer Hausbank Leclerc geriet über dem Verschwinden ihres Pariser Fürsprechers de Broglie ins Trudeln und verlor dabei ein paar ihrer führenden Leute. Einer landete im Genfer See.

Den See vor Augen und den Teich von Fontainebleau im Kopf und das Hotel »Beau Rivage« im Rücken, schweiften die Gedanken zur Badewanne in der Suite 317 ab. Zum See und zum Teich ist es zwar noch weit, aber immerhin hat Uwe Barschel einen kleinen Anfang gemacht. Einen bescheidenen Anfang unter dem schützenden Dach eines Hotels statt in der freien Natur, und so gewiß nicht vergleichbar mit dem Ende eines italienischen Spitzenbankiers unter einer Londoner Brücke, doch das muß ja nicht der letzte Versuch gewesen sein. Denn die Bundesrepublik hat in dieser Beziehung unbestreitbar einen Nachholbedarf. Wie soll denn ab 1992 eine gemeinsame europäische Wirtschaft funktionieren, wenn es keine gemeinsame moralische Binnenwirtschaft gibt? Im Vergleich mit Frankreich und Italien ist die Bundesrepublik von ihren politischen Verkehrsformen her ein unterentwickeltes Land. Was für eine prähistorische Aufregung, wenn einmal ein paar Millionen in der Kasse fehlen wie im Fall des Innerdeutschen Ministeriums, oder wenn führende Politiker ein bißchen die Taschen aufgehalten haben, damit die Firma Flick ihre Präsente unterbringen konnte! Mit dem Lärm um solches Nichts fällt man in Westeuropa doch nur unangenehm auf.

Ende der siebziger Jahre hatte Frankreich zum Beispiel den Verlust von 800 Millionen Francs abbuchen müssen. Ein geschickter Betrüger hatte der Staatsfirma ELF-Aquitaine ein aufwendiges und völlig unwirksames Verfahren zum Aufspüren von Ölvorkommen in der Luft verkauft. Doch was passierte mit dem damaligen Chef von ELF-Aquitaine, Albin Chalandon, der für das Engagement der falschen Ölschnüffler verantwortlich war? Er wurde im März 1986 Justizminister in der Regierung Chirac. Doch damit nicht genug, Albin Chalandon blieb auch dann noch Justizminister, als seine Verwicklung in eine Betrugsaffäre ruchbar wurde, deren Hauptakteure seine Hausjuweliere Gebrüder Chaumet sind, er behält also die Weisungsbefugnis über eine Strafverfolgung, die mit der Ermittlung in Sachen Juwelengeschäfte ihres Dienstherrn betraut ist. So ein Justizminister ist gewiß ein sehr praktisches und loyales Regierungsmitglied, da man von ihm zurecht erwarten kann, daß er da und dort ein Auge zudrückt, nachdem man ihm gegenüber auch schon manches Auge zugedrückt hat.

Am Ufer des dunstverhangenen Genfer Sees entlangspazierend dachte ich über die Notwendigkeit nach, neben den Normen für die einheitliche Klassifizierung von Tafelpfirsichen auch die Normen der politischen Moral zu harmonisieren. Im Süden der Bundesrepublik ist das ja schon beizeiten begriffen worden, wie die schon halb vergessenen Affären mit den Namen »FIBAG« oder »Vera Brühne« zeigen; so war es eine List der europäischen Vernunft, daß Uwe Barschel ganz im Norden der Bundesrepublik, hart an der Grenze zum Herrschaftsbereich des skandinavisch-protestantischen Rigorismus, seinen europäischen Vorstoß begann. Ist aber sein Versuch, die Bundesrepublik von Norden her euro-moralisch aufzurollen, nicht in jener Badewanne der

Suite 317 schon wieder untergegangen, kaum daß er ernsthaft in Angriff genommen werden konnte? Gleicht der Tod im Wannenwasser nicht dem Eingeständnis, daß die Entfernung zum Wasser des Genfer Sees oder dem des Teichs bei Fontainebleau doch zu groß war für einen kleinen Kieler Ministerpräsidenten? Hatte Barschel, für europäische Dimensionen, nicht viel zu bescheiden angefangen, als er sich mit einem verunglückten Journalisten zusammentat, dessen Fingerfertigkeit gerade ausreicht, um die Wählscheibe eines Telefons zu bedienen, und nicht mit wirklichen Profis? War ihm in seiner Suite mit Blick auf das Wasser des Sees und darüber hinweg zum französischen Territorium auf der anderen Seite vielleicht nicht der Gedanke gekommen, daß es ein Fehler war, nicht gleich aufs Ganze zu gehen wie etwa Mitterrands Verteidigungsminister Charles Hernu, und Störenfrieden mit Sprengstoff zuleibe zu rücken? Uwe Barschel mag einen sehr merkwürdigen Blick hinüber nach Frankreich geworfen haben, wo das Wählervolk dem ehemaligen Minister nach dem Untergang des »Rainbow Warrior« noch mehr Vertrauen schenkte als zuvor, bevor ihn die Erinnerung an das letzte desillusionierende Telefongespräch mit Kiel überwältigte, und er den Mund öffnete, um die bitteren Pillen zu schlucken.

Als ich ein paar Stunden später im Flugzeug saß und zwischen aufreißenden Wolken auf die Alpengipfel hinuntersah, die bald den flachen bundesdeutschen Bergrücken weichen mußten, begann ich zu begreifen, daß Uwe Barschel sich für Europa geopfert hatte. Vielleicht, so hatte er sich in den letzten Stunden vor dem Einstieg in die Wanne überlegt, bringt wenigstens ein spektakulärer und zweideutiger Tod die nationalen, antieuropäischen Schnüffler und Grenzwächter zur Raison. Während die Maschine über dem Spessart eine Warteschleife drehte, um dann über Hanau hinweg dem Rhein-Main-Flughafen entgegenzugleiten, glomm die schwache Hoffnung in mir auf, das am Montag erscheinende Nachrichtenmagazin werde doch noch ein Einsehen haben, und der Kieler Untersuchungsausschuß werde nicht so weit gehen, den politischen Boden so fein durchzusieben, daß kein Humus mehr übrigbleibt für das Wachstum einer europäisch harmonisierbaren politischen Kultur.

Doch der Montag nach dem Genfer Wochenende brachte Enttäuschung. Ebensowenig wie die Hamburger Journalisten waren die Mitglieder des Kieler Untersuchungsausschusses zu bremsen. Schon sah ich das Jahr 1987 in der Trübsal gesäuberter Akten und Konten enden, da kam aus den Wäldern von Hanau doch noch beruhigende Kunde. Hatte der Norden versagt, so hatte sich wenigstens die Mitte der Bundesrepublik eines besseren besonnen und in ihren Hainen ein Biotop unterhalten, das den westeuropäischen Vergleich fast nicht zu scheuen braucht. Hatte es im Frühjahr noch so ausgesehen, als habe es sich bei dem Geldtransfer aus dem Hanauer Forst an eine Reihe von AKW-Angestellten und Einladungen zum kostenlosen Besuch von hessischen Dreimädelhäuschen um normale Begleitumstände normaler Geschäftsvorgänge gehandelt, so wurden wir alle gegen Jahresende eines Besseren belehrt.

Sowohl die bekanntgewordenen Etikettenschwindel an verschobenen Atommüllfässern als auch ein paar damit zusammenhängende Selbstmordfälle zeigen eine Annäherung an europäisches Format. Zwar ist es noch weit bis zu der rätselhaften Krankheit zum Tode, die seit 1987 unter jüngeren britischen Strahlenphysikern grassiert, aber die bundesdeutsche Isolation scheint durchbrochen. Als ich im Fernsehen sah, daß sich die Staatsmacht einiger wackerer Hanauer Wachtmeister bediente, um eine absolut lückenlose Kontrolle des nuklearen Werksverkehrs zu garantieren, war ich beruhigt: Die Gefahr der wachsenden Entfernung von den europäischen Standards der Affärenverarbeitung schien mir gebannt. Die internationale Vernetzung des Atomgeschäfts hat zweifellos den Vorzug, daß sie nationale Alleingänge verhindert, die dem europäischen Gemeinschaftsgeist Schaden zufügen könnten. Daß nun auch die supranationale Instanz Euratom in nukleare Schiebergeschäfte verwickelt zu sein scheint, eröffnet vielversprechende Perspektiven für die Zeit nach 1992, wenn die europäischen Binnenschranken gefallen sein sollen.

An die Kieler Affäre samt ihrer Bewältigung wird man sich dann nur noch wie an einen peinlichen Jugendstreich erinnern. Die Zeiten haben sich geändert seit Karl Kraus: Heute beginnt der Skandal erst dann, wenn ihm der Untersuchungsausschuß ein Ende setzt. In der westeuropäischen Standarddemokratie, auf die wir zusteuern, werden solche Skandale ohnehin abnehmen, weil in den Parlamenten die großen Koalitionen der Vernünftigen und Reichen die kleinen Minderheiten der Querulanten und Habenichtse so oder so überstimmen werden.

Die Autoren

Carl Amery, Jahrgang 1922, von 1967 bis 1971 Direktor der Städtischen Bibliotheken Münchens, 1976 bis 1977 Vorsitzender des Verbands Deutscher Schriftsteller, lebt als freiberuflicher Schriftsteller in München. Mitglied des PEN-Clubs.

Heinz Ludwig Arnold, Jahrgang 1940, Herausgeber der Zeitschrift »TEXT+KRITIK«, Mitherausgeber der Zeitschrift »L'80«, u. a., lebt als freiberuflicher Publizist in Göttingen. Mitglied des PEN-Clubs.

Lothar Baier, Jahrgang 1942, lebt als freiberuflicher Schriftsteller in Frankfurt/Main. Mitglied des PEN-Clubs.

Klaus Bölling, Jahrgang 1928, sieben Jahre Regierungssprecher unter Helmut Schmidt, zeitweilig Leiter der Ständigen Vertretung der Bundesrepublik bei der DDR, Lehrbeauftragter an der FU Berlin, lebt als freiberuflicher Autor in Westberlin.

Jochen Bölsche, Jahrgang 1945, seit 1965 politischer Redakteur, leitet gemeinsam mit Hans Werner Kilz das Deutschland-Ressort des »Spiegel«, zeichnet verantwortlich für die Enthüllung der Barschel-Affäre. Lebt bei Hamburg.

Dr. Friedrich Christian Delius, Jahrgang 1943, 1970 bis 1978 Verlagslektor, seither freiberuflicher Schriftsteller, lebt in Westberlin. Mitglied des PEN-Clubs.

Manfred Delling, Jahrgang 1927, Verlagslektor, 1957 bis 1962 Feuilleton-Redakteur der »Welt«, bis 1967 dort Film- und Literaturkritiker, seit 1964 Fernseh-Kolumnist des »Deutschen Allgemeinen Sonntagsblatts«, seit 1966 Dozent an der Deutschen Film- und Fernsehakademie Berlin. Lebt in Hamburg.

Freimut Duve, Jahrgang 1936, seit 1970 Herausgeber der Reihe rororo-aktuell, seit 1980 für die SPD im Deutschen Bundestag. Lebt in Hamburg.

Dr. Erhard Eppler, Jahrgang 1926, von 1968 bis 1974 Bundesminister für wirtschaftliche Zusammenarbeit (Entwicklungshilfe), seit 1973 Mitglied des SPD-Präsidiums und Vorsitzender der Grundwertekommission, 1973 bis 1981 Landesvorsitzender der SPD in Baden-Württemberg, stellvertretender Vorsitzender der SPD-Programm-Kommission, Mitglied des Präsidiums des Deutschen Evangelischen Kirchentags.

Dr. Hermann Glaser, Jahrgang 1928, zahlreiche Veröffentlichungen zu kultursoziologischen und kulturpolitischen Themen; lebt als Schul- und Kulturdezernent in Nürnberg. Dieser Beitrag ist mit freundlicher Genehmigung der L'80 Verlagsgesellschaft entnommen der Zeitschrift »L'80«, Heft 45.

Günter Grass, Jahrgang 1927, Schriftsteller, lebt in Berlin und Schleswig-Holstein. Mitglied des PEN-Clubs und des Präsidiums des Verbands Deutscher Schriftsteller.

Professor Dr. Helga Grebing, Jahrgang 1930, 1972 bis 1988 Professorin für Sozialgeschichte des 19. und 20. Jahrhunderts an der Universität Göttingen; seit 1988 Professorin für Vergleichende Geschichte der internationalen Arbeiterbewegung und der sozialen Lage der Arbeiterschaft an der Ruhr-Universität Bochum.

Hans Werner Kilz, Jahrgang 1943, seit 1970 Redakteur des »Spiegel«, seit 1981 leitender politischer Redakteur, seit 1987 Ressortleiter »Deutschland II«, verantwortlich für die Berichterstattung u. a. über die Flick-/Parteispendenaffäre. Lebt in Hamburg.

Jörn Kraft, Jahrgang 1941, lebt als Graphiker in der Nähe von Bonn. Dieser Beitrag ist mit freundlicher Genehmigung der L'80 Verlagsgesellschaft entnommen der Zeitschrift »L'80«, Heft 45.

Dieter Lattmann, Jahrgang 1926, Schriftsteller, 1969 bis 1974 erster Bundesvorsitzender des Verbandes Deutscher Schriftsteller, von 1972 bis 1980 als SPD-Politiker im Deutschen Bundestag. Lebt in München. Mitglied des PEN-Clubs.

Sven Papcke, Jahrgang 1939, seit 1974 Professor für Soziologie in Münster. Dieser Beitrag ist mit freundlicher Genehmigung der L'80 Verlagsgesellschaft entnommen der Zeitschrift »L'80«, Heft 45.

Professor Dr. Günther Patzig, Jahrgang 1926, Professor für Philosophie, seit 1960 in Hamburg, seit 1963 in Göttingen.

Professor Dr. Harry Pross, Jahrgang 1923, leitete 1955 bis 1960 die »Deutsche Rundschau«, 1962 bis 1969 Mitherausgeber der »Neuen Rundschau«, 1963 bis 1968 Chefredakteur von Radio Bremen, 1968 bis 1983 Professor für Publizistik und Direktor des publizistischen Instituts an der FU Berlin. Mitglied des PEN-Clubs. Lebt in Weiler im Allgäu.

Peter Rühmkorf, Jahrgang 1929, Schriftsteller, Mitglied des PEN-Clubs. Lebt in Hamburg.

Dr. Dagmar Schlapeit-Beck, Jahrgang 1958, seit 1985 Frauenbeauftragte der Stadt Leverkusen, Sprecherin der Bundesarbeitsgemeinschaft kommunaler Frauenbüros.

Professor Dr. Jürgen Seifert, Jahrgang 1928, akademische Lehrtätigkeit in Darmstadt und Saarbrücken, seit 1970 Professor für Politische Wissenschaften in Hannover, 1973 bis 1983 stellvertretender Bundesvorsitzender, 1983 bis 1987 Bundesvorsitzender der Humanistischen Union. Lebt in Hannover.

Inge Sollwedel, Jahrgang 1924, seit 1950 in der Frauenarbeit tätig, Mitglied der Enquête-Kommission »Frau und Gesellschaft« des Deutschen Bundestages, freiberufliche Publizistin in Rundfunk und Presse. Lebt in Arogno/Schweiz.

Klaus Staeck, Jahrgang 1938, Jurist, Graphiker, lebt in Heidelberg.

Professor Dr. Rudolf von Thadden, Jahrgang 1932, seit 1967 Professor für Mittlere und Neuere Geschichte an der Universität Göttingen, seit 1983 Directeur d'Etudes associé an der Pariser Ecole des Hautes Etudes en Sciences Sociales.

Dr. Heinrich Vormweg, Jahrgang 1928, Mitherausgeber der Zeitschrift »L'80«, lebt als freiberuflicher Literaturkritiker in Köln. Mitglied des PEN-Clubs.

Nachweise der zitierten Texte

Alle kursiven, in Kästen stehenden Texte sind ergänzende oder illustrierende Zitate. Deren nicht kursiv gesetzte Überschriften stammen vom Herausgeber.

Motto aus: Günther Patzig: »Der Unterschied zwischen subjektiven und objektiven Interessen und seine Bedeutung für die Ethik«, Hamburg 1978 (= Veröffentlichungen der Jungius-Gesellschaft der Wissenschaften 35). – Robert Jungk im Gespräch mit Mathias Greffrath. In: ». . . und dann ist es die deutsche Bombe.« Ein ZEIT-Gespräch mit Robert Jungk. Aus: DIE ZEIT Nr. 5, 29. Januar 1988. – Hildegard Hamm-Brücher: »Kein Anlaß, sich selbst zu applaudieren. Das Exemplarische am Fall Höfer«. Aus: Deutsches Allgemeines Sonntagsblatt Nr. 4, 24. Januar 1988. Auszug. – Otto Jörg Weis: *Die Leiden der Vorfahren sind bei vielen noch lebendig.* Aus: Frankfurter Rundschau, 1. Dezember 1987. – Günther Patzig: *Ökologische Ethik – innerhalb der Grenzen bloßer Vernunft.* Göttingen (Vandenhoeck & Ruprecht) 1983 (= Vortragsreihe der Niedersächsischen Landesregierung zur Förderung der wissenschaftlichen Forschung in Niedersachsen, Heft 64), daraus S. 12 f., S. 17-19. – *Die Familie spitzelt mit.* Aus: Frankfurter Rundschau, 12. Januar 1988. – Letzte(?) Meldung. Schlagzeile der Süddeutschen Zeitung vom 9. März 1988 – Vergleichende Staatstheorie. Aus: Frankfurter Rundschau, 7. Januar 1988. – *Unschuldig.* Aus: Frankfurter Rundschau, 8. Dezember 1987. – Hurra! Sätze aus: Elisabeth Noelle-Neumann: »Nationalgefühl und Glück«. Aus: Elisabeth Noelle-Neumann, Renate Köcher: »Die verletzte Nation. Über den Versuch der Deutschen, ihren Charakter zu ändern«, Stuttgart (Deutsche Verlags-Anstalt) 1987. Die Sätze stehen auf den Seiten 31, 33, 34, 33. – Richard von Weizsäcker in: »Wir leiden an dem Haßverhältnis zwischen Geist und Macht«. Ein ZEIT-Gespräch mit Bundespräsident Richard von Weizsäcker. Von Ulrich Greiner. Aus: DIE ZEIT Nr. 2, 8. Januar 1988. Auszug. – *Gehorsamer Kniefall.* Aus: Frankfurter Rundschau, 8. Dezember 1987. – Sommer-ZEIT-Vergleich. Überschrift eines Leitartikels von Theo Sommer. Aus: DIE ZEIT Nr. 50, 4. Dezember 1987. – *»Ein Kind seiner Partei«.* Leserbrief aus der ZEIT, veröffentlicht unter dem gleichen Titel dort, Nr. 1, 1. Januar 1988, als eine von mehreren Zuschriften zu Theo Sommer: »Die verlorene Ehre des Uwe Barschel«. Auszug. – Erhard Eppler: *Jenes pathologisch gute Gewissen.* Aus: Deutsches Allgemeines Sonntagsblatt Nr. 51, 20. Dezember 1987. – Pfeiffers Katalog für Barschels Wahlkampf. Auszüge zitiert nach »Der Spiegel« Nr. 49, 30. November 1987. – Aufgabe der Journalisten, 1795. Gefunden bei Benedikt Erenz in: »Vorbild Fernsehen«. Aus: DIE ZEIT Nr. 9, 26. Februar 1988. – »Rent a Grobian«. In: Siegfried Weischenberg: »Der Preis der Wahrheit, die Gesetze des Marktes. Jede Gesellschaft hat die Presse, die sie sich leistet«. Aus: DIE ZEIT Nr. 3, 15. Januar 1988. Auszug. –